German Tutor

Grammar and Vocabulary Workbook

Edith Kreutner and Jonas Langner

First published in Great Britain in 2016 by Hodder and Stoughton. An Hachette UK company.

This edition published in 2016 by John Murray Learning

British Library Cataloguing in Publication Data: a catalogue record for this title is available from the British Library.

Library of Congress Catalog Card Number: on file.

9781473609785

3

The publisher has used its best endeavours to ensure that any website addresses referred to in this book are correct and active at the time of going to press. However, the publisher and the author have no responsibility for the websites and can make no guarantee that a site will remain live or that the content will remain relevant, decent or appropriate.

The publisher has made every effort to mark as such all words which it believes to be trademarks. The publisher should also like to make it clear that the presence of a word in the book, whether marked or unmarked, in no way affects its legal status as a trademark.

Every reasonable effort has been made by the publisher to trace the copyright holders of material in this book. Any errors or omissions should be notified in writing to the publisher, who will endeavour to rectify the situation for any reprints and future editions.

Typeset by Cenveo® Publisher Services.

Printed and bound in Great Britain by CPI Group (UK) Ltd., Croydon, CR0 4YY.

John Murray Learning policy is to use papers that are natural, renewable and recyclable products and made from wood grown in sustainable forests. The logging and manufacturing processes are expected to conform to the environmental regulations of the country of origin.

Carmelite House
50 Victoria Embankment
London EC4Y 0DZ
www.hodder.co.uk

CONTENTS

UNIT 1
Die Touristen besichtigen den Reichstag in Berlin. 1
The tourists visit the Reichstag in Berlin

UNIT 2
Ich stelle dir die Mitglieder meiner Familie vor 10
I introduce the members of my family to you

UNIT 3
Ein rotes Hemd oder doch lieber ein grünes?. 20
A red shirt or rather a green one?

UNIT 4
Sie malt mit meinen Buntstiften 29
She is drawing with my crayons

UNIT 5
Susanne wäscht sich jeden Tag die Haare 38
Susanne washes her hair every day

UNIT 6
Familie Hofer war im Urlaub 49
The Hofer family were on holiday

UNIT 7
Wir kaufen heute ein 60
We're going shopping today

UNIT 8
Das Restaurant serviert viele leckere Gerichte 72
The restaurant serves lots of delicious dishes

SCOPE AND SEQUENCE OF UNITS

UNIT	CEFR	TOPIC	LEARNING OUTCOME	
UNIT 1 Die Touristen besichtigen den Reichstag in Berlin pages 1–9	A1–A2	*Cities*	• Describe cities and the place where you live • Say what you can do in a city	
UNIT 2 Ich stelle dir die Mitglieder meiner Familie vor pages 10–19	A2	*Family and relatives*	• Talk about your family • Explain how people are related • Talk about who something belongs to	
UNIT 3 Ein rotes Hemd oder doch lieber ein grünes? pages 20–28	B1	*Clothes and pets*	• Give very detailed information using adjectives • Compare and contrast • Talk about shopping experiences	
UNIT 4 Sie malt mit meinen Buntstiften pages 29–37	B1	*Arts and crafts*	• Talk about arts and crafts • Talk about possessions	
UNIT 5 Susanne wäscht sich jeden Tag die Haare pages 38–48	A2–B1	*Daily routine and weather*	• Talk about your daily routine • Describe the weather • Understand weather forecasts	
UNIT 6 Familie Hofer war im Urlaub pages 49–59	A2–B1	*Holidays and travel*	• Talk and write about events that happened in the past • Talk about what you did on holiday	
UNIT 7 Wir kaufen heute ein! pages 60–71	B1	*Shopping*	• Buy (and sell) goods • Ask the price • Ask for a product • Specify things / people / deals really explicitly	
UNIT 8 Das Restaurant serviert viele leckere Gerichte pages 72–81	A2–B2	*Food and drink*	• Read a menu • Order a meal • Write a review	

LANGUAGE		SKILLS	
GRAMMAR	**VOCABULARY**	**READING**	**WRITING**
Plural of nouns Accusative case	Buildings; tourism; means of transport	Quiz: reading a description of a German city and guessing which one it is	Describe a city of your choice without naming it
Genitive case Dative case Prepositions used with these two cases	Family members; relatives; relationships	Read the email a bride-to-be sends her friend describing the family she'll marry into	Describe your family using as much of the new vocabulary as possible
Adjectival endings Adjectival nouns	Items of clothing; colours; adjectives of size and shape	Making a list: Read through Klaus's packing list	All about you. Write a short blog about your personal style
Personal pronouns Possessive pronouns	Materials; tools; arts and crafts	Read the newspaper article about what the children at a school are making for Advent	Short blog post about arts and crafts or your preferred hobby
Present tense Strong & weak verbs Adverbials of time	Time expressions; weather; activity verbs	And now it's time for the weather. Read the weather forecast	What does a typical day in your life look like? Write a letter describing your daily routine
Past tenses: Imperfect Perfect Pluperfect Strong & weak verbs	Travel vocabulary; holidays; hotels; sightseeing	At the hotel reception: Read a dialogue showing what happened when Daniel's family arrived at their hotel	Write a postcard about your holidays to a friend
Separable and inseparable verbs Demonstrative pronouns Use of prefixes	Pets; food items; vocabulary of selling and buying; numbers	Pets, pets, pets: Read the article on looking after pets	What is your ideal pet like? Describe the pet of your dreams
Definite articles Indefinite articles	Food and drink; menu; restaurant	Birthday celebrations: Read the dialogue between Frau Hermann and the waiter at the restaurant	What is your favourite restaurant and why? What is your favourite dish? Write a short review

Modal verbs Word order	Emotions; feelings; social relationships	A friend in need is a friend indeed: Read the email from your distraught friend	Give advice to somebody in need
Main clauses Questions	School; university; apprenticeships; certificates; diplomas	Read an informative newspaper article about the Austrian school system	An Austrian friend wants to know more about the education system in your country. Write to him / her
Negating sentences and individual words	Customs; traditions; celebrations	Read the newspaper article about a centuries-old tradition in the Alps	Email a friend about what you don't / didn't like about where you grew up or live now
Imperative Putting events in sequence	Technical and electronic items; tools for DIY	Quiz: What did Helene Huber get for her birthday?	What are you particularly good at when it comes to DIY? Tell a friend how to do the job properly
Subordinate clauses Subordinating conjunctions: when, why, etc. something happened	Professions; hierarchy; office; application procedures	Read the newspaper cut-out on rules and regulations governing working in Germany	What is the job market in your country like? How easy would it be for a German to apply for a job there?
Co-ordinating conjunctions and discourse organizers	Theatre; cinema; disco; reading	Read the magazine article about a festival in Germany	Write an enticing report about a cultural pastime of yours telling newcomers about all its positive aspects
Futur I Futur II	Sports; fans; training	Live from Hamburg! Read the beginning of a live commentary from a football stadium	Write an email about something you are really looking forward to and explain why, and what you will do

Adverbials of place Prepositions with different cases	House and home; furniture; rooms; interior design; renting a property	Read the magazine article on housing and indoor living in Germany	In a short article designed for a magazine, outline how people live in your area
Relative clauses Relative pronouns	Crime; justice; terms relating to the criminal justice system	Kriminalitätsstatistik: Read the statistics on crime in Germany	Is something illegal in your country, but legal elsewhere? Or vice versa? Write a short article about your country's judicial system
Relative clauses / pronouns with prepositions Verbs used with prepositions	Political systems; parties; elections; campaigns	Elections in Germany: Read this article about the electoral system in Germany	Describe the political system in your country
Passive	Cooking; gardening; chores;	The world of gardening Read a gardener's to-do list and help her tick tasks off	Send an email to a friend with one of your favourite recipes — it could even be a recipe for a German speciality
Alternatives to the passive, including reflexives and adjectives	Recycling; pollution; environment protection; climate change	Read Elisa's letter to her friend in which she tells her how environmentally aware her family is	Write a short piece explaining what you or your country are doing to save the planet
Subjunctive II (Konjunktiv II)	Illnesses; doctor / surgery; health insurance; hospital; pharmacy	Read about the German health system and what it includes	What would you do if you had a billion Euros?
Subjunctive I (Konjunktiv I)	Indirect speech; translation; journalism; media; radio; TV	Read about publicly funded media in Germany	Reflect on your own media consumption and write a blog entry on how the media influence your daily life and events in your country

Speaking a language allows you to dive much deeper into a culture and opens doors that would otherwise be locked. Having grown up in the Alpine part of Austria, my first introduction to the fascinating world of languages were the numerous dialects in my home country. Having then gone to a school specializing in languages, I got the chance to learn English, Latin and French, and got tasters of Italian, Finnish and Dutch. After completing my degrees in language, culture and literature studies, I started teaching German and English as foreign languages. My teaching philosophy is based on the idea that a language is a system, a model that its speakers use freely to get their message across. For this to be possible, it is crucial that the learner understands the system and its features, rather than learning phrases by heart. My motto is: Understand the system and then use it to your advantage! I believe that knowing German will benefit you enormously not only on visits to German-speaking countries, but also to countries where German is widely understood, and will prove invaluable in school and business settings.

Edith Kreutner

Languages have fascinated me all my life. I can still remember trying to imitate the bank clerk at a Swedish bank where my parents exchanged money when I was five years old and we were on holiday there. I probably got on my family's nerves by constantly counting money in Swedish.

I had to wait until secondary school until I could finally learn languages properly, though. I started with French and received up to seven hours of French every week, as some other subjects such as Geography, History and Politics were taught at least partly in French. Then, learning Latin for the last five years at secondary school helped me to understand grammatical concepts in all the languages I have learned, even my first language, German. However, it was English I fell in love with as soon as I started it in seventh grade. This led me to study English and German at university in order to become a secondary school teacher for those subjects. After I had finished my degree, I decided to come back to England for a year (I had spent a year in Newcastle as part of an exchange programme), where I have been teaching German at Bristol University ever since. Speaking other languages has allowed me to delve into other cultures and really get to know and understand the countries and their people, as well as finding out things about my own language and culture. This has been and still is a wonderful experience; the learning process never ends, and almost every day I still learn something new. I wish you all the best, a lot of fun and interesting insights on your language-learning journey!

Jonas Langner

We would like to express a very big THANK YOU to Jeremy Butterfield. We could not have managed without his infinite language knowledge and his support. We are also very grateful to Juliane Schulze und Katrin Schreinemachers for their help.

HOW TO USE THIS BOOK

If you have studied German before, but would like to brush up on or improve your grammar, vocabulary, reading and writing skills, this is the book for you. The *German Tutor* is a grammar workbook which contains a comprehensive grammar syllabus from high beginner to upper intermediate and combines grammar and vocabulary presentations with over 200 practice exercises.

The language you will learn is presented through concise explanations, engaging exercises, simple infographics, and personal tutor tips. The infographics present complex grammar points in an accessible format while the personal tutor tips offer advice on correct usage, colloquial alternatives, exceptions to rules, etc. Each unit contains reading comprehension activities incorporating the grammar and vocabulary taught as well as a freer writing practice and real-life tasks. The focus is on building up your skills while reinforcing the target language. The reading stimuli include emails, blogs, social media posts and business letters using real language so you can be sure you're learning vocabulary and grammar that will be useful for you.

You can work through the workbook by itself or you can use it alongside our *Complete German* course or any other language course. This workbook has been written to reflect and expand upon the content of *Complete German* and is a good place to go if you would like to practise your reading and writing skills on the same topics.

Icons

 Discovery

 Vocab

 Writing

 Reading

 Personal Tutor

THE DISCOVERY METHOD

There are lots of philosophies and approaches to language learning, some practical, some quite unconventional, and far too many to list here. Perhaps you know of a few, or even have some techniques of your own. In this book we have incorporated the Discovery Method of learning, a sort of awareness-raising approach to language learning. What this means is that you will be encouraged throughout to engage your mind and figure out the language for yourself, through identifying patterns, understanding grammar concepts, noticing words that are similar to English, and more. This method promotes language awareness, a critical skill in acquiring a new language. As a result of your own efforts, you will be able to better retain what you have learnt, use it with confidence, and, even better, apply those same skills to continuing to learn the language (or, indeed, another one) on your own after you've finished this book.

Everyone can succeed in learning a language – the key is to know how to learn it. Learning is more than just reading or memorizing grammar and vocabulary. It's about being an active learner, learning in real contexts, and, most importantly, using what you've learnt in different situations. Simply put, if you figure something out for yourself, you're more likely to understand it. And when you use what you've learnt, you're more likely to remember it.

As many of the essential but (let's admit it!) challenging details, such as grammar rules, are introduced through the Discovery Method, you'll have more fun while learning. Soon, the language will start to make sense and you'll be relying on your own intuition to construct original sentences independently, not just reading and copying.

Enjoy yourself!

1   Make a habit out of learning

▶   Study a little every day, between 20 and 30 minutes is ideal.

▶   Give yourself **short-term goals**, e.g. work out how long you'll spend on a particular unit and work within this time limit, and **create a study habit**.

▶   Try to **create an environment conducive to learning** which is calm and quiet and free from distractions. As you study, do not worry about your mistakes or the things you can't remember or understand. Languages settle gradually in the brain. Just **give yourself enough time** and you will succeed.

2   Maximize your exposure to the language

▶   As well as using this book, you can listen to radio, watch television or read online articles and blogs.

▶   Do you have a personal passion or hobby? Does a news story interest you? Try to access German information about them. It's entertaining and you'll become used to a range of writing and speaking styles.

3   Vocabulary

▶   Group new words under **generic categories**, e.g. *food*, *furniture*, **situations** in which they occur, e.g. under *restaurant* you can write *waiter*, *table*, *menu*, *bill*, and under **functions**, e.g. *greetings*, *parting*, *thanks*, *apologizing*.

▶   Write the words over and over again. Keep lists on your smartphone or tablet, but remember to switch the keyboard language so you can include all accents and special characters.

▶   Cover up the English side of the vocabulary list and see if you remember the meaning of the word. Do the same for the German.

▶   Create flash cards, drawings and mind maps.

▶   Write German words on sticky notes and stick them to objects around your house.

▶   **Experiment with words.** Look for patterns in words or word families.

▶   Try using a German **thesaurus-style dictionary** every now and then as it will help you broaden your vocabulary and improve your style.

4   Grammar

▶   **Experiment with grammar rules.** Sit back and reflect on how the rules of German compare with your own language or other languages you may already speak.

▶   Use known vocabulary to practise new grammar structures.

▶   When you learn a new verb form, write the conjugation of several different verbs you know that follow the same form.

5 Reading

The passages in this book include questions to help guide you in your understanding. But you can do more:

▶ **Imagine the situation.** Think about what is happening in the extract/passage and make educated guesses, e.g. a postcard is likely to be about things someone has been doing on holiday.

▶ **Guess the meaning of key words before you look them up.** When there are key words you don't understand, try to guess what they mean from the context.
  If you're reading a German text and cannot get the gist of a whole passage because of one word or phrase, try to look at the words around that word and see if you can work out the meaning from context.

6 Writing

▶ Practice makes perfect. The most successful language learners know how to overcome their inhibitions and keep going.

▶ When you write an email to a friend or colleague, or you post something on social media, pretend that you have to do it in German.

▶ When completing writing exercises see how many different ways you can write it, imagine yourself in different situations and try answering as if you were someone else.

▶ Try writing longer passages such as articles, reviews or essays in German, it will help you to formulate arguments and convey your opinion as well as helping you to think about how the language works.

▶ Try writing a diary in German every day, this will give context to your learning and help you progress in areas which are relevant to you.

7 Visual learning

▶ Have a look at the infographics in this book. Do they help you to visualize a useful grammar point? You can keep a copy of those you find particularly useful to hand to help you in your studies, or put it on your wall until you remember it. You can also look up infographics on the Internet for topics you are finding particularly tricky to grasp, or even create your own.

8 Learn from your errors

▶ Making errors is part of any learning process, so don't be so worried about making mistakes that you won't write anything unless you are sure it is correct. This leads to a vicious circle: the less you write, the less practice you get and the more mistakes you make.

▶ Note the seriousness of errors. Many errors are not serious as you will still get the meaning across.

9 Learn to cope with uncertainty

▶ Don't over-use your dictionary.
  Resist the temptation to look up every word you don't know. Read the same passage several times, concentrating on trying to get the gist of it. If after the third time some words still prevent you from making sense of the passage, look them up in the dictionary.

Die Touristen besichtigen den Reichstag in Berlin

The tourists visit the Reichstag in Berlin

In this unit you will learn how to:

✔ Describe cities and where you are living.

✔ Say what you can do in a city.

✔ Form the plural and accusative of nouns.

CEFR: Can ask and answer questions about where I live (CEFR A1); Can understand short, simple texts on familiar matters of a concrete type which consist of high frequency everyday language (CEFR A2).

Meaning and usage

The plural

1 Just as in English, nouns have a singular and a plural form:

der Tourist – die Touristen (*the tourist – the tourists*); **ein Hotel – zwei Hotels** (*one hotel – two hotels*); **das Hochhaus – viele Hochhäuser** (*the skyscraper – many skycrapers*); **die Stadt – mehrere Städte** (*the city – several cities*).

2 Nouns can be used as the subject as well as the object of a sentence. All plural nouns stay the same whether they are subjects or direct objects (i.e. accusative objects):

Die Jugendherbergen (= subject) **in Deutschland sind oft sehr modern.**
(*The youth hostels in Germany are often very modern.*)

In Berlin gibt es mehrere Jugendherbergen (= direct object)**.**
(*In Berlin, there are several youth hostels.*)

3 The verb of a sentence has to agree in number with the subject. This means that the verb has to be plural if the noun – which forms the subject – is plural:

Die Apotheke *liegt* (= singular verb) **in der Fußgängerzone.**
(*The pharmacy is in the pedestrian area.*)

Die teuersten Apotheken *liegen* (= plural verb) **in der Fußgängerzone.**
(*The most expensive pharmacies are in the pedestrian area.*)

Die bekannteste Touristenattraktion *befindet* (= singular verb) **sich in der Innenstadt.**
(*The best-known tourist attraction can be found in the city centre.*)

Die meisten Touristenattraktionen *befinden* (= plural verb) **sich in der Innenstadt.**
(*Most of the tourist attractions can be found in the city centre.*)

4 Some German nouns are singular and therefore take singular verbs, whereas their English equivalents take plural verbs. Such nouns are often to do with groups or numbers of people:

Die Polizei *sucht* (= singular verb) **nach Zeugen.** (*The police are looking for witnesses.*)

Die Mehrheit der Besucher _bleibt_ (= singular verb) **mindestens drei Tage lang in Berlin.**
(_The majority of visitors stay in Berlin for at least three days._)

Ein Drittel der Berliner _sieht_ (= singular verb) **keine Unterschiede mehr zwischen Ost- und West-Berlin.** (_A third of Berliners no longer see any differences between East and West Berlin._)

Ein Prozent der Deutschen _besitzt_ (= singular verb) **fast 45 Prozent des Geldes.**
(_One per cent of Germans own almost 45 per cent of the country's wealth._)

5 Some other common nouns that are plural in English but singular in German are:
die Brille (_glasses, spectacles_), **das Feuewerk** (_fireworks_), **die Hose** (_trousers_), **der Import** (_imports_), **die Schere** (_scissors, shears_), **die Treppe** (_steps, stairs_), and **die Umgebung** (_surroundings_).

Die Treppe _ist_ **sehr steil.** (_The stairs are very steep._)
Die Umgebung _ist_ **bei Touristen sehr beliebt.** (_The surroundings are very popular with tourists._)

A few nouns work the other way round, being plural in German but singular in English:
die Haare (_hair_), **die Möbel** (_furniture_), **die Spaghetti** (_spaghetti_).

6 Nouns referring to currencies, and measurements such as weight, height, etc., stay in the singular after numbers:

Das Zugticket nach Hamburg kostet 50 Euro. (_The train ticket to Hamburg costs 50 Euros._)
Der Tourist wiegt mehr als 80 Kilo. (_The tourist weights more than 80 kilos._)
Der Turm ist 200 Meter hoch. (_The tower is 200 metres high._)

A Find all nouns in the plural and note their singular form.

---

 www.berlindiehauptstadtdeutschlands.de

Berlin – Hauptstadt Deutschlands

Berlin ist die Hauptstadt Deutschlands und hat mehr als drei Millionen Einwohner. Damit ist sie die mit Abstand größte Stadt in Deutschland. Nur drei andere Städte haben mehr als eine Million Bürger: Hamburg, München und Köln.

Jedes Jahr kommen viele Touristen nach Berlin, um die vielen Sehenswürdigkeiten der Stadt zu besichtigen. Die Flughäfen und Bahnhöfe der Stadt sind daher stets voller Menschen. Auch die Hotels sind meist ausgebucht und die Cafés und Restaurants sind oft den ganzen Tag über voll. Ohne eine Reservierung bekommt man manchmal keinen Platz mehr.

	Plural	Singular
1	die Millionen	die Million
2	*die Einwohner*	*der Einwohn*
3		
4		
5		
6		
7		
8		
9		
10		
11		
12		

How to form the plural

As you can see from the text you have just read, there are various ways of forming the plural of nouns.

The only nouns that change their form in the plural are masculine and neuter nouns in the dative.

In the following overview, we will look at the nominative plural of nouns only.

No change	der Einwohner – die Einwohner der Schüler – die Schüler der Hafen – die Hafen der Onkel – die Onkel das Theater – die Theater das Zimmer – die Zimmer	masculine nouns ending in **-el**, **-en**, **-er**; neuter nouns ending in **-el**, **-en**, **-er**, **-chen**, **-lein**
Add umlaut	der Flughafen – die Flughäfen der Laden – die Läden	a few masculine nouns; only two feminine nouns (**Mutter, Tochter**) and one neuter noun (**Kloster**)
Add **-e**	der Gebäudekomplex – die Gebäudekomplexe das Flugzeug – die Flugzeuge	most masculine and neuter nouns
Add **-e**, with umlaut	der Turm – die Türme der Bahnhof – die Bahnhöfe die Stadt – die Städte	many single-syllable masculine nouns and some others; some feminine nouns; only one neuter noun (**Floß**)

Add **-er**, with umlaut where possible	der Wald – die Wälder das Kind – die Kinder das Haus – die Häuser das Schloss – die Schlösser	just a few masculine nouns and no feminine nouns; many single-syllable neuter nouns
Add **-n** or **-en**	der Riese – die Riesen der Tourist – die Touristen die Sehenswürdigkeit – die Sehenswürdigkeiten die Universität – die Universitäten	all masculine nouns ending in **-e** and a few others; most feminine nouns; some neuter nouns

 Feminine nouns ending in -in also take the ending -en, but they add an additional -n- before it (e.g. die Touristin – die Touristinnen; die Kellnerin – die Kellnerinnen).

Add -s	das Café – die Cafés das Restaurant – die Restaurants das Hotel – die Hotels	mainly foreign nouns
Special cases	der Bus – die Busse die Firma – die Firmen das Museum – die Museen das Zentrum – die Zentren	

 It is best to always learn any noun's plural alongside its gender and meaning. Any good dictionary will spell out the plural of nouns.

B Here is some more information about the capital of Germany. Complete the sentences with the plural of the nouns given in brackets.

Einen guten Überblick über Berlin kann man sich durch eine Fahrt mit einem der vielen Busse machen, die die _____ (1) (Besucher) zu allen schönen Ecken Berlins bringen. Da auch zwei _____ (2) (Fluss) durch Berlin fließen, kann man auch eine Rundfahrt mit einem der _____ (3) (Ausflugsschiff) machen. Ein Besuch des Reichstags mit seiner Glaskuppel oder eine Besteigung des Fernsehturms gehören sicherlich zu den _____ (4) (Highlight) eines Berlinbesuchs. Auch die vielen _____ (5) (Museum) laden zu einem Besuch ein. Am Abend bieten die vielen _____ (6) (Theater), _____ (7) (Kino) und _____ (8) (Disco) etwas für jeden Geschmack.

Auch viele Deutsche mögen Berlin und ziehen deswegen in die Hauptstadt. Berlin hat mehrere _____ (9) (Universität) und etliche _____ (10) (Firma) haben hier ihren Hauptsitz. Das bietet viele Berufschancen und _____ (11) (Arbeitsplatz), so dass viele _____ (12) (Student) nach ihrem Studium in Berlin bleiben.

C Decide the category from the table of plurals for each noun.

	Noun	Category
1	die Besucher	no change
2		
3		
4		
5		
6		
7		
8		
9		
10		
11		
12		

Whenever you come across a noun that is new to you, it's a good idea to identify which category in the table its plural belongs to. This will help your learning because you'll be mentally expanding each category with your own knowledge.

Meaning and usage

The accusative

1 The accusative case is used for the *direct object* of a verb. The direct object is usually the person or thing at the receiving end of the action expressed by the verb:

Bianca trägt <u>ihre Tasche</u>. (*Bianca is carrying her bag.*)

Ferdinand isst <u>ein Eis</u>. (*Ferdinand is eating ice cream.*)

2 From the example given, you can see that a grammatical object (like a subject) can consist of other words that relate to the main noun. In that case we speak of a *noun phrase*. In the noun phrase **die bunten Schaufenster des Kaufhauses** (*the colourful display windows of the department store*), the other words besides the main noun are the articles **die** and **des**, the adjective **bunten**, and the noun in the genitive **Kaufhauses**. All these components can change their endings in the accusative.

Stefanie packt den (= accusative of der) **großen** (= accusative of groß) **Koffer.** (*Stefanie is packing her big suitcase.*)

Weak masculine nouns are easy as they always add -(e)n to their stem for all cases apart from the nominative singular. A lot of animals, e.g. **der Affe** *(monkey), and professions belong to this category, e.g.* **der Polizist** *(police officer).*

D Complete the sentences. In some cases no ending is needed.

1 In dieser Kneipe gibt es d____ best_____ Currywurst.
2 Maria findet nach langer Suche ein____ Parkplatz.
3 Stephan macht viel____ Foto____ mit seiner neuen Kamera.
4 Die alte Stadtmauer hat zwei groß____ Türme.
5 Das Krankenhaus behandelt d____ Verletzten.
6 Der Bürgermeister eröffnet d____ neu____ Museum.
7 Ich schaue mir gerne alt____ Kirch____ an.
8 Die vielen Einbahnstraßen in Berlin ärgern d____ Autofahrer in der Stadt.

3 Certain common prepositions are always followed by the accusative, namely **bis** (*until*), **durch** (*because of/through*), **für** (*for*), **gegen** (*against*), **ohne** (*without*), **um** (*around*):

Durch den Bau der U-Bahn-Linie vom Hauptbahnhof zum Brandenburger Tor kommt man demnächst schneller zum Reichstag. (*Because of the construction of the underground line from the central station to the Brandenburg Gate, you will soon be able to get to the Reichstag more quickly.*)
Viele Bewohner protestieren gegen die Schließung der Bibliothek. (*Many residents are protesting against the closure of the library.*)

4 After the following participles and adjectives, which are all used with **sein**, the accusative has to be used as well: **etwas gewohnt** (*used to something*)/**leid** (*tired of something*)/**satt** (*fed up with something*)/**wert** (*worth something*) **sein**:

Die Berliner sind den (= *accusative article*) **Stau auf dem Kurfürstendamm gewohnt.** (*The Berliners are used to traffic jams on the Kurfürstendamm.*)
Die Parks sind einen (= *accusative article*) **Besuch wert.** (*The parks are worth a visit.*)

5 The accusative also has to be used in many adverbial phrases:

Der Fahrradweg ist einen Meter breit. (*The cycle path is one metre wide.*)
Das Denkmal ist mehrere Meter hoch. (*The monument is several metres high.*)
Wir haben den ganzen Tag im Museum verbracht. (*We spent the whole day in the museum.*)

An adverbial phrase does the job of an adverb but consists of more than just one word. For example: **gestern** (= *adverb*) – **am gestrigen Tag** (= *adverbial phrase*).

6 You also use the accusative in conventional greetings and wishes:
Guten Appetit! (*Enjoy your meal!*)
Lieben Gruß! (*Best wishes!*)

E Complete the following sentences.

1 Ich komme dies____ Monat aus der Hauptstadt zurück.
2 Herzlich____ Glückwunsch!
3 Viele Einwohner stimmen für d____ Erhalt des alten Bahnhofs.
4 Viele Einheimische sind d____ Verkehrslärm in der Innenstadt satt.
5 Ich gehe lieber ohne mein____ Mann in die Altstadt.

6 Pendler sind d____ überfüllt____ Straßenbahnen im Berufsverkehr gewohnt.

7 Die Gäste verbringen ein____ ganz____ Woche in Hamburg.

8 Gut____ Reise!

 Reading

F Read the following description of a city and answer the question.

RÄTSEL: WELCHE STADT SUCHEN WIR?

Die Skyline dieser Stadt ist durch die vielen Hochhäuser geprägt. In diesen Hochhäusern haben mehrere Banken ihren Hauptsitz, denn wir befinden uns im Finanzzentrum Deutschlands. Hier findet man auch die Deutsche Börse und die Europäische Zentralbank sowie ein riesiges Messegelände, wo jedes Jahr eine internationale Buchmesse stattfindet.

Wofür wird das Messegelände genutzt?

_____

G Now continue reading and answer the following questions.

Es ist aber nicht alles neu und modern in dieser Stadt; im Stadtzentrum gibt es nämlich auch einige alte Fachwerkhäuser. In der Altstadt steht die Paulskirche, die in der Geschichte Deutschlands eine wichtige Rolle spielte. Auch der wohl berühmteste deutsche Schriftsteller wurde hier geboren und man kann sein Geburtshaus auch heute noch besuchen.

Nicht nur die Geschäftsreisenden, sondern auch die Messebesucher und Touristen profitieren von der guten Verkehrsanbindung der Stadt: Der größte deutsche Flughafen und ein wichtiger Umsteigebahnhof befinden sich hier. Ebenso fließt ein breiter Fluss an dieser Stadt vorbei. Den Namen dieses Flusses findet man oft in Klammern hinter dem Namen der Stadt, um sie von einer anderen Stadt mit dem gleichen Namen zu unterscheiden.

1   Was ist an dieser Stadt nicht neu?

_____

2   Warum kommt man leicht in diese Stadt?

_____

3   Gibt es eine andere deutsche Stadt mit dem gleichen Namen?

_____

4   Wissen Sie, von welcher Stadt hier die Rede ist?

_____

durch etwas geprägt sein	_to be characterized by_	**der Schriftsteller**	_writer/author_
der Hauptsitz	_headquarters_	**der Geschäftsreisende**	_business traveller_
die Börse	_stock exchange_	**die Verkehrsanbindung**	_transport connection_
das Fachwerkhaus	_half-timbered house_	**die Klammer**	_bracket_

Vocabulary

H Write the opposite of the following words from the text.

1   winzig _____

2   modern _____

3   unbekannt _____

4   eng _____

I Find the words in the text that match these definitions. Note their plurals.

1   ein Gebäude, das viele Stockwerke hat _____

2   Mittelpunkt für den Bankensektor _____

3   Gelände, auf dem große Ausstellungen oder Veranstaltungen für verschiedene Fachgebiete stattfinden _____

4   eine Person, die Bücher schreibt _____

J Find the odd one out.

1   U-Bahn | Bus | S-Bahn | Zug

2   Hotel | Jugendherberge | Gaststätte | Pension

3   Straße | Fluss | Kanal | Bach

4   Fachhochschule | Universität | Gymnasium | Rathaus

5   besichtigen | sehen | anschauen | erkunden

6   groß | klein | winzig | breit

7   Garten | Park | Wald | Platz

8   Geschäft | Laden | Museum | Einkaufszentrum

Writing

K Now it's your turn. Describe a city of your choice without giving its name in order to allow others to guess which city you are talking about (80–100 words).

_____

_____

_____

_____

_____

_____

_____

_____

_____

_____

Self-check

Tick the box which matches your level of confidence

1 = very confident;   2 = need more practice;   3 = not confident

Kreuze in der Tabelle an, wie sicher du dich fühlst.

1 = sehr sicher;   2 = brauche mehr Übung;   3 = eher unsicher

	1	2	3
Can form plurals of nouns.			
Knows when to use the accusative.			
Can ask and answer questions about where I live. (CEFR A1)			
Can understand short, simple texts on familiar matters of a concrete type which consist of high frequency everyday language. (CEFR A2)			

For more information on the plural of nouns and the accusative, refer to _Complete German_, Units 5 and 8.

2 Ich stelle dir die Mitglieder meiner Familie vor

I introduce the members of my family to you

In this unit you will learn how to:

✔ Say who something belongs to.

✔ Use the appropriate case – genitive or dative – with prepositions.

CEFR: Refers to close relatives and to more distant relations using specific vocabulary (CEFR B1); Understands more complex descriptions of family life (CEFR B2).

Meaning and usage

Genitive and dative

1 The genitive is often referred to as the 'case of possession':

Stefan ist der Bruder mein*es* Freund*es*.
(*Stefan is my friend's brother. / Stefan is the brother of my friend.*)

Robert*s* Enkelkinder kommen zum Essen.
(*Roberts's grandchildren come for the meal.*)

 *Remember that the German genitive **s** does not need an apostrophe.*

2 You don't only use the genitive case to link nouns that have a possessive connection. You also use it after a number of prepositions. The most common are:

außerhalb (*outside of*), **innerhalb** (*within*), **oberhalb** (*above*), **unterhalb** (*underneath*), **jenseits** (*beyond, across*), **während** (*while*), **aufgrund** (*because of*), **wegen** (*due to*), **trotz** (*despite*)

Stefan geht trotz *des* schlecht*en* Wetter*s* zu seinem Onkel.
(*Despite the bad weather, Stefan goes to see his uncle.*)

Während *der* Arbeit sprechen die beiden kaum. (*During work, they hardly talk.*)

A Look at the text and identify all genitive cases by looking closely at the endings. Notice where the genitives follow prepositions.

Laura's Blog

Stefan, der Bruder meines Freundes, geht trotz des schlechten Wetters zu seinem Onkel. Er hilft seinem Onkel Robert oft bei der schweren Gartenarbeit. Während der Arbeit sprechen die beiden kaum, aber beim Essen kommen dann auch Stefans Cousins und Cousinen mit Roberts Enkelkindern und es ist ein lustiges Zusammenkommen. Seit letztem Jahr ist Stefans Tante leider krank und kann wegen ihrer Schmerzen ihrem Ehemann nicht mehr bei der Gartenarbeit helfen. Sie macht aber die Hausarbeit sehr gerne und widmet ihrer Verwandtschaft Zeit. So hilft sie sogar ihren Nichten und Neffen aus dem Nachbarort bei der Kinderbetreuung und alle schätzen sie wegen ihrer Erziehungserfahrung.

Complete the list with all the genitives from the text.

1   meines Freundes
2   _____
3   _____
4   _____
5   _____
6   _____
7   _____
8   _____

Don't forget to write down new vocabulary so you can revise and memorize it easily.

B Complete these sentences putting the noun phrase in the genitive case.

1   Das Pflegekind (das Paar) _____ kommt aus Somalia.
2   Es ist schön, dass der Schwiegersohn (seine Schwester) _____ nun verlobt ist.
3   Im Haus (der Junggeselle) _____ wohnen auch seine Verwandten.
4   Nach dem Tod (ihr Mann) _____ erzieht die Witwe ihren Sohn allein.
5   Deine Großeltern behandeln die Kinder (dein Stiefbruder) _____ wie ihre eigenen Urenkel.
6   Das Portrait (die Verlobten) _____ hängt bei meiner Schwiegermutter über dem Kamin.

C Complete the sentences using the correct article and/or ending.

1 Die Hochzeit unser_____ Großeltern fand während d___ Krieg____ statt.

2 Jenseits d___ Fluss___ wohnen die Schwiegereltern sein___ Cousine.

3 Während d__ Erstkommunion musste die Tochter mein___ Patin die Kirche wegen ein___ Migräneattacke verlassen.

4 Meine Großmutter war aufgrund d__ Scheidung ihr__ Enkel__ Tom verärgert.

5 Trotz d__ Tatsache, dass ich mit ihr verwandt bin, ignoriert mich meine Tante seit Jahren.

6 Es ist nicht immer gut für die Entwicklung ein__ Kind___, wenn man es zu sehr verwöhnt.

7 „Die Eltern mein___ Braut können leider aufgrund d__ Unwetter__ nicht zur Hochzeit kommen. Wir freuen uns aber über die Anwesenheit mein__ Stiefeltern!", sagte der Bräutigam während d___ Rede.

8 Die Beziehung innerhalb unser___ Großfamilie ist zum Glück sehr freundschaftlich.

Dative

1 The dative case has a wide range of uses, many of which are special to German. We will focus on the most frequent ones. Many German verbs have a dative object. There is no absolute rule for which verbs have a dative object, but as a rule of thumb, the dative objects are often people who gain an advantage or disadvantage in connection with the action that the verb expresses:

Stefan gibt sein*em* Bruder ein Geschenk. (*Stefan hands his brother a present.*)

Die Patentante dankt ihr*em* Patenkind. (*The godmother is thanking her godchild.*)

Die Enkel gehorchen ihr*em* Großvater. (*The grandchildren obey their grandfather.*)

 When learning verbs that take objects, make sure to always make a mental note of whether the object is dative or accusative.

2 Verbs with **bei-**, **ent-**, **nach-**, **wider-**, and **zu-** as their prefixes very often take a dative object. E.g.: **beistehen, entgehen, nachgeben, widersprechen, zustimmen**:

Seine Mutter steht ihr*em* Mann in schwierigen Zeiten bei.
(*His mother supports his father when times are hard.*)

Sein Großvater ist im Krieg dem Tod entgangen.
(*His grandfather avoided death during the war.*)

Onkel Herbert muss seiner Frau, Tante Lorelies, oft nachgeben.
(*Uncle Herbert often has to give in to his wife, Aunt Lorelies.*)

Seine Großtante stimmt *ihm* zu.
(*His great-aunt agrees with him.*)

Bei diesem Thema widerspreche ich mein*em* Onkel oft.
(*I often contradict my uncle on this issue.*)

3 As with the genitive and the accusative cases, the dative is required after a number of prepositions. These are:

aus	from, out of, made of
Der Mann meiner Cousine kommt _aus einem anderen_ Dorf. (_My cousin's husband is from another village._)	
außer	except (for), apart from
Außer seiner Großmutter kam keiner zur Hochzeit. (_Apart from his grandmother, nobody came to the wedding._)	
bei	at, near
Seine Schwiegermutter begegnet ihm oft _bei der alten_ Kirche. (_He often runs into his mother-in-law at the old church._)	
gegenüber	across from, opposite
Das Patenkind meiner Tante wohnt _gegenüber dem_ Einkaufszentrum. (_My aunt's godchild lives across from the shopping centre._)	
mit	with
Mit einem goldenen Pokal gratulierte der Bürgermeister meinem Urgroßvater zum Geburtstag. (_The Mayor congratulated my great-grandfather on his birthday by presenting him with a golden cup._)	
nach	after, to
Nach der Scheidung fühlt sich ihre Stiefschwester besser. (_His step-sister feels better after the divorce._)	
seit	since (time), for
Wie lange meine Familie hier schon wohnt? _Seit drei langen_ Jahren! (_How long has my family been living here? For three long years!_)	
von	by, from
Von seinem Enkelsohn bekommt Opa oft Bücher zu Weihnachten. (_From his grandson Grandpa often gets books for Christmas._)	
zu	at, to
Mit meinen Kindern gehe ich lieber _zu diesem_ Arzt, weil wir ihm vertrauen. (_I prefer going to this doctor with my children because we trust him._)	

4 Note that the prepositions **bei**, **von** and **zu** are often combined with the dative definite article: **bei + dem = beim; von + dem = vom; zu + der = zur**:

Beim Projekt helfe ich dir. (_I'll help you with the project._)

Meine Mutter holt meinen Bruder jeden Tag _vom_ Kindergarten ab.
(_My mother collects my brother from nursery every day._)

Vater bringt die Kinder _zur_ Schule. (_Father takes the children to school._)

Zum Geburtstag schenkt ihm seine Mutter eine Gitarre.
(_His mother is giving him a guitar for his birthday._)

5 **Von** + dative is sometimes used to replace the genitive, especially where two genitives would collide, or with geographical names which have no article, like cities or states:

Die Kinder _von der_ Nachbarin meines Bruders gehorchen ihr nicht.
(*The children of my brother's neighbour don't listen to her.*)

Seine Pflegekinder wohnen jetzt alle in der Hauptstadt _von_ Österreich.
(*His foster children now all live in the capital of Austria.*)

*Be careful not to overuse **von** + dative, as it is considered stylistically poor to drop the genitive entirely and use only **von** + dative constructions.*

 D Look at the first text in this unit. Complete the list with all the datives from the text.

1 seinem Onkel
2 _____
3 _____
4 _____
5 _____
6 _____
7 _____
8 _____
9 _____
10 _____
11 _____
12 _____

Think of yourself as a language detective! When completing exercises, always reread them, keeping a lookout for interesting constructions and vocabulary. In this unit, keep a close eye on endings and how they change according to which case is required.

E Read the postcard and complete with the appropriate dative prepositions from the box. You can use each preposition more than once.

| aus | außer | bei | mit | nach | zu |

Liebe Oma, lieber Opa,

herzliche Grüße _____ (1) der tollen Stadt Graz! Robertas Schwiegereltern haben mich eingeladen, zu Weihnachten _____ (2) ihnen _____ (3) Graz zu kommen. Ich will sehen, wie man _____ (4) einer österreichischen Familie Weihnachten feiert. Robertas gesamte Familie ist hier, _____ (5) ihrer Schwester Maria. Sie studiert in Amerika und feiert Weihnachten _____ (6) ihren Freunden in New York. Heute Abend öffnen wir _____ (7) dem Essen die Geschenke. Ich schenke Robertas Eltern einen Kalender _____ (8) vielen schönen Bildern von Yorkshire. Sie wollen einmal _____ (9) England fahren und dort Urlaub _____ (10) ihrem Hund machen. Ich wünsche euch einen guten Rutsch ins neue Jahr!

Eure Lisa

AN : Maria und Hubert Hintermaier

ADRESSE : Heckenweg 33a

B-4700 Eupen

F Complete the sentences with the German equivalent of the English phrases shown.

1 Die Tasche kaufe ich _____ (*with my sister-in-law*).

2 Das Paket ist _____ (*from my nephew*).

3 Er geht _____ (*to the table*).

4 Alle sind schon hier, _____ (*except for my grandmother*).

5 Seine Schwester kommt oft _____ (*with her fiancé*) zu Familienfeiern.

6 Meine Neffen und ich gehen jeden Tag um 12 Uhr _____ (*to the University*).

7 Meine Tante wartet schon _____ (*for an hour*).

G All these verbs take a dative object. Find out the meaning of any you don't know, and then complete the gaps. There are more verbs than gaps.

ähneln	ausweichen	begegnen	danken	dienen	drohen	folgen
gehorchen	gehören	gleichen	gratulieren	helfen	imponieren	nützen
		passen	schaden	vertrauen		

1 Kinder _____ ihren Eltern normalerweise blind.
2 Diese große Wohnung _____ meinem Cousin Frank.
3 Unsere Schwägerin _____ uns für die Blumen.
4 Der Rollstuhl _____ meinem Urgroßvater beim Einkaufen.
5 Oft _____ mein Cousin seiner Schwester mit seinem Spielzeuggewehr.
6 Lupo, der schwarze Hund, _____ meinem Bruder immer auf seinem Weg zur Schule.
7 Die tolle Leistung seines Bruders beim Fußballturnier _____ meinem Cousin.
8 Alle seine Nachfahren _____ Stefans Großvater, weil er heute Geburtstag hat.
9 Ihre Großtante _____ ihren Eltern sehr, es ist klar, dass sie verwandt sind.
10 Die Braut ist begeistert, wie gut der Anzug dem Bräutigam _____.

Vocabulary

H Rearrange the letters to make the word that fits.

1 Der Vater meiner Mutter ist mein _____ (G e r o v a t ß r).
2 Die Tochter meiner Tante ist meine _____ (C u o n e s i).
3 Wenn jemand stirbt, erben seine _____ (N h f r a a h c e n).
4 Der Vater meines Ehemannes ist mein _____ (S w i e g e c h r v e a t r).
5 Der Bruder meines Mannes ist mein _____ (S c g e w a h r).
6 Meine Brüder und Schwestern sind meine _____ (G e c w h i s s t e r).
7 Ein Kind, das der Partner aus einer früheren Beziehung in eine Ehe oder Partnerschaft mitbringt: _____ (S t i k e n d f i).

I Find the plural/singular of the words in the table.

Singular	Plural	Singular	Plural
der Vater			die Brüder
die Mutter			die Schwestern
die Tochter		das Kind	
die Tante		der Partner	
der Ehemann		die Beziehung	
	die Ehen	die Partnerschaft	

J Find the odd one out.

1 Hochzeitsfeier | Bräutigam | Brauteltern | Cousine
2 Schwägerin | Schwiegermutter | Nichte | Schwager
3 Urgroßvater | Opa | Enkel | Witwer
4 Onkel | Großtante | Cousine | Kleinfamilie

 # Reading

K Read the email Stefanie writes to her friend Franziska telling her all about the family she is soon going to marry into. Then answer these questions in German:

1 Welchen Beruf hat Rosemaries Mann?

_____

2 Wo wohnen Eleonores Söhne?

_____

3 Wo studiert Peters Schwester?

_____

4 Wann werden Franziska und Stefanie über die Hochzeitsvorbereitungen sprechen?

_____

Von:	Stefanie
An:	Franziska
Betreff:	Meine neue Familie

Liebe Franziska,

nur noch zwei Wochen bis zur Hochzeit! Ich bin ja so aufgeregt! In deiner letzten Email fragst du mich über Peters Familie und wie ich mich mit ihnen verstehe. Sehr gut, kann ich nur sagen! Aber es ist eine sehr große Familie und manchmal auch ganz schön kompliziert, ich bin eine Großfamilie gar nicht gewöhnt. Das älteste Familienmitglied ist Rupert, er ist der Vater von Paul, Rosemarie und Eleonore. Seine Frau, die Großmutter von Peter, heißt Maria und ist eine ganz liebe Oma. Rosemarie und Eleonore sind beide verheiratet und haben Kinder. Rosemarie hat den Apotheker Matthias geheiratet, hat drei Kinder – Lisa, Benjamin und Magdalena – und wohnt im gleichen Ort, nur etwa 10 Minuten zu Fuß vom Haus der Großeltern. Eleonore wohnt mit ihrem Mann Philip im Nachbarort und hat zwei Kinder: Max und Dominik. Ihre beiden Söhne sind aber bereits an der Uni in München. Ich mag die beiden echt gern, sie sind sehr nett und wir gehen gerne gemeinsam auf Partys. Rosemaries Kinder sind erst Teenager, ich habe nur wenig mit ihnen zu tun. Ja und dann ist da Peters Familie: Seine Mutter heißt Laura und seine Geschwister sind alle älter als er: Thomas ist 31, Architekt und wird bald seine große Liebe Rita heiraten. Sara ist 28 und Single, Melanie ist 25 und studiert noch in Stuttgart und Peter spricht mit ihr oft über das Internet. Alle werden zur Hochzeit kommen! So, jetzt gehe ich wieder zu meinen Hochzeitsvorbereitungen! Danke, dass du mir damit helfen willst, das ist sehr lieb, dir vertraue ich da komplett und deine Hilfe wird mir auch sehr nützen. Ich rufe dich dann morgen an und wir besprechen alles!

Bussi,
Stefanie

| aufgeregt sein | to be excited | etwas gewöhnt sein | to be used to something |
| **sich verstehen mit** + dative | to get along with | **jemandem vertrauen** | to trust somebody |

 Bussi (*kiss*) *or* **Drück dich** (*hugging you*) *are informal, more personal ways of saying goodbye in a letter/email. Besides* **Tschüs**, *many people also use the Italian* **Ciao**, *especially in the southern areas of the German-speaking world.*

L Stefanie's fiancé Peter has several relatives. Complete the family tree.

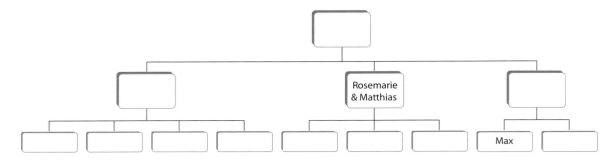

M Complete the table with words for relatives. Then write sentences, using both genitive and von + dative to explain the relationships.

Name	Relation to Peter	Relation to Stefanie	Sentence
Rupert	*Grandfather*/**Großvater**	X	**Rupert ist Peters Großvater. Rupert ist der Großvater von Peter.**
Sara	*Sister*/**Schwester**	Schwägerin	**Sara ist Peters Schwester. Sara ist die Schwester von Peter.**
Rosemarie		X	
Paul			
Laura			
Lisa		X	
Maria		X	
Thomas			
Benjamin		X	

N Highlight all the nouns in the dative and genitive in the email in K. Identify why they use each case: a) because of possession, b) because they are an object in the dative, c) because they are preceded by a preposition that requires the dative.

Writing

O What is your family like? Is it quite large or rather small? Describe it in about 90–120 words using as much of the new vocabulary as possible.

_____

_____

_____

_____

_____

Self-check

Tick the box which matches your level of confidence.

1 = very confident;   2 = need more practice;   3 = not confident

Kreuze in der Tabelle an, wie sicher du dich fühlst.

1 = sehr sicher;   2 = brauche mehr Übung;   3 = eher unsicher

	1	2	3
Uses both genitive and **von** + dative to express possession and belonging to.			
Refers to close relatives and to more distant relations using specific vocabulary. (CEFR B1)			
Understands more complex descriptions of family life. (CEFR B2)			
Understands that both genitive and dative go with certain prepositions.			

For more information on the genitive and dative, refer to *Complete German*, Units 12, 15, 18, 21.

3 Ein rotes Hemd oder doch lieber ein grünes?

A red shirt or rather a green one?

In this unit you will learn how to:

✓ Express very detailed information using adjectives.

✓ Compare and contrast.

CEFR: Know how to compare and contrast (CEFR A2); Can ask and answer questions regarding items of clothing (CEFR A2); Can understand short, rather simple texts on fashion and clothing (CEFR B1).

Meaning and usage

Adjectival endings

1 Adjectives give defining information about nouns. If they come before a noun, their endings have to agree in gender, number, and case with that noun:

ein rotes Kleid (*a red dress*); **das rote Hemd** (*the red shirt*); **die roten Schuhe** (*the red shoes*)

> *Remember that if adjectives follow a verb that comes after the noun they describe, they never change:* **Das Kleid ist rot.** (*The dress is red.*) **Die Schuhe sind rot.** (*The shoes are red.*)

2 There are two sets of endings: one is for adjectives preceded by the definite articles (**der, die, das, dem, den...**):

Die karierte Jacke passt mir sehr gut. (*The check jacket fits me very well.*)

Ich mag den kurzen Rock wirklich gern. (*I really like the short skirt.*)

3 Adjectives also take these endings when preceded by the group of words that decline like the definite article: **dieser** (*this*), **jeder** (*each*), **jener** (*that*), **mancher** (*some, many a*), **solcher** (*such a*):

Wie findest du diesen gestreiften Pullover? (*What do you think of this striped jumper?*)

Oder gefällt dir jener bunte Pullover da drüben besser? (*Or do you prefer that colourful jumper over there?*)

How to form adjectival endings

Forms following der, die, das

	Masculine	Plural	Feminine	Plural	Neuter	Plural
Nominative	der grau*e* Rock	die grau*en* Röcke	die violett*e* Bluse	die violett*en* Blusen	das kariert*e* Kostüm	die kariert*en* Kostüme
Accusative	den grau*en* Rock	die grau*en* Röcke	die violett*e* Bluse	die violett*en* Blusen	das kariert*e* Kostüm	die kariert*en* Kostüme
Genitive	des grau*en* Rockes	der grau*en* Röcke	der violett*en* Bluse	der violett*en* Blusen	des kariert*en* Kostüms	der kariert*en* Kostüme
Dative	dem grau*en* Rock	den grau*en* Röcken	der violett*en* Bluse	den violett*en* Blusen	dem kariert*en* Kostüm	den kariert*en* Kostümen

*Notice how all the plural forms end in **-en**, and nearly all singular forms. Can you see which singular forms <u>don't</u> end in **-en**?*

A Find all noun phrases with a definite article in this conversation and the introduction. Note the gender, case, and if the noun is singular or plural.

Die beiden Freundinnen Traude und Olivia sind in der neuen Damenabteilung des größten Einkaufszentrums in Berlin, um ein neues Outfit für eine Geburtstagsfeier einzukaufen.

Traude

Das ist eine schwere Entscheidung! Mir gefällt der dunkelblaue Hosenanzug, aber die violette Bluse passt gut zu dem karierten Kostüm, das ich schon habe. Was denkst du? Ich vertraue deinem Rat!

Olivia

Ich denke, du solltest auch den grauen Rock anprobieren. Oder vielleicht den schwarzen, kurzen Rock dort? Das ist schon fast ein Minirock, aber er ist gestreift. Ich finde gestreifte Miniröcke besonders stylisch!

1   Die beiden Freundinnen = feminine, nominative, plural

2 _____

3 _____

4 _____

5 _____

6 _____

7 _____

8 _____

4 The other set of endings is for adjectives preceded by the indefinite article (**ein, eine, ein, einen, einer...**):

   Ich habe mir einen neuen Anzug gekauft. (*I bought myself a new suit.*)

   Was hältst du von einem schwarzen Kostüm? (*What do you think of a black suit?*)

5 Adjectives following **kein** (*no, not...any*), **irgendein** (*some, any*), and possessive pronouns **mein, dein**, etc. also follow this pattern.

Forms following **ein, eine, ein**

	Masculine	Plural	Feminine	Plural	Neuter	Plural
Nominative	ein grau*er* Rock	grau*e* Röcke	eine violett*e* Bluse	violett*e* Blusen	ein neu*es* Kostüm	kariert*e* Kostüme
Accusative	einen grau*en* Rock	grau*e* Röcke	eine violett*e* Bluse	violett*e* Blusen	ein neu*es* Kostüm	kariert*e* Kostüme
Genitive	eines grau*en* Rockes	grau*er* Röcke	einer violett*en* Bluse	violett*er* Blusen	eines neu*en* Kostüms	kariert*er* Kostüme
Dative	einem grau*en* Rock	grau*en* Röcken	einer violett*en* Bluse	violett*en* Blusen	einem neu*en* Kostüm	kariert*en* Kostümen

*Such tables may look intimidating, but working out patterns for yourself makes them much easier to absorb. For example 'adjectival endings for nominative and accusative plurals always end in -**e**'. What other rules can you work out?*

B With the tables to help you, complete Traude and Olivia's conversation with adjectival endings.

Traude: Es gibt in diesem neu____ (1) Einkaufszentrum einfach eine zu große Auswahl. Aber du weißt, ich mag keine gestreift____ (2) Sachen. Hast du noch einen besser____ (3) Vorschlag?

Olivia: Warum kaufen wir heute nicht einfach ein komplett____ (4) Outfit für dich? Hast du einen schönen und bequem ____ (5) BH? Und eine feine Strumpfhose? Und dann kommt die schwer___ (6) Entscheidung: Willst du eine schicke Hose tragen, einen modern___ (7) Rock oder gar ein maßgeschneidert___ (8) Kostüm? Wir haben noch nicht über geeignete Kleider gesprochen! Ich finde, ein schlicht___ (9) Sommerkleid ist auch eine gut___ (10) Wahl. Traude, ich befürchte, wir sind morgen noch da! Du musst dir jetzt etwas aussuchen!

Traude: Gut, ich nehme jetzt diese mehrfarbige Bluse und diese einfarbige, gelbe Bluse aus Seide, die stylische rote Hose aus Samt, die dunkelbraun___ (11) Hose mit dem Wildledergürtel und die gepunktet___ (12) Kunstfaserjacke in die Umkleidekabine und werde alle Kleidungsstücke anziehen.

C Find the missing words from this table in Traude's and Olivia's two conversations.

	Gesuchtes Wort	Artikel	Wortart	Synonym/Erklärung	Gegenteil
1	Damenabteilung	die	Nomen	Dort findet man Kleidung für Frauen.	die Herrenabteilung
2		das	Nomen	Damen tragen es oft in der Geschäftswelt.	✕
3		der	Nomen	unten offenes Kleidungsstück, meist für Frauen	die Hose
4		die	Nomen	sehr dünn, oft durchsichtig, wird oft mit Röcken getragen	✕
5		✕	Verb	Kleidungsstücke anlegen	ausziehen
6		✕	Adjektiv	einfach, unauffällig	pompös
7		✕	Adjektiv	Etwas ist angenehm und behaglich.	unbequem
8		✕	Verb	eine Wahl treffen	✕
9		die	Nomen	Kleiner Raum, dort probiert man Kleidung an.	✕

Meaning and Usage

Comparing things using adjectives

1 Comparison is very similar in German and English. German adds the ending **-er** for comparatives, **dick → dicker** (*fat → fatter*). The word **als** (*than*) links the things being compared. For superlatives the ending is **-ste**: **dick → dickste** (*fat → fattest*):

Seide ist weicher als Baumwolle. (*Silk is softer than cotton.*)

Seide ist mein liebster Stoff. (*Silk is my favourite fabric.*)

*If adding **-ste** would make pronunciation too difficult, an **-e-** is often inserted before it, especially if the adjective ends in **s, ß, z, d** or **t**: **nett → netteste** (nice → nicest): **Der kürzeste Rock kostet 10 Euro mehr.** (The shortest skirt costs 10 Euros more.)*

2   Once you have added the endings for the comparative/superlative, you then add on the appropriate adjectival endings, in line with the tables earlier in this unit:

Die billigeren Klamotten sind oft von schlechterer Qualität.
(*Cheaper clothes are often of worse quality.*)

Ich kaufe lieber den größeren Mantel.
(*I'd rather buy the bigger coat.*)

Die widerstandsfähigste Wolle kommt aus Island.
(*The hardest-wearing wool comes from Iceland.*)

3   Adjectives in the superlative that are not part of the noun phrase take the ending **-sten** and are preceded by **am**. This is also the form you will find in a dictionary entry: **laut → lauter → am lautesten** (*loud, louder, the loudest*):

Wolle der Kaschmirziege ist am teuersten. (*Wool from the Kashmir goat is the most expensive.*)

Diese Krawatte finde ich am schönsten. (*I think this tie is the nicest.*)

4   Overall, very few adjectives have irregular comparative and superlative forms. The most common are:

hoch → höher → am höchsten (*high – higher – highest*)

nah → näher → am nächsten (*close – closer – closest*)

gut → besser → am besten (*good – better – best*)

viel → mehr → am meisten (*many – more – most*)

5   Most adjectives with only one syllable add an umlaut in their comparative and superlative form. **hart → härter → am härtesten** (*hard – harder – hardest*); **klug → klüger → am klügsten** (*intelligent – more intelligent – most intelligent*).

*The comparative and superlative of the very useful word **gern** are also irregular: **Ich trinke Bier nicht gern. Ich trinke lieber Wein. Aber am liebsten trinke ich Sekt.***

D   Complete with the comparative or superlative form.

1   Mein Mann schenkte mir eine Perlenkette. Es ist die _____ (schön) Perlenkette, die ich je gesehen habe.

2   Die Soldaten hängen die neuen Uniformen auf die Kleiderbügel in ihren Schrank. Die _____ (alt) Uniformen hängen im Lager und die ältesten Uniformen kommen zur Altkleidersammlung.

3 Die Handschuhe sind nicht schlecht, aber die Fäustlinge sind am _____ (warm).

4 Louises Sohn lässt sich _____ (gern) von einem Modeverkäufer beraten als von seiner Mutter.

5 Dieser Ledermantel muss in der Änderungsschneiderei _____ (kurz) gemacht werden.

6 Das Jackett kostet 210 €, die Halskette 390 € und die Handtasche 110 €. Die Halskette ist am _____ (teuer).

7 Dieser Schal kostet 20 € mehr als der andere, aber er ist _____ (kratzig). Warum nimmst du also nicht den _____ (billig) Schal?

8 Stiefel eignen sich im Winter _____ (gut) als Halbschuhe.

9 Leider gefallen mir nie die _____ (preiswert) sondern immer nur die teuersten Anzüge am besten.

Meaning and usage

Adjectives treated as nouns

1 In English adjectives are sometimes used as plural nouns, e.g. the young, the old (= young/old people). In German, adjectives are often used as nouns in a similar way:

Das Schönste am Sommer ist, dass man kurze Hosen tragen kann.
(*The best thing about summer is that you can wear shorts.*)

Man sagt über die Deutschen, dass sie gerne Socken und Sandalen tragen.
(*Germans are said to like wearing socks and sandals.*)

> *Some adjectives have been used as nouns for so long (**der Deutsche** the German, **der Fremde** the foreigner) that they even have their own dictionary entry as a noun and are therefore capitalised.*

E Read the following newspaper clipping and find adjectives that are treated as nouns beginning with a capital letter.

1 _____   **3** _____

2 _____   **4** _____

DER NEUESTE MODE-TREND

Das Schönste kommt nächstes Jahr! Bei der Modegala in Mailand wurde es klar: Kräftige Farben sind absolut angesagt. So sah man Röcke in markantem Grün, kombiniert mit Strumpfhosen in kräftigem Gelb. Dieser Trend lässt auch Altes wieder neu werden, die Designer fordern sogar dazu auf, den eigenen Kleiderschrank zu durchsuchen.

2 Adjectives treated as nouns decline just like adjectives in a noun phrase, as shown in the earlier tables, so you do not have to learn a new noun declension for them:

Der Fremd*e* trägt einen traditionellen Hut. (*The foreigner is wearing a traditional hat.*)

Ein Fremd*er* kommt täglich in meinen Laden. (*A foreigner comes to my shop every day.*)

3 In English, many nouns derive from verbs, e.g. learner, traveller, manager. Many common German nouns are formed from the participles of the root verb:

e.g. **reisen** (*to travel*) → **reisend** (present participle) → **der/die Reisende** (*the traveller*) **fangen** (*to capture*) → **gefangen** (past participle) → **der/die Gefangene** (*the prisoner, the captive*)

Vocabulary

F Change these adjectives and past participles into nouns. Remember the endings.

1 Die _____ (verlobt) des Modeschöpfers arbeitet als Model.
2 Ich habe ein mehrfarbiges Kleid in der _____ (illustriert) gesehen.
3 Der _____ (reisend) zog einen dicken Wollpullover an.
4 Leider kann sich der _____ (arbeitslos) keinen warmen Wintermantel kaufen.

Reading

G Klaus is going to a conference in Cologne and this is his packing list. At the conference he'll give a keynote speech and then attend a reception, but he also hopes to find time to use the hotel gym and swimming pool. Have a look at his list. Are there any other items of clothing he should take? Think of three items you would recommend taking and add them to the list.

	Mitnahmeliste für meine Dienstreise nach London
	• Handy und Ladegerät
	• Laptop
	• Kreditkarte
	• Reiselektüre
	• Kulturbeutel
	• meinen schwarzen Designer-Anzug mit den silbernen Knöpfen für den Vortrag
	• den Smoking für den Abendempfang im Hotel
	• passende Hemden, sowohl für den Anzug als auch für den Smoking
	• Sporttasche mit dem grasgrünen Trainingsanzug und dem ältesten Paar Turnschuhe, die nicht mehr wasserdicht sind (Fitnesscenter im Hotel)
	• die neue Krawatte, die ich von meiner Liebsten bekommen habe, und eine zweite Krawatte, als Reserve
	• einen warmen Rollkragenpullover, Handschuhe aus Wolle und meinen wärmsten Wollschal, Januar ist der kälteste Monat
	• den großen, eleganten Schirm, trotzdem auch einen Regenmantel
	• die schwarzen Lederschuhe mit einem zusätzlichen Paar Schnürsenkel
	• Unterwäsche
	•
	•
	•

Vocabulary

H Find words in the text which match these definitions

1 Meist zu einem Hemd getragen, auch Schlips genannt: _____

2 Bequeme Schuhe für den Sport: _____

3 Damit bindet man sich die Schuhe zu: _____

4 Für den Mann, Jacke und Hose sind aus dem gleichen Stoff: _____ oder

_____

5 Kleidung, die man direkt auf der Haut trägt: _____

6 Den trägt man im Winter um den Hals: _____

7 Diese halten die Hände warm: _____

8 Ihn spannt man auf, wenn es regnet: _____

Remember to always look up the gender of a noun. Learning a noun together with its article will help you to use it correctly.

Writing

I **Do you have your own, unique clothing style? Write a short blog entry (about 100 words) explaining your personal clothing choices, what you like to wear, what it is made of, and why you like your style.**

_____

_____

_____

_____

_____

_____

_____

_____

_____

_____

Self-check

Tick the box which matches your level of confidence.

   1 = very confident;   2 = need more practice;   3 = not confident

Kreuze in der Tabelle an, wie sicher du dich fühlst.

   1 = sehr sicher;   2 = brauche mehr Übung;   3 = eher unsicher

	1	2	3
Know how adjectives decline to go within noun phrases.			
Know how to compare and contrast. (CEFR A2)			
Can ask and answer questions regarding items of clothing. (CEFR A2)			
Can understand short, rather simple texts on fashion and clothing. (CEFR B1)			

For more information on adjectival endings, adjectival nouns and comparison, refer to *Complete German*, Units 13, 16, 17 and 18.

4 Sie malt mit meinen Buntstiften

She is drawing with my crayons

In this unit you will learn how to:

- ✅ Talk about arts and crafts.
- ✅ Replace nouns with pronouns.
- ✅ Talk about possessions.

CEFR: Can write short texts about a hobby (CEFR B1); Can understand texts about everyday hobbies such as arts and crafts (CEFR B1).

Meaning and usage

Personal pronouns

1 Personal pronouns replace nouns:

Herr Wilde arbeitet als Erzieher. _Er_ bastelt gerne mit den Kindern im Kindergarten.
(*Mr Wilde is a preschool teacher. He enjoys doing arts and crafts with the children in preschool.*)

Meine Freunde und ich schenken uns immer gekaufte Geschenke. _Wir_ sind alle nicht begabt, was Handarbeiten betrifft. (*My friends and I always give each other presents that we have bought. We are all untalented when it comes to handicraft.*)

 Personal pronouns help you to improve your style, as it would be tedious to repeat the whole noun phrase all the time.

2 When you are not referring to a specific person, but want to say something about people in general, you use **man**:

Mit Kohle kann _man_ zeichnen, mit Wasserfarben malt _man_.
(*You/one can draw with charcoal, but you paint/one paints with watercolours.*)

3 Since there are personal pronouns for all cases, they can replace nouns no matter which case the noun is in:

Wo ist die Schere? Ich habe _sie_ doch eben noch gehabt.
(*Where are the scissors? I had them just a minute ago.*)

Der kleine Junge kommt nicht hinterher. Ich helfe _ihm_ deswegen.
(*The little boy has difficulty keeping up. So I'm helping him.*)

4 You also use personal pronouns after prepositions:

Wo ist der Klebstift? Ich muss mit _ihm_ die Karten zusammenkleben.
(*Where is the glue stick? I have to glue the cards together with it.*)

Meine Eltern sind im Urlaub. Wir können uns bei _mir_ zum Stricken treffen.
(*My parents are on holiday. We can meet at my house to knit together.*)

 A   Read the text and identify the personal pronouns. Say which nouns they replace.

Jeden Donnerstag treffen sich Petra und ihre Freundinnen zum Handarbeiten. Diese Woche wollen sie stricken. Monika hat Wolle und Stricknadeln mitgebracht. Sie verteilt sie an die anderen. Heute ist auch Jennifers Mann dabei, weil er schon seit Jahren strickt. Er hat den Frauen viel davon erzählt und versprochen, ihnen zu zeigen, wie man strickt.

	Personal pronoun	Noun
1		
2		
3		
4		
5		
6		

Forms of the personal pronoun

1   Which personal pronoun you have to use depends on the noun you want to replace or the person/object you want to refer to, as well as the case that is required by the sentence structure. Additionally, in the 3rd person singular you have to pay attention to the gender of the person/object. These are the personal pronouns for the singular:

Singular	1st Person	2nd Person	3rd Person		
Nominative	ich	du	er	sie	es
Accusative	mich	dich	ihn	sie	es
Genitive	(meiner)	(deiner)	(seiner)	(ihrer)	(seiner)
Dative	mir	dir	ihm	ihr	ihm

 *Don't forget that inanimate things in German also have a gender, and this gender has to be reflected in the personal pronoun (**der Klebstift** – er; **die Stricknadel** – sie; **das Malbuch** – es).*

These are the personal pronouns for the plural:

Plural	1st Person	2nd Person	3rd Person
Nominative	wir	ihr	sie/Sie
Accusative	uns	euch	sie/Sie
Genitive	(unser)	(euer)	(ihrer)/(Ihrer)
Dative	uns	euch	ihnen/Ihnen

2 In German, you normally address people by their surname and you use **Sie** when you don't know them very well. Only close friends and relatives are called by their first name and du. Don't use **du** for someone you don't know until that person offers you the **du: „Du kannst ruhig du zu mir sagen!"** (*'Feel free to use **du** with me'*). When you use **Sie**, you also have to use its other personal pronoun forms, which you can find in the last column of the table for the plural. Remember that they too begin with a capital letter.

You will have noticed that the forms for the genitive are in brackets. This is because they are hardly used any longer, but you might still find them in older texts.

3 The personal pronoun changes to **einen** in the accusative and **einem** in the dative:

Malen kann einen entspannen. (*Painting can make you/one feel relaxed.*)

Ein Locher hilft einem beim Einheften. (*A punch helps one with filing.*)

B **Complete the sentences with the correct personal pronoun.**

1 Ich male gerne mit Wasserfarben. _____ leuchten so schön.

2 Kannst du _____ (den Kindern) helfen?

3 _____ (Matthias) malt für _____ (seinen Vater) ein Bild zum Vatertag.

4 Da seid ihr ja endlich! Ich habe schon auf _____ gewartet.

5 Ich lade _____ und Ihre Kinder herzlich zum Bastelnachmittag ein.

6 Die Kindergärtnerin zeigt _____ (meinem Bruder und mir), wie man ein Papierflugzeug bastelt.

7 Hallo Kaspar, darf ich mit _____ zusammenarbeiten? Ich mag nicht mit _____ (Jessica) arbeiten.

8 Hast du einen Spitzer für _____? Mein Stift ist abgebrochen.

9 Ich gab _____ (dem Kind) ein Bild zum Ausmalen.

10 Ich danke _____, dass Sie Ihren Kindern helfen.

11 Könnt ihr _____ (die Bilder) morgen mitbringen?

12 Dieses Bild ist sehr schön. Ich finde _____ am besten.

Meaning and usage

Possessive pronouns

1 Possessive pronouns allow you to indicate who an object belongs to. They precede the noun to which they refer:

Das ist _meine_ Skizze. (*This is my sketch.*)

Darf ich _deinen_ Tacker benutzen? (*May I use your stapler?*)

C Find all the possessive pronouns in the following text. Pay particular attention to their endings. Explain why they change.

Blog

Meine Schwester Monika und mein Bruder Michael gehen noch in die Grundschule. Jeden Morgen gehen sie gemeinsam mit ihren Freunden zur Schule. Auf dem Weg erzählt Monika ihrer Freundin immer alles, was am Tag vorher zu Hause passiert ist. Michael erzählt seinem Freund nicht so viel, aber sie reden viel über Fußball.

	Possessive Pronoun	Noun	Reason for Ending
1			
2			
3			
4			
5			

Forms of the possessive pronoun

1 These are the possessive pronouns for the different persons:

	1st Person	2nd Person	3rd Person		
Singular	mein	dein	sein (masc.)	ihr (masc.)	sein (neuter)
Plural	unser	euer	ihr/Ihr		

2 The ending of these pronouns changes depending on these three aspects:

- case needed (nominative, accusative, dative, genitive)
- gender of the object that is owned (masculine, feminine, neuter)
- whether one or several objects are owned (singular or plural).

Mein Bild (= nominative, neuter, singular) **gefällt mir nicht.** (*I don't like my painting.*)

Ich porträtiere *ihren* **Sohn** (= accusative, masculine, singular)**.** (*I am painting her son's portrait.*)

Ich porträtiere *ihre* **Söhne** (= accusative, plural). (*I am painting her sons' portraits.*)

3 In this table you will find all the different endings for **mein**, but these endings are the same for all the other possessive pronouns:

Singular	Masculine object	Feminine object	Neuter object
Nominative	mein Druck	mein**e** Zeichnung	mein Bild
Accusative	mein**en** Druck	mein**e** Zeichnung	mein Bild
Genitive	mein**es** Druckes	mein**er** Zeichnung	mein**es** Bildes
Dative	mein**em** Druck	mein**er** Zeichnung	mein**em** Bild

Plural	Masculine/Feminine/Neuter object
Nominative	mein**e** Drucke/Zeichnungen/Bilder
Accusative	mein**e** Drucke/Zeichnungen/Bilder
Genitive	mein**er** Drucke/Zeichnungen/Bilder
Dative	mein**en** Drucken/Zeichnungen/Bildern

 You might have noticed that these are exactly the same endings as for the indefinite article. So, luckily, there are no new endings to learn!

4 However, **euer** behaves slightly differently as it changes to **eur** + ending whenever an ending is needed. The endings are still the same, though:

Eure **Knetfiguren sehen wirklich echt aus.** (*Your play dough figures look very realistic.*)

Ich habe es *euren* **Klassenkameraden schon erklärt.**
(*I have already explained it to your classmates.*)

5 If an adjective follows the possessive pronoun, it takes the same ending as when it follows an indefinite article:

Mein neues **Bild gefällt mir nicht.** (*I don't like my new painting.*)

Sein letzter **Druck ist am besten.** (*His last print is the best.*)

6 Sometimes you want to use a possessive pronoun on its own, without a noun following it. If so, the forms for singular masculine objects in the nominative and singular neuter objects in the nominative and accusative are different from those in the table, namely **-er** and **-(e)s** respectively:

Ist das dein Druck? Ja, das ist meiner**.** (*Is this your print? Yes, that's mine.*)

Ist das unser Bild? Ja, das ist unseres**.** (*Is that your painting? Yes, that's mine.*)

Zeigst du mir dein Bild? Dann zeige ich dir auch meines**.**
(*Are you going to show me your painting? Then I'll also show you mine.*)

*In spoken German, you often drop the -e- before the -s. **Ist das dein Bild? Ja, das ist meins.*** *(Is that your painting? Yes, that's mine.)*

D Complete the possessive pronouns. For some, no ending is necessary.

1 Ihr _____ Schere ist stumpf.

2 Die Skulpturen sein _____ Bruders sind ausgezeichnet.

3 Kann ich mir Ihr _____ Locher ausleihen?

4 Mit dein _____ Pinsel kann man viel besser malen.

5 Unser _____ Handarbeitsstunde fällt heute aus, weil unser _____ Lehrer krank ist.

6 Stellt eu _____ Farbkästen bitte wieder in den Schrank.

7 Ich kann zu dein _____ Bastelworkshop leider nicht kommen.

8 Die Preise für ihr _____ Bilder sind sehr hoch.

E The primary school teacher has found lots of craft objects and is asking who they belong to. Answer her questions.

1 Ist das dein Tesafilm? Ja, das ist *meiner*.

2 Sind das ihre Buntstifte? Ja, das sind _____ .

3 Ist das sein Malheft? Ja, das ist _____ .

4 Ist das eure Schere? Ja, das ist _____ .

5 Ist das unser Spitzer? Ja, das ist _____ .

Vocabulary

F Match the words in the box with their definitions.

| basteln | Bleistift | häkeln | Pinsel |
| Spitzer | Tacker | Zeitungspapier | |

1 Das kann man unterlegen, damit der Tisch nicht schmutzig wird _____.

2 Eine Tätigkeit, die so ähnlich wie stricken ist _____.

3 Damit kann man eine Skizze anfertigen _____.

4 Damit heftet man Papier zusammen _____.

5 Wenn man schneidet, klebt, etc. _____.

6 Diesen braucht man, wenn man mit Wasserfarben malt _____.

7 Wenn ein Stift abbricht, dann hilft dieser _____.

 # Reading

G Read the text about a school arts and crafts fair and answer the question.

VORBEREITUNGEN FÜR ADVENTSBASAR AN DER GESCHWISTER-SCHOLL-SCHULE

Die Geschwister-Scholl-Schule veranstaltet jedes Jahr einen großen Adventsbasar. Für diesen bereiten die Schülerinnen und Schüler viele Dinge vor. Sie basteln, malen, zeichnen, töpfern. Beim Basar werden ihre Kunstwerke dann für einen guten Zweck verkauft.

Für welches Ereignis basteln die Kinder?

_____

H Now continue reading and answer the following questions.

Die Schüler der Klasse 5b basteln Weihnachtssterne aus Stroh. Dazu brauchen sie Klebstifte, um die Strohhalme aneinander zu kleben, und einen Faden, an dem man die Sterne hinterher aufhängen kann. Die 6b hat Lebkuchenhäuser gebacken. Sie haben keinen Kleber genommen, um sie zusammenzubauen, sondern Zuckerguss, damit man sie auch essen kann. Aber vorher dekorieren sie sie noch mit Gummibärchen und anderen Süßigkeiten. Ihre Lebkuchenhäuser sehen wirklich lecker aus! Eine andere Klasse stellt Weihnachtskarten her. Sie benutzt kein normales Papier, sondern Tonpapier, weil es etwas fester ist. Man kann aus verschiedenen Farben auswählen. Aus dem grünen Papier schneiden viele Schüler Tannenbäume aus und kleben sie dann auf die Karte. Für die kleineren Schüler gibt es eine Schablone. Sie hilft ihnen beim Ausschneiden, denn sie müssen einfach nur der Vorlage folgen und nicht selber einen Tannenbaum aufzeichnen.

Max gibt sich besonders viel Mühe und seine Karten sehen wunderschön aus. Einige Schüler der höheren Klassen töpfern Vasen aus Ton, andere erstellen Krippenfiguren aus Salzteig. Auch wenn man ihn in den Ofen stecken muss, damit er fest wird, kann man diesen Teig aber nicht essen. Den Stall für Maria und Josef baut ein Schüler aus Holz zusammen. Diese Krippe wird nicht verkauft, sondern wird unter dem Tannenbaum im Eingangsbereich aufgebaut, damit alle Besucher sie bewundern können. Wenn man eine Krippe kaufen möchte, dann kann man dies aber auch tun: Die Schüler der 10. Klasse schnitzen Krippenfiguren aus Holz. Es gibt also etwas für jeden Geschmack!

1 Woraus bestehen die Weihnachtssterne der 5b?

_____

2 Womit dekorieren die Schüler die Lebkuchenhäuser?

_____

3 Aus welchem Papier schneiden sie viele Tannenbäume für die Weihnachtskarten aus?

_____

4 Was wird aus Ton hergestellt?

_____

V			
das Lebkuchenhaus	_gingerbread house_	**sich Mühe geben**	_to make an effort_
lecker	_delicious_	**der Ton**	_clay_
ausschneiden	_to cut out_	**der Salzteig**	_salt dough_
auf etw. kleben	_to glue on something_	**die Krippe**	_crib_
die Schablone	_stencil_	**schnitzen**	_to carve_

I Find the words, which match the description, in the newspaper article.

	Description	Word
1	braucht man, um etwas aufzuhängen	
2	ein Gebäude, das man essen kann	
3	kann den Klebstift ersetzen	
4	macht das Ausschneiden einfacher	
5	dort leben normalerweise Tiere	
6	Maria, Josef, Jesus und weitere Figuren	

J Find the odd one out.

1 skizzieren | malen | töpfern | zeichnen
2 Locher | Ofen | Spitzer | Tacker
3 häkeln | schnitzen | sticken | stricken
4 Gummibärchen | Holz | Stroh | Tonpapier

K Find the word in the box which matches with each action.

| Bleistift Holz Klebstift |
| Schere Ton Wasserfarben |

1 ausschneiden _____

2 ein buntes Bild malen _____

3 schnitzen _____

4 aufkleben _____

5 skizzieren _____

6 töpfern _____

 Writing

L Do you enjoy arts and crafts? Or is there anything else you like doing? Why do you like this activity? Write a short blog post (80–100 words) talking about your experience with this hobby.

_____

_____

_____

_____

_____

_____

_____

_____

_____

Self-check

Tick the box which matches your level of confidence.

1 = very confident;   2 = need more practice;   3 = not confident

Kreuze in der Tabelle an, wie sicher du dich fühlst.

1 = sehr sicher;   2 = brauche mehr Übung;   3 = eher unsicher

	1	2	3
Knows how to replace nouns with a personal pronoun.			
Knows how to use possessive pronouns.			
Can write short texts about a hobby. (CEFR B1)			
Can understand texts about everyday hobbies such as arts and crafts. (CEFR B1)			

5 Susanne wäscht sich jeden Tag die Haare

Susanne washes her hair every day

In this unit you will learn how to:

- ✔ Talk about your daily routine.
- ✔ Describe the weather.
- ✔ Understand weather forecasts.
- ✔ Use the present tense.
- ✔ Use reflexive verbs.

CEFR: Can give a simple description or presentation of daily routines (CEFR A1); Can communicate in simple and routine tasks requiring a simple and direct exchange of information on familiar and routine matters to do with work and free time (CEFR A2); Can understand the main points of radio news bulletins and simpler recorded material about familiar subjects (CEFR B1); Can write personal letters describing events in some detail (CEFR B1).

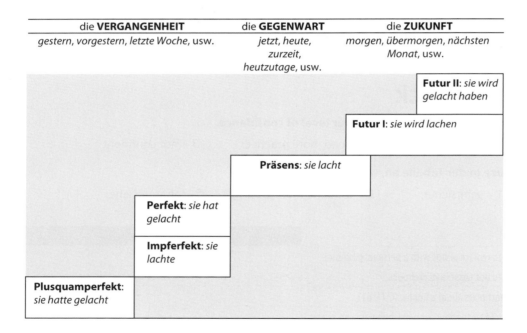

die **VERGANGENHEIT**	die **GEGENWART**	die **ZUKUNFT**
gestern, vorgestern, letzte Woche, usw.	*jetzt, heute, zurzeit, heutzutage*, usw.	*morgen, übermorgen, nächsten Monat*, usw.

Futur II: *sie wird gelacht haben*

Futur I: *sie wird lachen*

Präsens: *sie lacht*

Perfekt: *sie hat gelacht*

Impferfekt: *sie lachte*

Plusquamperfekt: *sie hatte gelacht*

Meaning and usage

The present tense

1   Just as in English, the present tense is used to describe actions that happen regularly:

Angelika badet ihre kleine Tochter jeden Abend.
(*Every evening, Angelika bathes her little daughter.*)

Peter passt immer auf seine kleine Schwester auf, wenn seine Eltern abends ausgehen.
(*Peter always looks after his little sister when his parents are going out in the evening.*)

2 The present is also used to describe events that take place at the moment of talking:

Er hilft mir jetzt beim Kochen. (*He is helping me with the cooking.*)

Marianne schreibt gerade eine Matheklausur. (*Marianne is sitting a maths exam at the moment.*)

There is only one present tense in German. As in these examples, according to context it corresponds either to the English simple present (*I do*) or the present progressive (*I am doing*). German does not have any progressive tenses.

3 As in English, the present is used to indicate that something will happen in the future. It is combined with an adverb (**morgen, nächste Woche, in drei Tagen**) referring to the future:

Morgen findet ein Konzert im Dom statt. (*Tomorrow a concert is taking place in the cathedral.*)

Nächstes Jahr ziehe ich mit meinen Eltern nach Leipzig.
(*I am moving to Leipzig with my parents next year.*)

4 In contrast to English, you also use the present tense in German when talking about an action that started in the past but is still ongoing:

Die Müllers wohnen schon seit 20 Jahren in Düsseldorf.
(*The Müllers have already been living in Düsseldorf for 20 years.*)

A Read the following text and identify the conjugated verbs. List their infinitive. List those which have a different vowel or spelling from the infinitive.

	Ein Tag im Leben von Andreas
	Andreas' Wecker klingelt jeden Morgen um halb sechs, aber es dauert bestimmt noch
	zehn Minuten, bis er tatsächlich aufsteht. Dann duscht er und wäscht sich die Haare.
	Danach zieht er sich an und geht zum Frühstücken in die Küche. Während Andreas
	frühstückt, liest er oft Zeitung. Seine Mutter geht währenddessen ins Bad, um sich
	zu schminken. Seine Eltern sind seit drei Jahren geschieden und Andreas' Vater lebt
	nicht mehr bei ihnen, aber Andreas sieht ihn alle 14 Tage am Wochenende.

	Conjugated form	Infinitive
1	Andreas' Wecker klingelt	klingeln
2		
3		
4		
5		
6		
7		
8		
9		
10		
11		
12		
13		

How to form the present tense

1   The infinitive of each verb consists of a stem and an ending (**gehen**: **geh** (= stem) **-en** (= ending). The ending is usually either **-en** or just **-n**. In order to form a verb in the present tense, you drop the infinitive ending and add the following endings for the different persons:

Person	Ending	Conjugated form
ich	-e	ich gehe
du	-st	du gehst
er, sie, es	-t	er geht
wir	-en	wir gehen
ihr	-t	ihr geht
sie, Sie	-en	sie gehen

2   If the stem of the verb ends in **-d** or **-t**, it would be impossible to pronounce **-dst** or **-tst**, so an **-e-** is inserted:

Du find_est, dass der Sommer immer zu heiß ist. (*You think that the summer is always too hot.*)

Ihr arbeit_et zu viel. (*You are working too much.*)

 The same rule applies to verbs whose stems end in **-n** *and* **-m**, *if they follow a consonant, other than* **-l-** *and* **-r-**: **regne_n**: **Es regne_t heute schon den ganzen Tag.** (*It has been raining all day today.*) *but* **klinge_ln**: **Es klingelt an der Tür.** (*The door bell is ringing.*)

3   Verbs whose stem ends in **-s**, **-ß**, **-x**, or **-z** have the ending **-t** in the second person singular (**du**):

Du gießt die Blumen nicht oft genug. (*You don't water the flowers often enough.*)

4   **Haben**, **sein**, **werden**, and **wissen** are irregular and have the following forms in the present:

	haben	sein	werden	wissen
ich	habe	*bin*	werde	*weiß*
du	*hast*	*bist*	*wirst*	*weißt*
er, sie, es	*hat*	*ist*	*wird*	*weiß*
wir	haben	*sind*	werden	wissen
ihr	habt	*seid*	werdet	wisst
sie, Sie	haben	*sind*	werden	wissen

 Modal verbs are also irregular.

Meaning and usage

Weak and strong verbs

1 Verbs can be either weak or strong. Weak verbs follow a regular pattern (with minor exceptions) and forming them is therefore relatively straightforward. Strong verbs are irregular because the vowel of their stem often changes. How this happens in the present is shown below:

Verb	Irregularity	Example
strong verbs with:-e- in stem	-e- *changes to* -ie- *or* -i- *in 2nd and 3rd pers. sg.*	treffen → er trifft sehen → du s<u>ie</u>hst
strong verbs with: -a- *or* -au- *in stem*	*umlaut in 2nd and 3rd pers. sg.*	waschen → er wäscht laufen → du l<u>äu</u>fst

It is best to learn not just a verb's infinitive, but also to memorize the third person of the present and past tenses as well as the past participle. That way you will get to know which verbs are strong or irregular and what their particular forms are (e.g. **lesen – liest – las – gelesen***).*

B **Complete the text about Andreas' daily routine with the correct form of the verb in brackets.**

Nach dem Frühstück _____ (1) (putzen) sich Andreas noch schnell die Zähne, bevor er mit dem Fahrrad in die Schule _____ (2) (fahren). Wenn es _____ (3) (regnen) oder wenn es im Winter schneit, dann _____ (4) (nehmen) ihn seine Mutter oft mit dem Auto mit. Manchmal muss er aber auch den Bus nehmen.

Jetzt _____ (5) (sein) aber Sommer und die Sonne _____ (6) (scheinen) bei strahlend blauem Himmel. Keine einzige Wolke ist am Himmel zu sehen. Da es aber erst Anfang Juni ist, ist es morgens noch frisch, aber durch das Radfahren _____ (7) (werden) Andreas schnell warm. Die Schule _____ (8) (beginnen) um 8.15 Uhr. Heute hat Andreas nur sechs Stunden, aber manchmal hat er auch am Nachmittag noch Unterricht. Nach der Schule _____ (9) (treffen) er sich häufig mit Freunden. Sie machen gemeinsam Hausaufgaben, _____ (10) (gehen) ins Kino oder spielen Fußball.

Donnerstags geht Andreas nach der Schule aber zum Leichtathletiktraining. Am besten ist er bei den Sprints, denn er _____ (11) (laufen) am schnellsten in seiner Gruppe. Das Training dauert meistens zwei Stunden und anschließend ist Andreas oft sehr müde, so dass er nur schnell etwas zu Abend _____ (12) (essen) und dann gleich ins Bett geht. Am nächsten Tag beginnt das Ganze dann von vorne, außer es ist Wochenende.

Complete with the right verb in the correct form.

antworten	blasen	empfehlen	geben	grüßen
haben	kaufen	nieseln	vergessen	wissen

1   Du _____ mir häufig gute Tipps.
2   Mein Zahnarzt _____, sich mindestens zweimal am Tag die Zähne
    zu putzen.
3   Es regnet nicht stark, es _____ nur.
4   Ich _____, dass ich mich bei meinen Großeltern besonders gut benehmen muss.
5   Unser Nachbar _____ jeden Tag die Zeitung.
6   Heute _____ ein kräftiger Wind.
7   Du _____ alle Menschen immer so freundlich.
8   David _____ nie auf meine Fragen.
9   Mein Schwager _____ eine neue Regenjacke.
10 Du _____ jedes Jahr meinen Geburtstag.

Meaning and usage

Reflexive verbs

1   Reflexive verbs are verbs that take a reflexive pronoun (e.g. **mich**, **dich**, **sich**). They indicate that
    the action or feeling expressed refers back to the subject of the sentence:

Ich lege _mich_ kurz hin. (*I am having a short nap.*)

Sie verliebten _sich_ sofort ineinander. (*They immediately fell in love with each other.*)

Ich fürchte _mich_ vor Gewittern. (*I am afraid of thunderstorms.*)

 D   Go back to the beginning of the text in A and identify the reflexive verbs.

1   _____
2   _____
3   _____

2   There are two different sets of reflexive pronouns: those in the accusative and those in the
    dative. However, only the forms in the first (**ich**) and second person singular (**du**) differ:

	Accusative	Dative
ich	_mich_	_mir_
du	_dich_	_dir_
er, sie, es	sich	sich
wir	uns	uns
ihr	euch	euch
sie, Sie	sich	sich

Ich interessiere _mich_ sehr für Geschichte. (*I am really interested in history.*)
Du entschuldigst _dich_ immer für deine Fehler. (*You always apologize for your mistakes.*)

In München zu wohnen, stelle ich _mir_ schön vor. (*I imagine it must be nice to live in Munich.*)

Du hast _dir_ beim Fußballspielen wehgetan. (*You hurt yourself when playing football.*)

 As you'll have noticed, the last two examples have the reflexive pronoun in the dative. Fortunately, though, very few reflexive verbs take the dative and it is best to simply learn those that do.

Here are some of the most frequently used reflexive verbs:

Reflexive verbs taking the accusative			
sich beeilen	*to hurry*	sich gewöhnen	*to get used to*
sich benehmen	*to behave*	sich kümmern	*to look after*
sich entscheiden	*to decide*	sich langweilen	*to be bored*
sich entschuldigen	*to apologize*	sich umziehen	*to get changed*
sich erholen	*to recover*	sich unterhalten	*to chat*
sich erinnern	*to remember*	sich verspäten	*to get delayed*
sich freuen auf/über	*to look forward to/to be glad about*	sich vorstellen	*to introduce oneself*

Reflexive verbs taking the dative	
sich ansehen	*to look at something*
sich einbilden	*to persuade oneself of something*
sich überlegen	*to think hard about something*
sich vorstellen	*to imagine*
sich wünschen	*to want*
sich für etwas zu schade sein	*to consider oneself too good for something*

 *Pay particular attention to **sich vorstellen** as it changes its meaning depending on whether it takes the accusative or the dative: **Ich stelle mich** (= accusative) **meinen Klassenkameraden vor.** (I am introducing myself to my classmates.) **Ich stelle _mir_** (= dative) **vor, schon zu Hause zu sein.** (I am imagining already being at home.)*

3 In reflexive verbs, such as **sich waschen**, the reflexive pronoun **sich** is in the accusative because it is the direct object, but when another direct object is introduced, the reflexive pronoun changes from the accusative to the dative.

Ich wasche _mich_ morgens immer gründlich. *I wash myself thoroughly every morning.*
BUT
Ich wasche _mir_ vor dem Essen _die Hände_. *I wash my hands before eating.* (**Die Hände** is now the direct object in the accusative and so the reflexive pronoun has to be in the dative.)

4 Here are some of the most common reflexive verbs that can take either the dative or the accusative:

Reflexive verbs taking either the accusative or the dative	
sich rasieren	*to shave*
sich verbrennen	*to get burned*
sich waschen	*to wash*

5 Some reflexive verbs also have a non-reflexive form with a different meaning when used with an accusative direct object:

Weil ich spät dran bin, ziehe ich mich schnell an.
(*I am getting dressed quickly because I am running late.*)

Heute ziehe ich meinen neuen Pullover an. (*Today, I am putting on my new jumper.*)

 In the last example, **meinen neuen Pullover** *is accusative and therefore a direct object.*

E Complete the sentences with the correct reflexive pronoun.

1 Mein großer Bruder rasiert _____ jeden Morgen. Weil ich oft schwimmen gehe, rasiere ich _____ oft die Beine.

2 Wenn ihr _____ langweilt, könnt ihr mir beim Schneeschippen helfen.

3 Langweilst du _____ schon wieder? Spiel doch mit Frank von nebenan.

4 Der Meteorologe entschuldigt _____ bei den Zuschauern für die falsche Wettervorhersage.

5 Du solltest _____ das gut überlegen, bevor du eine Entscheidung triffst.

6 Ich lasse dich heute nicht vor die Tür, sonst brichst du _____ bei dem Glatteis noch das Bein.

7 Wir freuen _____ schon sehr auf Weihnachten.

8 Im Frühling fühle ich _____ immer wohler, wenn ich die ersten Sonnenstrahlen auf meiner Haut fühle.

9 Wenn morgens alle das Haus verlassen haben, fühle ich _____ oft einsam.

10 Meine Großeltern kümmern _____ um meine kleine Schwester, wenn meine Eltern lange arbeiten müssen.

Meaning and usage

Adverbials of time

1 An adverbial of time (e.g. **währenddessen** (*meanwhile*), **seit drei Jahren** (*for three years*) is not a compulsory part of a sentence, but it gives additional information about the action the sentence expresses:

Seit Montag regnet es ununterbrochen. (*It hasn't stopped raining since Monday.*)

2 It can either tell you how long it takes:

Seitdem du dir die Haare stylst, brauchst du _mehr als 20 Minuten_ im Bad.
(*Since you have started styling your hair, you need more than 20 minutes in the bathroom.*)

As you can see in these examples, German uses a different tense than English to express the same idea. Bear this in mind, as it will be useful to know when you learn about other tenses.

3 Or at what point in time the action happens:

Ich mache das _sofort_. (*I will do this immediately.*)

4 Or how often it is carried out:

In den Tälern kommt es _häufig_ zu Nebel. (*You frequently get fog in the valleys.*)

 Reading

F Read the following weather forecast and answer the question.

Was kommt nach dem Wetterbericht?

_____

G Now continue reading and answer the following questions.

In den Tälern kommt es am Morgen noch zu starkem Nebel, der sich erst am Vormittag langsam auflöst, wenn sich die Sonne langsam durchsetzt. Die Temperaturen steigen dann zunächst auf bis zu 7 Grad. In den Bergen liegen die Temperaturen in den Morgenstunden noch unter dem Gefrierpunkt, auch im Laufe des Tages werden maximal 2 Grad erreicht. Ein Tief nähert sich aus dem Osten und sorgt tagsüber immer wieder für kurze Regenschauer, die in Höhenlagen von über 1000 Metern als Schnee fallen können. Am Nachmittag kommt leichter Wind auf, der sich am Abend zu einem Sturm entwickeln kann. Das wird die Regenwolken vorerst vertreiben, aber die Wetterlage bleibt unbeständig und wir müssen auch am Wochenende immer wieder mit Niederschlägen rechnen. Die Temperaturen fallen nachts auf unter 0 Grad, so dass es zu Bodenfrost kommt. Ziehen Sie sich also warme und regenfeste Kleidung an!

der Nebel	*fog*	**vertreiben**	*to dispel*
zunächst	*initially*	**die Wetterlage**	*weather conditions*
die Höhenlage	*altitude*	**unbeständig**	*changeable, unsettled*
aufkommen	*to arise*	**mit etw. rechnen**	*to expect something*

1 Was ist die Höchsttemperatur in den Bergen?

_____

2 Wo gibt es Schnee?

_____

3 Wie wird das Wetter am Samstag und Sonntag?

_____

4 Was rät der Meteorologe den Zuhörern?

_____

H Find as many reflexive verbs as you can in the text.

1 sich auflöst _____

2 _____

3 _____

4 _____

5 _____

Remember the difference between **Uhr** *and* **Stunde** *in German.* **Uhr** *is used to give an exact time* (**Es ist 14 Uhr.**); **Stunde** *is used to describe a duration* (**Es hagelte eine ganze Stunde lang.**).

Vocabulary

I Find the words and phrases in the text that match these definitions.

1 Bericht, der über das Wetter informiert _____

2 Gegenteil von Berg _____

3 Zeit zwischen Morgen und Mittag _____

4 0 Grad _____

5 eine Wetterfront, die meistens schlechtes Wetter bringt _____

6 wenn es nur kurz regnet _____

7 Samstag und Sonntag _____

8 Oberbegriff für Regen und Schnee _____

J Add the missing words.

1 Norden, Osten, _____ , Westen

2 Morgen, Vormittag, Mittag, _____ , Abend, _____

3 Frühling, Sommer, _____ , Winter

4 Sekunde, Minute, _____ , Tag, Woche, _____ , Jahr

Writing

K What does a typical day in your life look like? Does the weather influence your daily routine? Write a letter of about 120 words describing your daily routine to a penpal or a person who doesn't know you very well and lives in a different country.

_____

_____

_____

_____

_____

_____

Self-check

Tick the box which matches your level of confidence.

1 = very confident;   2 = need more practice;   3 = not confident

Kreuze in der Tabelle an, wie sicher du dich fühlst.

1 = sehr sicher;   2 = brauche mehr Übung;   3 = eher unsicher

	1	2	3
Can use reflexive verbs correctly knowing which reflexive pronoun they take.			
Can give a simple description or presentation of daily routines. (CEFR A1)			
Can understand short, simple texts on familiar matters of a concrete type which consist of high frequency everyday language. (CEFR A2)			
Can understand the main points of radio news bulletins and simpler recorded material about familiar subjects. (CEFR B1)			
Can communicate in simple and routine tasks requiring a simple and direct exchange of information on familiar and routine matters to do with work and free time. (CEFR A2)			
Can write personal letters describing events in some detail. (CEFR B1)			

For more information on the plural of nouns and the accusative, refer to *Complete German*, Units 10 and 11.

6 Familie Hofer war im Urlaub

The Hofer family were on holiday

In this unit you will learn how to:

● Write about events that happened in the past.

● Use the different past tense forms.

● Know which past tense form to use when.

CEFR: Can write a short, simple postcard, for example sending holiday greetings (CEFR A1); Can deal with common aspects of everyday living such as travel (CEFR A2); Can communicate in simple and routine tasks requiring a simple and direct exchange of information on familiar and routine matters (CEFR A2); Can write personal letters describing events in some detail (CEFR B1).

die **VERGANGENHEIT**	die **GEGENWART**	die **ZUKUNFT**
gestern, vorgestern, letzte Woche, usw.	*jetzt, heute, zurzeit, heutzutage, usw.*	*morgen, übermorgen, nächsten Monat, usw.*

Futur II: *sie wird gelacht haben*

Futur I: *sie wird lachen*

Präsens: *sie lacht*

Perfekt: *sie hat gelacht*

Impferfekt: *sie lachte*

Plusquamperfekt: *sie hatte gelacht*

Meaning and usage

Past tense forms

1 There are three different tenses in German to express the idea that something happened in the past. These tenses are the imperfect, the perfect, and the pluperfect:

Imperfect: **Die Familie fuhr jedes Jahr nach Österreich in den Urlaub.**
(*Every year, the family went to Austria for their holiday.*)

Perfect: **Gestern sind wir mit dem Auto an die Ostsee gefahren.**
(*Yesterday we drove to the Baltic Sea.*)

Pluperfect: **Meine Frau hatte die Reise schon vor langer Zeit gebucht.**
(*My wife had already booked the trip a long time ago.*)

2   You use all these tenses when the action they describe started in the past _and_ was completed in the past:

Die Gäste kamen vorgestern an. (*The guests arrived the day before yesterday.*)

3   The imperfect, which is also referred to as the simple past, is mainly used in writing:

Früher flogen die meisten Menschen nur einmal im Jahr in den Urlaub.
(*People used to fly on holiday only once per year.*)

In speaking, the imperfect is used when you are describing something:

„Das Hotel war schon sehr alt."
(*'The hotel was already very old.'*)

4   The perfect is mainly used in speaking:

„Ich bin gerade in Genf gelandet." (*'I have just landed in Geneva.'*)

Modal verbs are hardly ever used in the perfect, however, and you use the imperfect instead.

5   Just like in English, when you talk about one thing that happened in the past, and you want to say that something else happened before it, you use the pluperfect:

Nachdem er gepackt hatte, stellte er die Koffer an die Tür.
(*After he had packed, he put the suitcases next to the door.*)

 As a rule of thumb, you will almost always have to use the pluperfect in clauses with **nachdem**.

How to form the imperfect and the perfect

Weak verbs

 Remember there are strong and weak verbs in German.

The imperfect

Weak verbs are regular and they all form their imperfect in the same way. First, you take the stem, which is the part of the verb remaining when you remove **-en** or **-n: pack-en**. Then you add a **-t-**, which is the past tense marker, and then you add the following endings for the different persons:

ich	-e	ich packte
du	-est	du packtest
er, sie, es	-e	er packte
wir	-en	wir packten
ihr	-et	ihr packtet
sie	-en	sie packten

A **Write the imperfect forms of the following verbs.**

1 erleben: *er erlebte*
2 erreichen: wir _____
3 passieren: es _____
4 sich entspannen: ich _____
5 sich ausruhen: du _____

The perfect

1 The perfect is called a compound tense because it consists of two verbs: a form of **haben** or **sein** in the present tense and the past participle of the main verb (**er hat gepackt, er ist gereist**). In the perfect tense, these two verb parts form the predicate; in other tenses there might be more and different verb parts.

2 The past participle of weak verbs is formed by adding **ge-** in front of the stem and a **-t** at the end (**buch-en → _ge_-buch-_t_**).

Verbs with an inseparable prefix such as **ent-** or **ver-** do not add **ge-** in front of the stem in order to form the past participle (**entspannen → entspannt, verpacken → verpackt**).

The past participle is always the same and never changes its form regardless of the person it refers to. Only **sein** and **haben** are conjugated in the perfect and have to agree with the subject.

	Verbs that take haben		Verbs that take sein	
	Form of **haben** in present	Past participle	Form of **sein** in present	Past participle
ich	habe	*ge*pack*t*	bin	*ge*reis*t*
du	hast	*ge*pack*t*	bist	*ge*reis*t*
er, sie, es	hat	*ge*pack*t*	ist	*ge*reis*t*
wir	haben	*ge*pack*t*	sind	*ge*reis*t*
ihr	habt	*ge*pack*t*	seid	*ge*reis*t*
sie	haben	*ge*pack*t*	sind	*ge*reis*t*

If the stem of the verb ends in **-d**, **-t**, or **-n**, you add an **-e-** before the past participle ending **-t** (**land-en → ge-land-_et_; kost-en → ge-kost-_et_; öffn-en → ge-öffn-_et_**), which makes it easier to pronounce the word. This is in line with the conjugation in the present tense.

Verbs that end in **-ieren** do not put **ge-** in front of their stem in the past participle (**fotografieren → fotografiert; reservieren → reserviert; telefonieren → telefoniert**).

*New verbs coming into German from other languages are all weak and therefore form the imperfect in a regular way (***mailen → er mailte; chatten → er chattete; bloggen → er bloggte***).*

Haben or sein with the perfect tense

The following rules apply when deciding whether to use **haben** or **sein** in the perfect.

1 These verbs take **sein** in the perfect:

  a Verbs that express movement:
- **gehen: er ist gegangen**
- **fliegen: er ist geflogen**
- **laufen: er ist gelaufen**

  b Verbs that express a change in state:
- **aufwachen: er ist aufgewacht**
- **wachsen: er ist gewachsen**
- **sterben: er ist gestorben**

 *All the verbs in **a** and **b** are intransitive verbs, i.e. verbs that cannot take an accusative object.*

  c And the following verbs:
- s**ein: er ist gewesen**
- **werden: er ist geworden**
- **bleiben: er ist geblieben**
- **passieren: es ist passiert**
- **geschehen: es ist geschehen**
- **gelingen: es ist gelungen**

2 These verbs take **haben** in the perfect:

  a All transitive verbs:
- **machen: er hat gemacht**
- **lesen: er hat gelesen**
- **fragen: er hat gefragt**

 *In South Germany and in Austria, these four verbs always form the perfect with **sein** and not with **haben** as in the rest of Germany:* **hängen, liegen, sitzen, stehen.**

  b All reflexive verbs:
- **sich erholen: er hat sich erholt**
- **sich freuen: er hat sich gefreut**
- **sich überlegen: er hat sich überlegt**

  c All modal verbs

  d Intransitive verbs, but only if they do not express movement or change in state:
- **antworten: er hat geantwortet**
- **danken: er hat gedankt**
- **anfangen: er hat angefangen**

- **aufhören: er hat aufgehört**
- **liegen: er hat gelegen**
- **sitzen: er hat gesessen**

3 Be aware that a handful of verbs can be both transitive and intransitive in different meanings, e.g. **fahren** and **fliegen**:

Er _ist_ nach Deutschland gefahren (= intransitive). (*He drove to Germany.*)

Er _hat_ das Auto in die Garage gefahren (= transitive). (*He drove the car into the garage.*)

Ich _bin_ nach Russland geflogen (= intransitive). (*I flew to Russia.*)

Ich _habe_ das Flugzeug selbst geflogen (= transitive). (*I flew the plane myself.*)

 B Look at the list of verbs. Identify which verbs form the perfect with haben and which ones with sein. Explain the reason.

aufstehen	beginnen	einschlafen	entstehen	essen
helfen	kaufen	kochen	rennen	schwimmen	sich
beschäftigen	sich entspannen	stehen	vertrauen	

Haben	Reason	Sein	Reason
		aufstehen	change in state

> *If you are unsure whether a verb takes* **haben** *or* **sein**, *most dictionaries give this information, so you can check there.*

The pluperfect

Once you have mastered the perfect, the pluperfect is very simple. All you have to do is to use **sein** and **haben** in their *imperfect* form and add the past participle:

	Verbs that take haben		Verbs that take sein	
	Form of **haben** in imperfect	Past participle	Form of **sein** in imperfect	Past participle
ich	hatte	gepackt	war	gereist
du	hattest	gepackt	warst	gereist
er, sie, es	hatte	gepackt	war	gereist
wir	hatten	gepackt	waren	gereist
ihr	hattet	gepackt	wart	gereist
sie	hatten	gepackt	waren	gereist

With all compound tenses the finite verbs, i.e. verbs that are conjugated, come second in a main clause and the non-finite verbs, i.e. verbs that are not conjugated and have the same form for all persons, come last.

Strong verbs

1 Strong verbs do not form the imperfect by inserting a -**t**-. Instead, the vowel of the stem changes. Many strong verbs also change the stem vowel to form the past participle, but otherwise strong verbs form the perfect and pluperfect in the same way as weak verbs. There are several different patterns:

	Forms	Other verbs with the same pattern
a – ie – a	schlafen – schlief – geschlafen	fallen, halten, lassen, raten
a – u – a	fahren – fuhr – gefahren	schlagen, tragen, wachsen, waschen
e – a – e	lesen – las – gelesen	geben, geschehen, sehen, vergessen
e – a – o	treffen – traf – getroffen	empfehlen, helfen, sprechen, werfen
ei – i – i	reiten – ritt – geritten	greifen, schmeißen, streichen, streiten
ei – ie – ie	bleiben – blieb – geblieben	entscheiden, scheinen, schreiben, schreien
i – a – o	schwimmen – schwamm – geschwommen	beginnen, gewinnen
i – a – u	trinken – trank – getrunken	finden, singen, springen, verschwinden
ie – o – o	fliegen – flog – geflogen	fliehen, genießen, riechen, schließen

It is always helpful to learn the past tense form of a verb alongside its infinitive and third person present form as well as its past participle.

Some verbs in those tables can take different prefixes, e.g. **halten**: **aufhalten** *(to stop),* **behalten** *(to keep),* **enthalten** *(to contain),* **verhalten** *(to behave). The good news is that they will have the same forms in the past tense since they all share the same stem* (**hielt, aufhielt, behielt, enthielt, verhielt**).

C Complete the missing verb forms. Use the previous table to help you.

Infinitive	3rd person singular imperfect	Past participle	Translation
brechen	brach		to break
	floss	geflossen	to flow
gelingen	gelang		to succeed, to manage to do something
gleichen		geglichen	to resemble
	hielt	gehalten	to hold, to stop
laden	lud		to load
leihen		geliehen	to lend
schweigen	schwieg		to be silent
	starb	gestorben	to die
stinken		gestunken	to stink
treten	trat		to kick
	verlor	verloren	to lose
weichen		gewichen	to give way
wiegen		gewogen	to weigh

D **Katrin is describing her journey to Greece in her diary. Complete with the imperfect of the verb in brackets.**

Vor unserer Abreise _____ (1) (kommen) unsere Nachbarn noch zu uns zu Besuch. Glücklicherweise hatten wir schon alles gepackt! Am nächsten Morgen _____ (2) (fahren) wir mit dem Zug zum Flughafen. Aber leider _____ (3) (haben) unser Flug Verspätung. Deshalb _____ (4) (warten) wir mehrere Stunden am Flughafen. Das _____ (5) (sein) aber gar nicht so schlimm, denn meine Mutter _____ (6) (kaufen) uns Süßigkeiten und ich _____ (7) (lesen) mein Buch weiter. Dann _____ (8) (gehen) es endlich los! Ich _____ (9) (freuen) mich so sehr auf die Ferien. Nachdem wir in Griechenland gelandet waren, _____ (10) (nehmen) wir uns ein Taxi zum Hotel. Der Taxifahrer _____ (11) (parken) direkt vor dem Hotel und die Fahrt _____ (12) (kosten) nur 12 Euro. Wir waren endlich da und der Urlaub konnte beginnen.

E **What would Katrin's story look like if she told you in person about her journey? Retell the story using the perfect tense for the verbs 1–12. Don't forget about word order.**

Vor unserer Abreise sind unsere Nachbarn noch zu uns zu Besuch gekommen. Glücklicherweise hatten wir schon alles gepackt! Am nächsten Morgen…

F **Translate the adverbials of time in these sentences. They are a good indication that the past tense is needed in German.**

1 **Gestern verbrachte Juliane den ganzen Tag am Strand.** _____, Juliane spent the whole day on the beach.
2 **Letzte Woche besichtigte die Reisegruppe Athen.** _____, the travel group went sightseeing in Athens.
3 **Vor drei Jahren blieb ich zu Hause und fuhr nicht in den Urlaub.** _____, I stayed at home and did not go on holiday.
4 **Vorhin bezahlte mein Vater die Rechnung an der Rezeption.** _____, my father paid the bill at reception.
5 **Damals konnten es sich nicht alle Menschen leisten zu fliegen.** _____, not everyone could afford to fly.
6 **Früher hatte mein kleiner Bruder Angst vorm Fliegen.** _____, my little brother was afraid of flying.

# Reading

G **Read the start of Daniel's description of his trip to Lake Constance and answer the question.**

	Unser Urlaub am Bodensee
	Diesen Sommer fuhren meine Familie und ich an den Bodensee. Ich wollte lieber nach
	Italien, aber die Fahrt im Auto dahin dauert zu lang und mein Vater leidet unter
	Flugangst. Deshalb können wir nicht fliegen. Außerdem mag es meine Mutter nicht,
	wenn es zu heiß ist. Ein anderer Grund, der für den Bodensee sprach, war, dass
	meine Großmutter dort in der Nähe lebt und wir sie daher besuchen konnten.

Warum verbrachte Daniels Familie den Urlaub am Bodensee?

_____

H **Now read the rest of the text, in which Daniel describes what happened when they arrived at their hotel. Answer the questions that follow.**

Als wir im Hotel ankamen, gab es leider ein Problem mit unserer Reservierung.

Rezeptionistin: Willkommen im Hotel ,Seeblick'! Ich hoffe, Sie haben eine angenehme Reise gehabt?

Vater: Danke sehr. Leider haben wir länger im Stau gestanden, aber jetzt sind wir ja endlich da. Ich hatte unter dem Namen Hofer zwei Zimmer reserviert.

Rezeptionistin: Hofer? Moment, ja, da habe ich sie. Sie haben zwei Doppelzimmer mit Bad gebucht, oder?

Vater: Nein, das stimmt nicht ganz. Unsere Tochter sollte bei meiner Frau und mir im Zimmer schlafen, deshalb hatten wir nach einem Familienzimmer gefragt. Und für meinen Sohn nach einem Einzelzimmer.

Rezeptionistin: Oh, entschuldigen Sie bitte den Fehler. Leider haben wir nur noch ein Einzelzimmer ohne Dusche und ohne Balkon. Ist das in Ordnung? Die beiden Zimmer sind aber direkt nebeneinander im zweiten Stock. Ihr Sohn kann also problemlos bei Ihnen duschen.

Vater: Na, gut, das geht schon irgendwie. Aber unser Zimmer hat schon einen Balkon und Seeblick?

Rezeptionistin: Ja, Sie haben eine wunderschöne Aussicht von ihrem Zimmer. Hier sind ihre Schlüssel zu Zimmer 27 und 28. Mein Kollege wird Ihr Gepäck nach oben bringen. Frühstück gibt es von 7 bis 10 Uhr im Restaurant oder auf der Terrasse. Haben Sie sonst noch Fragen?

Vater: Ja, haben Sie vielleicht einen Stadtplan für uns und können ein Restaurant für heute Abend empfehlen?

Rezeptionistin: Selbstverständlich! Hier ist ein Plan und darin finden Sie auch eine Liste mit Restaurants. Ich empfehle Ihnen den ,Weißen Schwan' ganz besonders. Haben Sie einen schönen Aufenthalt!

1 In was für einem Zimmer schläft Daniel?

_____

2 Was erfahren wir über das Zimmer, in dem Daniels Eltern mit seiner Schwester übernachten?

_____

3 Wo befinden sich die beiden Zimmer?

_____

4 Wo kann die Familie frühstücken?

_____

5 Worum bittet Daniels Vater die Rezeptionistin?

_____

Vocabulary

I Find the words and phrases in the text that match these definitions/synonyms.

1 Buchung _____

2 wenn es zu viel Verkehr gibt _____

3 ein Zimmer für zwei Personen _____

4 Etage _____

5 wenn man einen tollen Blick über etwas hat _____

6 Koffer und Taschen _____

7 Landkarte für einen Ort _____

J Complete the sentences with a word from the box.

> Abenteuerurlaub   Anreisetag   baden   erleben
> Halbpension   liegen   Mitbringsel   Sehenswürdigkeiten
> Stadtführung   Touristenformation   Vollpension

1 Bei der _____ erhält man Broschüren über Attraktionen in der Umgebung.

2 Eine _____ ist eine gute Möglichkeit, um viel von der Stadt zu sehen.

3 Die meisten großen Städte warten mit vielen _____ auf.

4 Man kann seinen Urlaub aber auch anders verbringen und im Meer _____ oder einfach nur in der Sonne _____ .

5 Egal ob Strandurlaub, Kulturreise oder _____, man kann immer viele schöne Dinge im Urlaub _____ .

6 Wir haben _____ in unserem Hotel, das heißt alle Mahlzeiten sind eingeschlossen. Letztes Jahr gab es nur Frühstück und Abendessen, weil wir nur mit _____ gebucht hatten.

7 In den meisten Hotels ist Samstag der _____ .

8 Vorher sollte man aber noch ein paar Souvenirs als _____ für die Familie oder Freunde kaufen.

K Match the words with their explanation.

1	der Schnappschuss	a	wenn etwas mit eingeschlossen ist
2	die Pauschalreise	b	dort kann das Gepäck bei der Einreise kontrolliert werden
3	das Reisebüro	c	jemand, der sich in den Ferien befindet
4	beinhalten	d	wenn man Reise und Hotel in einem Paket bucht
5	der Zoll	e	Reisender auf einem Flug
6	der Passagier	f	die Zeit, die man in einem Hotel verbringt
7	der Urlauber	g	dort kann man seinen Urlaub buchen
8	das Zelt	h	darin übernachtet man, wenn man Campingurlaub macht
9	umsteigen	i	ein Foto, das man spontan macht
10	der Aufenthalt	j	wenn man mehrere Züge braucht, um ans Ziel zu kommen

 Writing

L Write a postcard of about 120 words to one of your friends, telling her/him what you have done and experienced so far on your holiday.

_____

_____

_____

_____

Self-check

Tick the box which matches your level of confidence.

1 = very confident;   2 = need more practice;   3 = not confident

Kreuze in der Tabelle an, wie sicher du dich fühlst.

1 = sehr sicher;   2 = brauche mehr Übung;   3 = eher unsicher

	1	2	3
Can talk and write about events that happened in the past.			
Can write a short, simple postcard, for example sending holiday greetings. (CEFR A1)			
Can deal with common aspects of everyday living such as travel. (CEFR A2)			
Can communicate in simple and routine tasks requiring a simple and direct exchange of information on familiar and routine matters. (CEFR A2)			
Can write personal letters describing events in some detail. (CEFR B1)			

For more information on the plural of nouns and the accusative, refer to _Complete German_, Units 13, 14, 20, and 22.

7 Wir kaufen heute ein

We're going shopping today

In this unit you will learn how to:

✓ Use separable and inseparable verbs.

✓ Communicate explicitly using demonstrative pronouns.

CEFR: Can ask and answer more intricate questions about pets and the world of shopping (CEFR B2).

Meaning and usage

Separable and inseparable verbs

1   Some English verbs such as *put up*, *go along*, and *give back* consist of two parts. German has verbs that work in a similar way, but their second element is added to the beginning of the verb and is called a 'prefix'. These prefixes can add meaning to the basic verb, or can change its meaning altogether:

Ich *gebe* dir morgen 87 Euro. (*I will give you 87 Euros tomorrow.*)

Ich *gebe* dir morgen 87 Euro *zurück*. (*I will give you 87 Euros back tomorrow.*)

Er *kauft* das Mountainbike, sobald er sein altes Rennrad *verkauft* hat.
(*He will buy the MTB as soon as he has sold his old road bike.*)

Now that you are aware of prefixes to verbs, you will notice them all around you. You will also see that several prefixes often convey the same idea in the different verbs they combine with, like **wider-** *conveying the sense of 'against' or 'back', or* **zer-** *denoting a breaking into pieces: widerspiegeln (reflect),* **widerrufen** *(recant),* **zerreißen** *(tear apart),* **zertrümmern** *(pound to pieces).*

Some verbs allow the prefix to be separated under certain circumstances, as in the second example. In other verbs, the prefix can never be separated, as in the last example. Verbs of the first kind are 'separable' and those of the second kind are 'inseparable'. There are three kinds of prefix:

Separable prefixes

1   **ab-, an-, auf-, aus-, bei-, ein-, fest-, her-, hin-, los-, mit-, nach-, vor-, weg-, wieder-, zu-, zurück-** or **zusammen-** are the most common separable prefixe.

You will notice that many of the separable prefixes seem to lead a double life, as they also function as prepositions or adverbs etc. besides their job as prefixes.

Separable verb **wiederkommen**: **Meine Oma** *kommt* **bald von einem Shoppingausflug** *wieder*. *(My grandmother will soon return from a shopping trip.)*

wieder *used as an adverb:* **In meinem Lieblingsgeschäft gibt es wieder neue Sonderangebote.** *(There are new special offers on again in my favourite shop.)*

2   In main clauses in both the present and the imperfect tense, the prefix of separable verbs goes to the end of the sentence:

Mit der Kreditkarte ihres Vaters *kauft* **Lore gerne** *ein*.
(Lore likes shopping with her dad's credit card.)

Mit der Kreditkarte ihres Vaters *kaufte* **Lore gerne** *ein*.
(Lore liked shopping with her dad's credit card.)

Philip *gibt* **immer so viel Geld für Computerspiele** *aus*!
(Philip always spends so much money on computer games!)

Philip *gab* **immer so viel Geld für Computerspiele** *aus*!
(Philip always spent so much money on computer games!)

3   To form the past participle, you keep the prefix of separable verbs attached to the verb, and insert the past participle marker **-ge-** after it:

einkaufen → ein*ge*kauft, ausleeren → aus*ge*leert, festmachen → fest*ge*macht, zurückkaufen → zurück*ge*kauft, etc.

Auf der Suche nach ihrem Handy hat Roberta ihre Handtasche aus*ge*leert.
(While looking for her mobile phone, Roberta emptied her handbag.)

4   When using an infinitive with **zu** *(to)*, the **zu** goes in between the prefix and the verb:

Es ist wichtig, im Winterschlussverkauf die Ware genau aus*zu*wählen.
(It is important to choose goods carefully at a winter sale.)

Inseparable prefixes

1   Inseparable prefixes do not exist as independent words (**hinter-** being the only exception) and do not have a meaning of their own. The most common prefixes are **be-, emp-, ent-, er-, ge-, miss-, ver-** and **zer.**

It is well worth memorizing these nine prefixes so that every time you come across verbs starting with them you will immediately recognize them as inseparable: **Im Onlineversandhandel bestellte er sich gestern einen Fotoapparat.** *(Yesterday he ordered a camera from an online mail-order business.)* **Der Züchter verkauft normalerweise seine Welpen nur an Jäger.** *(The breeder usually only sells his puppies to hunters.)*

2   In the past participle, verbs with inseparable prefixes do not insert **-ge-**:

beantworten → beantwortet, gewinnen → gewonnen, gelingen → gelungen, erforschen → erforscht, verbessern → verbessert, etc.

Die hilfsbereite Dame im Kundenservice hatte alle Fragen beantwortet.
(*The helpful lady in the customer service department had answered all questions.*)

Ich habe gestern bei einer Tombola einen Hamsterkäfig gewonnen.
(*Yesterday, I won a hamster cage in a tombola.*)

In contrast to separable verbs, inseparable prefixes do not carry word stress. Knowing this will help you in differentiating between separable and inseparable prefixes when you learn/hear new verbs:

best<u>e</u>llen, verk<u>au</u>fen, gesch<u>e</u>hen, *etc. vs.* <u>au</u>sgeben, <u>ei</u>nkaufen, w<u>ie</u>derkommen

Variable prefixes

Several prefixes can be both separable and inseparable. You stress them accordingly: you stress the prefix when it is part of a separable verb and you stress the verb part in inseparable verbs.

	Separable	Inseparable
durch-	Ich *lese* mir die Sonderangebote *durch*. (*I am reading the special offers.*)	Ich *durchsuche* die Zeitung, um Sonderangebote zu finden. (*I scan the newspaper in order to find special offers.*)
über-	Die Verärgerung der Käufer *kochte* schnell *über*. (*The shopper's irritation soon boiled over.*)	Er *überlegte* sich ganz genau, ob er 1000 Euro für ein neues Terrarium ausgeben soll. (*He thought hard about whether he should spend 1000 Euros on a new terrarium.*)
um-	Wir *steigen* gleich in den Bus zum Outletcenter *um*. (*We'll soon change onto the bus to the designer outlet.*)	Mit diesem Angebot *umgehst* du die hohen Kosten deines Kredites. (*With this offer, you can avoid the high costs of your loan.*)
unter-	Die kleine Schildkröte *taucht unter*, wenn jemand kommt. (*The little turtle dives whenever somebody comes.*)	Bitte *unterschreiben* Sie den Kaufvertrag auf allen Seiten. (*Please sign the deed of purchase on all pages.*)
wieder-	Der Hamster *fand* den Vorrat *wieder*. (*The hamster found its stash again.*)	Der Kundenbetreuer *wiederholt* seine Ansage regelmäßig. (*The customer advisor repeats his announcement on a regular basis.*)
wider-	Die Qualität eines Produktes *spiegelt* sich oft im Preis *wider*. (*The quality of a product is often reflected in the price.*)	Die Garantiebedingungen dürfen nicht *widerrufen* werden. (*The terms of guarantee cannot be revoked.*)

Widerspiegeln *is the only separable verb with* **wider-**.

A Look at the short text and identify all the verbs with prefixes. Identify if separable or inseparable. List their infinitive.

Zusammen mit meiner Freundin besuchte ich ein Einkaufszentrum in Berlin. Dort kauften wir in einer Damenboutique, einem Antiquitätengeschäft, einer Metzgerei und beim Bäcker ein. Vor allem in der Boutique lockten mich die Designertaschen besonders an, ich konnte mich kaum zurückhalten, es war richtig schwer, den Drang zu unterdrücken, noch eine Versace-Tasche zu kaufen. Zum Glück besitze ich keine Kreditkarte, deswegen komme ich einfach wieder, sobald ich genug Geld angespart habe.

Separable	Inseparable

B Explain in complete sentences what a sales assistant's day includes.

1 die Produkte herzeigen   *Er zeigt die Produkte her.*
2 die Waren einordnen   _____ .
3 für Kunden bereitstehen   _____ .
4 die Garantiescheine ausfüllen _____ .
5 die Lieferung auspacken   _____ .
6 das Geschäft aufräumen   _____ .

Remember that strong verbs such as **stehen – stand – gestanden** *have the same strong forms when they form part of separable verbs:* **bereitstehen – bereitstand – bereitgestanden.**

C Now report what the sales assistant did yesterday. Imagine it is an account in spoken German, so you should use the perfect tense.

1 *Er hat die Produkte hergezeigt.*
2 _____
3 _____
4 _____
5 _____
6 _____

D Complete the sentences using the inseparable verb shown.

1 Die Diebe haben den Juwelier _____. (bestehlen)
2 Im Sportfachgeschäft _____ mir der Verkäufer gestern eine wasserdichte Jacke. (empfehlen)
3 Ich hatte mich bewusst für vegetarische Ernährung _____ (entscheiden) und _____ (erledigen) damals meine Einkäufe immer im Bioladen.
4 Peters Cousine _____ gestern einen Goldfisch bei der Tombola am Jahrmarkt. (gewinnen)
5 Mein Vater hat gestern eine kleine Katastrophe _____. (verhindern)
6 Oh nein! Jetzt hast du doch wirklich deinen Einkaufszettel _____. (vergessen)
7 Ich _____ letztes Jahr nicht, warum der Weihnachtsabverkauf schon im November begonnen hatte. (verstehen)
8 Leider ist die Katze meiner Großmutter gestern _____. (entlaufen)

Vocabulary

E Here are some useful common verbs containing either a separable or inseparable prefix. State their meaning. Sort them according to the table and then use them in the sentences in the present tense, swapping to the past tense only if the context requires it.

| aussuchen | ausfüllen | bestellen | bereitstellen |
| bezahlen | verkaufen | verschicken | zurückkommen |

	Verb	Separable/Inseparable prefix	Meaning
1			
2			
3			
4			
5			
6			
7			
8			

1 Der Designer – sich aussuchen – gestern – einen neuen Computer.

_____

2 Im Arbeitsamt – ausfüllen – der Arbeitslose – viele Formulare.

_____

3 Mein Vater – bestellen – letzte Woche – zum ersten Mal – bei einem Versandhandel im Internet.

_____

4 Der Verkäufer – bereitstellen – die gekauften Produkte – für die Kunden.

_____

5 Meine Waren – bezahlen – ich – immer – mit der Kreditkarte.

_____

6 Dieses Geschäft – verkaufen – seine innovativen Produkte – vor allem – nach Australien.

_____

7 Der Großhändler – verschickt – seine Ware – gut verpackt – mit der Post.

_____

8 Rosas Vater – zurückkommen – normalerweise – um diese Zeit – vom Großeinkauf für die Familie.

_____

F Here are places where you can find or buy certain things. Match the place with the thing.

Apotheke Bäckerei Bank Baumarkt Drogerie Elektro-Fachmarkt Herrenmodegeschäft Lebensmittelladen Musikfachgeschäft Obsthändler

1 das Hemd   _____
2 das Brötchen   _____
3 die Ananas   _____
4 der Bankomat   _____
5 das Rasierwasser   _____
6 die Fliese   _____
7 die Kopfschmerztablette   _____
8 die Tiefkühlpizza   _____
9 die Waschmaschine   _____
10 die Langspielplatte   _____

Demonstrative pronouns

1 Demonstrative pronouns make it really explicit what or who you mean when talking about a person or a thing:

Dort drüben steht ein alter Mann. Ich habe _diesen_ alten Mann noch nie hier im Dorf gesehen.
(*There is an old man standing over there. I have never seen this old man before in the village.*)

2 **dieser, -e, -es** is used to refer to an already mentioned person or thing, whereas **jener, -e, -es** indicates contrast:

Welches Meerschweinchen gehört dir? _Dieses_ oder _jenes_?
(*Which guinea pig is yours? This one or that one?*)

3 **welcher, welche, welches** can be used as an interrogative pronoun and has the same endings as the demonstrative pronoun **dieser**.

Interrogative: *Welche* Hunderasse magst du am liebsten? (*What breed of dog is your favourite?*)

Interrogative with preposition: **Mit *welchem* Futter füttern Sie ihre Fische?**
(*With which feed do you feed your fish?*)

Interrogative: **Es gibt so viele Sorten Hundefutter! Ich weiß nicht, *welches* ich kaufen soll.**
(*There are so many varieties of dog food! I don't know which one to buy.*)

4 **solcher, -e, -es** helps to intensify a noun:

Meine Frettchen hatten *solchen* Hunger, dass sie ganz unruhig wurden.
(*My ferrets were so hungry that they became very restless.*)

5 **der**, **die**, **das** are not just definite articles; they also function as demonstrative pronouns. They then refer to something that has been mentioned before or is closely defined in a relative clause.

„Haben deine tropischen Zierfische den Stromausfall im Aquarium überstanden?" „Ja, *die* haben es überstanden, aber die Leguane leider nicht!" (*'Did your tropical fish in the fish tank survive the power cut?' 'Yes, they did, but the iguanas unfortunately did not!'*)

Ich sah keine Kaninchen im Gehege. *Die* müssen ausgebrochen sein.
(*I could see no rabbits in the enclosure. They must have escaped.*)

***Die*, die heute kommen, werden leider keine Sonderangebote in Anspruch nehmen können.**
(*Those who come today will unfortunately not be able to take advantage of special deals.*)

In contrast to their use as the definite article, when used as a demonstrative pronoun **der**, **die**, **das** are always stressed in spoken language. This makes a lot of sense, as demonstrative pronouns are there to emphasize.

How to form demonstrative pronouns

1 The demonstrative pronouns **dieser, -e, -es; jener, -e, -es** and **solcher, -e, -es** have the same endings as the definite article:

	Masculine singular	Feminine singular	Neuter singular	M, F, and N plural
Nominative	dies**er** Papagei	dies**e** Ratte	dies**es** Kaninchen	dies**e** Papageien, Ratten, Kaninchen
Accusative	dies**en** Papagei	dies**e** Ratte	dies**es** Kaninchen	dies**e** Papageien, Ratten, Kaninchen
Genitive	dies**es** Papageis	dies**er** Ratte	dies**es** Kaninchens	dies**er** Papageien, Ratten, Kaninchen
Dative	dies**em** Papagei	dies**er** Ratte	dies**em** Kaninchen	dies**en** Papageien, Ratten, Kaninchen

2 **Der**, **die**, **das** when used as demonstrative pronouns have the same declension as they do when used as a definite article, except in the genitive (singular and plural) and the dative plural:

	Masculine singular	Feminine singular	Neuter singular	M, F, and N plural
Nominative	der	die	das	die
Accusative	den	die	das	die
Genitive	*dessen*	*deren*	*dessen*	*deren* (*derer*)
Dative	dem	der	dem	*denen*

„Frau Oberhofer, kennen Sie das Einkaufszentrum am Stadtrand von Berlin?" „Nein, *das* kenne ich nicht." (*'Miss Oberhofer, do you know the shopping centre on the outskirts of Berlin?' 'No, I do not know that one.'*)

„Hat der Obsthändler mit dem Großhändler gesprochen?" „Nein, nur mit *dessen* Stellvertreter." (*'Did the greengrocer talk to the wholesaler?' 'No, only to his deputy.'*)

Die Produkte des neuen Supermarktes ähneln *denen* einer bekannten Drogeriekette. (*The products of the new supermarket resemble those of a famous drugstore chain.*)

Da drüben sind die Meiers! <u>Die</u> kaufen immer hier ein. Ist das *deren* Einkaufswagen oder unser Einkaufswagen?
(*Over there are the Meiers! They always shop here. Is this their shopping trolley or is it our shopping trolley?*)

3 You use **derer** instead of **deren** (see the previous example) for the genitive plural when referring forwards. Further information about who or what is referred to with **derer** is given right after **derer**. This is most often done with a relative clause:

Die Meinung *derer*, die gestern bei der feierlichen Eröffnung des Einkaufszentrums waren, interessiert mich sehr.   (*I am very interested in the opinion of those who went to the grand opening of the shopping centre.*)

Die Zahl *derer*, die mit Kreditkarte zahlen, steigt seit einigen Jahren kontinuierlich an. (*The number of those who pay with a credit card has been rising continually for a couple of years.*)

G Form sentences using demonstrative pronouns about shopping.

1 Spirituosen (f,pl)/teuer
   Was hältst du von diesen Spirituosen?
   Diese Spirituosen nehme ich nicht, die sind mir zu teuer.

2 Badezimmerreiniger (m)/umweltschädlich
3 Einkaufskorb (m)/unpraktisch
4 Einkaufstüte (f)/groß
5 Salamipizza (f)/ungesund
6 Konservendose (f)/schwer
7 Grapefruitsaft (m)/sauer
8 Reinigungsmittel (n)/aggressiv

H Complete the following sentences with the demonstrative pronoun der, die, das.

1   Ist das deine Geldbörse? Ja, _die_ gehört mir.
2   Willst du diese Katzenstreu kaufen? Ja, _____ ist billig, _____ kaufe ich.
3   In welchem Terrarium sind die Spinnen? Die sind in _____ da drüben.
4   Peters Schäferhund ist größer als _____ von Maria.
5   Im Einkaufswagen lag viel von _____, das ich mir zuhause im Katalog ausgesucht hatte.
6   Ich kann das Ablaufdatum nicht finden! _____ muss aber auf der Verpackung stehen.
7   Bist du mit deiner Kreditkarte einkaufen gegangen oder mit _____ deines Vaters?
8   _____ ist das Angebot, das ich Ihnen gerne unterbreiten möchte.

I Identify which pets are being described. There are more words than descriptions.

> der Buntbarsch   das Frettchen   der Hamster   der Hund   der Kanarienvogel
> das Kaninchen   die Maus   das Meerschweinchen   der Papagei   die Ratte
> die Schildkröte   die Vogelspinne   der Wellensittich

1   _____: Ein Nagetier, das in mehreren Fellfarben vorkommt. Hat einen nackten, langen Schwanz. Man hält dieses Tier in einem Käfig.
2   _____: Kommt ursprünglich aus Südamerika, wo es auch ein Nutztier ist. Bei uns vor allem als Haustier für Kinder beliebt, hat kleine, runde Ohren und liebt Heu und Kräuter.
3   _____: Wird auch der beste Freund des Menschen genannt.
4   _____: Fliegt gerne in einer Voliere herum, frisst Körner und seine Heimat ist Australien.
5   _____: Dieser Vogel kann sogar lernen, ein paar Wörter zu sprechen. Er wird oft sehr alt.
6   _____: Dieses Haustier hat ein weiches Fell, lange Ohren und sollte nicht allein wohnen.
7   _____: Singt besonders schön, ist eher klein und hat ein gelbes Federkleid.
8   _____: Sammelt sein Futter und vergräbt es an einer sicheren Stelle des Käfigs. Lebt leider zumeist nur 2 Jahre. Für ausreichende Bewegung bekommt dieses Haustier oft ein Rad in seinen Käfig.

# Reading

J Read the first part of this article, then answer the question in German:

FRAU KELLERS HAUSTIERPARADIES

Sissi ist Martina Bechers Schatz. Die kurzhaarige Katze begrüßt sie, wenn sie nach der Arbeit heimkommt und kuschelt sich auf dem Sofa an sie. Doch die Katze ist nicht das einzige Haustier der Berlinerin. Die hat in ihrem Haus nämlich einen kleinen Zoo. Im Garten steht ein Gehege, in dem sich mehrere Kaninchen vergnügen. Diesen gefällt es besonders, dass sie viel Auslauf bekommen, viel mehr als in einem kleinen Käfig in einer Wohnung.

Warum mögen die Kaninchen ihr Gehege lieber als einen Käfig?

_____

K Continue reading and answer the final questions.

Der Keller ist für Frau Becher die Aquarienwelt. Sie züchtet seit vielen Jahren tropische Zierfische und verkauft ihren Nachwuchs, für den sie schon viele Preise gewonnen hat, auch auf speziellen Märkten. Jene Fische, die ihr besonders am Herzen liegen, gibt Frau Becher aber nie her, so hat sie ein spezielles Aquarium für besondere Lieblinge. Neben ihren Fischen hält die Dame auch noch mehrere Schlangen und Spinnen in speziellen Terrarien. Wegen dieser Haustiere schauen Fremde sie oft schief an. Ihre Freunde aber wissen: Schlangen, deren Gift für Menschen gefährlich werden könnte, beherbergt Frau Becher nicht. Für solche braucht man besondere Ausrüstung und sollte auch ein Antiserum besitzen. Generell ist es aber das Züchten, das Frau Becher am meisten Freude bereitet: Letztes Jahr freute sie sich besonders über Nachwuchs bei den Vogelspinnen, das war ihr früher nie gelungen. Frau Becher glaubt, dass besseres Futter und ein größeres, artgerechtes Terrarium der Grund für den Zuchterfolg sind. Aber von allen Haustieren ist ihr doch Sissi am liebsten, denn sie kommt, wenn man sie ruft und strahlt Ruhe und Zufriedenheit aus, wie es nur eine Katze kann.

---

1 Wofür konnte Frau Becher schon viele Preise gewinnen?

_____

2 Worin leben die Schlangen und Spinnen bei Frau Becher?

_____

3 Welche Freude bereiteten ihr im letzten Jahr die Vogelspinnen?

_____

4 Welchen Grund nennt Frau Becher für den Erfolg in der Vogelspinnenzucht?

_____

5 Warum ist Sissi ihr Lieblingshaustier?

_____

die Ausrüstung	_equipment_	**jemanden schief**	_to give someone_
ausstrahlen	_to radiate_	**ansehen**	_a strange look_
beherbergen	_to house_	**sich vergnügen**	_to have fun_
gefährlich	_dangerous_	**züchten**	_to breed_
gelingen + dative	_to succeed_	**die Zufriedenheit**	_satisfaction_
der Nachwuchs	_offspring_		

L Find the prefix verbs in the reading text and put their infinitives in the right category.

	Separable prefix	Inseparable prefix
1		
2		
3		
4		
5		
6		
7		
8		
9		
10		

 # Writing

M   What is your ideal pet like? Describe the pet of your dreams in about 80–110 words.

_____

_____

_____

_____

_____

_____

_____

Self-check

Tick the box which matches your level of confidence.

1 = very confident;   2 = need more practice;   3 = not confident

Kreuze in der Tabelle an, wie sicher du dich fühlst.

1 = sehr sicher;   2 = brauche mehr Übung;   3 = eher unsicher

	1	2	3
Has an awareness that prefixes can add to and change the meaning of the verb they go with.			
Can use verbs with prefixes in complex sentences and know about the role they play in word order.			
Can ask and answer more intricate questions about pets and the world of shopping. (CEFR B2)			
Puts emphasis on words by using demonstrative pronouns.			

For more information on separable verbs, refer to _Complete German_, Unit 10.

8 Das Restaurant serviert viele leckere Gerichte

The restaurant serves lots of delicious dishes

In this unit you will learn how to:

- Read a menu.
- Order a meal.
- Write a review.
- Decide whether an article is needed and if so which one.

CEFR: Can find specific, predictable information in simple everyday material such as menus (CEFR A2); Can order a meal (CEFR A2); Can deal with common aspects of everyday living such as eating and going to a restaurant (CEFR A2); Can write a review (CEFR B2).

Meaning and usage

The use of articles

1 As in most other languages, there are definite (**der, die, das**) and indefinite articles (**ein, eine, ein**) in German:

Das Restaurant hat montags Ruhetag. (*The restaurant is closed on Mondays.*)

Ein Hauptgericht kostet ungefähr 15 Euro. (*A main course costs about 15 Euros.*)

 Remember that days of the week have an -s at the end and are not capitalized when you are talking about regularly repeating events.

Most of the time, you use the definite and indefinite articles in German the same way as English articles, but there are some differences, which are explained later. The following sections show the similarities.

2 Just as in English, you use the definite article when it is clear which person(s) or object(s) you are talking about, or when you are referring to a person or an object mentioned before:

Der Kellner mit dem Schnurrbart ist sehr freundlich.
(*The waiter with the moustache is very friendly.*)

Die Weißweine von der Mosel sind besonders zu empfehlen.
(*The white wines from the Mosel valley are particularly recommended.*)

Die Kneipe, von der ich dir gestern erzählt habe, bietet über 20 Biere vom Fass an. (*The pub I told you about yesterday has more than 20 beers on tap.*)

3 The definite article is also used with objects, institutions, and people of which there is only one:

Die deutsche Bundeskanzlerin bestellte ein Glas Rotwein.
(*The German chancellor ordered a glass of red wine.*)

Die Tagessuppe ist Kartoffelcremesuppe mit Lachs.
(*The soup of the day is creamy potato soup with salmon.*)

 A How would you say that he ordered a glass of water in German?

_____

 There are some differences, however, between English and German, as you will need to use a definite article in German when referring to seasons, meals and abstract nouns:
Der Sommer war dieses Jahr sehr verregnet. (*Summer was very wet this year.*)
Das Frühstück ist im Preis inbegriffen. (*Breakfast is included in the price.*)
Wie die Zeit verfliegt! (*How time flies!*)

4 The indefinite article is used in the same way as in English when it is not clear exactly which object or person you are talking about, or when you are referring to something in general:

Ein Messer ist auf den Boden gefallen. (*A knife fell onto the floor.*)

Ein Drei-Gänge-Menü reicht mir. (*A three-course meal will be enough for me.*)

 As a logical consequence, you will often use the indefinite article when mentioning someone or something for the first time, but the definite article after that:

Ich esse einen Nachtisch. Der Nachtisch ist lecker.
(*I am eating a dessert. The dessert is delicious.*)

 B Say that a two-course meal will be enough for you.

_____

5 There is no plural indefinite article. If you want to talk about something in the plural without specifying which objects or persons you mean, you use no article at all:

Alkoholfreie Getränke sind normalerweise günstiger als alkoholische Getränke.
(*Soft drinks are usually cheaper than alcoholic drinks.*)

How to form the articles

The definite article

1 The definite article changes according to the gender, number and case of the noun that it precedes.

These are the different forms for the singular:

	Masculine	Feminine	Neuter
Nominative	der	die	das
Accusative	den	die	das
Genitive	des	der	des
Dative	dem	der	dem

2 There are fewer forms for the plural, as there is no difference between the genders:

	Plural
Nominative	die
Accusative	die
Genitive	der
Dative	den

3 The definite article can contract with some prepositions:

preposition + **dem**	dative singular (masculine and neuter)	**am, beim, im, vom, zum**
preposition + **der**	dative singular (feminine)	**zur**
preposition + **das**	accusative singular (neuter)	**ans, ins**

C Combine the preposition and article given in brackets.

1 _____ (zu + der) Suppe empfehle ich Ihnen einen Rotwein.
2 _____ (an + dem) Anfang gab es erst einmal einen Aperitif.
3 Sind Zwiebeln _____ (in + dem) Gemischten Salat?
4 Möchten Sie lieber Kartoffeln oder Pommes frites _____ (zu + dem) Lachsfilet?
5 _____ (von + dem) Gemischten Eis habe ich Bauchschmerzen bekommen.
6 Gehen wir heute Abend _____ (in + das) Restaurant?

D Complete with the correct form of the definite article. Do not forget to combine the article with the preposition when possible.

1 _____ Kellner freut sich über _____ (accusative) Trinkgeld.
2 Der Gast bedanke sich für _____ (accusative) Service.
3 _____ Essen war ganz ausgezeichnet!
4 _____ (dative) Gast hat es geschmeckt.
5 Ich freue mich schon auf _____ (accusative) Nachtisch.
6 Unsere Nachbarn gehen einmal die Woche in_____ (accusative) Restaurant.
7 Andreas wählte _____ Schweinefilet von _____ (dative) Karte.
8 _____ Feinschmecker lobte _____ Köche.

The indefinite article

1 The forms of the indefinite article are as follows. There are no plural forms, so that in the plural you simply use no article at all. However in the genitive plural this is not possible and you will have to use **von** + dative plural instead (**die Rezepte eines Kochs; die Rezepte von Köchen**).

	Masculine	Feminine	Neuter
Nominative	ein	eine	ein
Accusative	einen	eine	ein
Genitive	eines	einer	eines
Dative	einem	einer	einem

 Note that the indefinite article has the same endings as the definite article for the genitive and the dative.

The indefinite article in negative sentences

In English you can have *not* and the indefinite article *a/an* in the same sentence: *I didn't eat an apple.* German is more economical! You combine the idea of *not* and *a* into a single word **kein**, which means that you don't need to use **nicht**.

Wir haben keine Vorspeise bestellt. (*We didn't order a dessert.*)

The endings are the same as for **ein**, **eine**, **ein** in the singular, but there is also a plural form.

	Plural
Nominative	keine
Accusative	keine
Genitive	keiner
Dative	keinen

 *Germans and Austrians love drinking **Schorle**. This simply means adding water to whatever you are drinking, but mainly to **Saft** and **Wein**.*

E Use the correct form of ein or kein.

1 Ich hätte gerne _____ Apfelsaftschorle.
2 Ich nehme _____ Kaffee und _____ Stück Kuchen.
3 Ich bin gegen Nüsse allergisch. Ich kann also _____ Kekse mit Haselnüssen essen.
4 Brauchen Sie _____ Löffel für die Nudeln?
5 Die Suppe ist leider aus. Ich kann Ihnen daher _____ Suppe mehr anbieten.
6 Wir verwenden nur Bio-Produkte von_____ Bauernhof in der Nähe.

7 Ich möchte _____ Nachspeise, denn ich bin satt.

8 Darf ich Ihnen noch _____ Flasche Wasser bringen?

 F Say that you have had enough to eat in German.

_____ .

Cases where you do not use an article

1 German behaves just like English in the following examples:

Das Besteck ist aus Silber. (*The cutlery is made of silver.*)

Ohne Besteck kannst du nicht essen. (*Without cutlery you cannot eat.*)

Deutschland bietet seinen Besuchern viele Biergärten.
(*Germany offers visitors plenty of beer gardens.*)

 However, if you describe any of these words in more detail, i.e. by adding an adjective, you will have to use a definite article in the singular:

Ohne das neue Besteck hätten wir nicht genug für alle. (*Without the new cutlery we wouldn't have enough for everybody.*)

2 You also don't need an article for most countries either:

Deutschland bietet seinen Besuchern viele Biergärten. (*Germany offers visitors plenty of beer gardens.*)

However, in contrast to English, some countries have a definite article. Unless they are in the plural (**die Vereinigten Staaten, die Niederlande**), you will have to learn those that you use with the article (e.g. **die Schweiz, die Türkei, die Mongolei**).

3 Subjects at school and university and languages, as well as nationalities and professions in conjunction with the verbs **sein** und **werden** do not take an article either:

Der Sommelier ist Franzose. (*The sommelier is a Frenchman.*)

Mein Sohn wird Konditor. (*My son is training to be a pastry chef.*)

 G Say what your mother's profession is/was.

_____

4 Nouns after **als** that define another noun or pronoun in more detail do not take an article:

Als Vorspeise gibt es eine Suppe. (*As a starter there will be soup.*)

5 Nouns preceded by another noun in the genitive do not have an article:

Marias Schwester ist Vegetarierin. (*Maria's sister is a vegetarian.*)

BUT

Die **Schwester von Maria ist Vegetarierin.** (*The sister of Maria is a vegetarian.*)

6 In lots of proverbs or idiomatic phrases you do not use an article either:

Ende gut, alles gut. (*All's well that ends well.*)

Die Imbissbude hat Tag und Nacht geöffnet. (*The snack bar is open 24/7.*)

H **Read this short text about a new restaurant in Meisenheim and decide whether an article is needed or not.**

NEUES RESTAURANT IN MEISENHEIM

In _____ (1) Meisenheim hat gestern _____ (2) neues Restaurant eröffnet. Das Restaurant heißt "Zum Goldenen Löwen". _____ (3) Besitzer ist Schwede und hat früher selbst als _____ (4) Koch gearbeitet. Sein Motto ist „Ohne _____ (5) Fleiß, kein Preis!". _____ (6) Speisekarte bietet etwas für jeden Geschmack und beinhaltet auch _____ (7) glutenfreie Gerichte und Speisen für _____ (8) Vegetarier. Für _____ (9) Hauptspeise bezahlt man nicht mehr als 18 Euro und _____ (10) Glas _____ (11) Weißwein bekommt man schon ab 3 Euro. _____ (12) Webseite des Restaurants enthält weitere Informationen.

I **Britta and her two friends are in a café giving the waiter their orders. Identify the different ways of ordering something to eat or drink in German. Identify which verbs are used.**

Annika
Ich hätte gerne eine heiße Schokolade und ein Stück Apfelkuchen.

Britta
Einen grünen Tee bitte!

Franziska
Und ich nehme einen Latte Macchiato und eine Quarktasche.

Britta
Ach, könnte ich auch noch ein Glas Wasser haben?

1 _____

2 _____

3 _____

4 _____

J Now it's your turn. Order the following drinks and food items using different constructions. Remember that they always have to be in the accusative.

1 Kännchen Kaffee _____

2 Portion Pommes frites _____

3 Stück Schwarzwälder Kirschtorte _____

4 Weißweinschorle _____

Vocabulary

K This is the menu of the restaurant "Zum Goldenen Löwen". Unfortunately, a waiter spilled water over it and there are some words you can no longer read. Complete it with the missing words. All the words have already been used in this unit.

_____**KARTE**

"Zum Goldenen Löwen"

_____

Gemischter _____
Knoblauchbaguette

Hauptspeisen

Wiener Schnitzel mit Pommes _____

Schweinebraten mit Kartoffelklößen und Rotkohl

Lachs_____ mit Reis und Gemüse

Käsespätzle mit Röstzwiebeln

Nachspeisen

_____ Eis mit Sahne

Apfelstrudel

Mousse au chocolat

Bitte fragen Sie Ihren _____ nach der Getränkekarte für eine Auswahl an alkoholischen und _____ Getränken

Reading

L Frau Hermann has taken her family out for a meal. Read the conversation between her and the waiter upon arrival at the restaurant, and answer the question.

Kellner:	Guten Abend!
Frau Hermann:	Guten Abend! Ich hatte auf den Namen Hermann für 19 Uhr einen Tisch für neun Personen bestellt.
Kellner:	Ja, richtig, ich weiß noch, als Sie wegen Ihrer Reservierung angerufen haben. Gab es nicht einen besonderen Anlass?
Frau Hermann:	Das stimmt. Ich feiere heute meinen 80. Geburtstag.
Kellner:	Na, Donnerwetter, da gratuliere ich Ihnen aber ganz herzlich! Kommen Sie, ich bringe Sie an Ihren Tisch.

Warum hat Frau Hermann ihre Familie zum Essen eingeladen?

_____

M Now read what happened at the end of the evening and answer the questions.

Kellner:	Sind sie fertig? Hat Ihnen der Nachtisch denn geschmeckt?
Frau Hermann:	Ja, danke, der war sehr lecker, aber ich konnte einfach nicht mehr essen. Da waren meine Augen wieder größer als der Magen. Ich bin aber froh, dass ich die Rote Grütze mit Vanillesauce wenigstens probiert habe.
Kellner:	Kann ich Ihnen da vielleicht noch einen Kräuterschnaps zur Verdauung empfehlen? Oder einen Espresso?
Frau Hermann:	Wenn ich jetzt einen Espresso trinke, dann mache ich die ganze Nacht kein Auge zu, aber einen Schnaps nehme ich gerne und die anderen sicherlich auch. Ansonsten würde ich gerne bezahlen.
Kellner:	Aber sicher, kein Problem. Also sechs Schnäpse für die Erwachsenen und vielleicht einen Kinderschnaps für die drei Enkel? Die Rechnung bringe ich dann gleich.

Der Kellner kommt mit den Getränken und der Rechnung.

Kellner:	Bitteschön, hier die Schnäpse. Wohl bekomms! Und hier die Rechnung. Geht das zusammen oder getrennt?
Frau Hermann:	Alles zusammen.
Kellner:	Das sind dann 284,30 Euro insgesamt.
Frau Hermann:	(gibt dem Kellner 300 Euro) Danke. Stimmt so.
Kellner:	Vielen Dank. Dann wünsche ich Ihnen noch einen schönen Abend.
Frau Hermann:	Dankeschön.

In Germany and Austria, the waiter will normally wait for payment at the table and you usually tell him/her how much you would like to pay on top of the bill as a tip. It is not unusual to split the bill, and the waiter will tell everyone how much they have to pay.

1. Was hat Frau Hermann als Dessert gegessen?

   _____

2. Warum will Frau Hermann keinen Espresso trinken?

   _____

3. Wie viele Kinder sind bei Frau Hermanns Geburtstagsessen dabei?

   _____

4. Wer bezahlt die Rechnung?

   _____

Vocabulary

N Identify what these phrases in the text mean and when you use them.

1. Da waren meine Augen wieder größer als der Magen.

   _____

2. Wohl bekomms!

   _____

3. Stimmt so.

   _____

O Match the item of food with the verb that describes a way of preparing it for consumption. Use each verb only once.

dünsten = *to steam*; einlegen = *to pickle*; schälen = *to peel*

1	Gemüse	a	backen
2	Apfel	b	braten
3	Kuchen	c	kochen
4	Fisch	d	einlegen
5	Suppe	e	schälen
6	Pommes frites	f	dünsten
7	Gurken	g	filetieren
8	Würstchen	h	frittieren

P Complete the sentences with a word from the box.

Beilage   durch   empfehlen   Lieblingsgericht   pfeffern probieren   scharf   Trinkgeld   überbacken   vertragen

1. Mit Käse _____ mag ich Aufläufe am liebsten.
2. Möchten Sie Ihr Steak blutig oder _____ ?
3. Wenn ich _____ esse, fangen meine Augen immer zu tränen an.
4. Das sieht aber lecker aus. Darf ich mal _____ ?
5. Mein _____ ist Grünkohl mit Mettwürstchen.

6   Kann ich statt der Kartoffeln Pommes frites als _____ haben?

7   Viele Menschen _____ kein fettiges Essen.

8   Du musst die Suppe noch salzen und _____ .

9   Sei doch nicht so geizig und gib dem Kellner etwas _____ .

10 Können Sie uns etwas besonders _____ ?

Writing

Q What is your favourite restaurant and why? What is your favourite dish there? Write a short review of about 120 words recommending the restaurant to others.

_____

_____

_____

_____

_____

_____

Self-check

Tick the box which matches your level of confidence.

1 = very confident;   2 = need more practice;   3 = not confident

Kreuze in der Tabelle an, wie sicher du dich fühlst.

1 = sehr sicher;   2 = brauche mehr Übung;   3 = eher unsicher

	1	2	3
Can decide whether a noun needs a definite, indefinite or no article.			
Can use the correct form of the article.			
Can find specific, predictable information in simple everyday material such as menus. (CEFR A2)			
Can order a meal. (CEFR A2)			
Can deal with common aspects of everyday living such as eating and going to restaurant. (CEFR A2)			
Can write a review. (CEFR B2)			

For more information on the plural of nouns and the accusative, refer to _Complete German_, Unit 7.

9 Du darfst mir helfen, du musst aber nicht

You may help me, but you don't have to

In this unit you will learn how to:

- ✓ Indicate your attitude.
- ✓ Express whether you can/cannot do something.
- ✓ Say if something is necessary or obligatory.
- ✓ Interpret subtle differences in meaning conveyed by modal verbs.

CEFR: Can talk about emotions and feelings, expressing also subtleties (CEFR B2); Can understand fairly complex texts about personal problems and express own emotions (CEFR B2).

Meaning and usage

Modal verbs

1 Modal verbs (**dürfen**, **können**, **mögen**, **müssen**, **sollen** and **wollen**) indicate the attitude of the speaker and express aspects such as ability, likelihood, permission, necessity, obligation and volition. In other words, they say things about what we can and cannot do; what we may or must, may or must not do; about needing to do things; and about what we want or wish:

Du *darfst* nicht so gemein zu deinen Geschwistern sein.
(*You must not be so mean to your siblings.*)

Ich *sollte* dir besser von meinen Problemen erzählen. (*I ought to tell you about my problems.*)

Sie *musste* ihrem Bruder während seiner schweren Zeit beistehen.
(*She had to stand by her brother at a difficult time in his life.*)

Der berühmte Psycho-Analytiker *soll* heute noch beim Kongress sprechen.
(*Apparently, the famous psychoanalyst is to speak at the conference today.*)

 Modal verbs are immensely useful. They allow us to express nuances and subtleties of attitude in unique ways, and while they can be complex, anyone who has fully mastered them has probably mastered German.

2 **Dürfen** most often expresses permission (*be allowed to, may*), but you also use it to express yourself more politely and to express surprise or probability:

Darf ich dir einen Rat geben? (*May I give you a piece of advice?*)

Auf der Arbeit *darf* Margit nicht rauchen. (*At work, Margit is not allowed to smoke.*)

Das *darf* doch nicht wahr sein! (*This just can't be true!*)

3   **Können** most often expresses ability (*can, be able to*), but it also expresses possibility or permission:

Ich _kann_ den Psychologiekurs machen, ich habe Zeit dafür.
(*I can do the psychology course; I have got time for it.*)

Es _kann_ sein, dass er sehr enttäuscht ist. (*He may well be very disappointed.*)

Du _kannst_ beruhigt sein, ich erledige es für dich! (*You can rest assured, I will do this for you!*)

4   **Mögen** is most frequently used to express the idea that you like something, but it can also indicate possibility and a reasonable degree of probability. The English equivalent for this use is *may* or *may well*.

Philip _möchte_ seiner Freundin einen sehr romantischen Heiratsantrag machen. (*Philip would like to propose to his girlfriend very romantically.*)

Es _mag_ nicht sehr höflich gewesen sein, aber ich musste ausdrücken, was mir am Herzen lag. (*It may not have been very polite, but I had to express what was really important to me.*)

5   **Müssen** is a strong way of expressing obligation or necessity, and of giving instructions. It can also be used to point out a logical deduction:

Du _musst_ dich nun zusammenreißen und stark sein.
(*You must pull yourself together now and be strong.*)

Das _muss_ ein Irrtum gewesen sein, Mandy ist normalerweise ein sehr einfühlsamer Mensch.
(*That must have been a mistake: Mandy is usually a very empathetic person.*)

Despite the many similarities between English and German in the use of modal verbs, there are some tricky differences. **Nicht müssen** *means do not have to and must not is* **nicht dürfen. Du _darfst_ nicht traurig sein, zumindest musst du jetzt nicht mehr früh aufstehen.** (*You must not be sad, at least you do not have to get up early any longer.*) **Du _musst nicht_ kommen, wenn du nicht möchtest.** (*You don't have to come if you don't want to.*)

6   **Sollen** most commonly expresses an obligation. However, it can also be used to suggest that something is reported or is a mere rumour:

Dein Bruder _soll_ dir helfen. (*Your brother is to help you./Your brother is supposed to help you.*)

Frank _soll_ seine Mutter durch einem dramatischen Autounfall verloren haben.
(*Frank is said to have lost his mother in a dramatic car accident.*)

7   **Wollen** most often expresses people's desires (*want/wish to*), but can also express their intentions and claims:

Ich _will_ nicht andauernd Pech haben. (*I do not want to have bad luck all the time.*)

Franz _will_ seine Freundin morgen anrufen und sich bei ihr entschuldigen.
(*Franz is going to call his girlfriend tomorrow and apologize to her.*)

Robert _will_ schon seit Jahren unsterblich in Melanie verliebt sein.
(*Robert has been claiming that he has been in love with Melanie for years.*)

A **Match the English with these German sentences. There are extra translations which aren't used.**

1 Du sollst dich ruhig und gesittet benehmen.

2 Niemand soll sich für sein Aussehen schämen müssen.

3 Sie möchte sich bei ihrem Partner entschuldigen.

4 Du kannst morgen kommen.

5 Er mag zwar beleidigend gewesen sein, aber deine Reaktion war überzogen.

6 Sie darf mit niemandem darüber reden.

a He may well have been offensive, but your reaction was over the top.

b You are to behave in a quiet and well-mannered way.

c You could come tomorrow.

d She would like to apologize to her partner.

e She must not speak to anybody about it.

f You can come tomorrow.

g Nobody should have to feel ashamed because of their looks.

h She may talk to anybody about it.

i Nobody should have to feel ashamed because of their looks.

How to form the present and past tenses of modal verbs

1 Modal verbs are among the most irregular verbs in German, but there are only six of them and their irregularities form patterns:

Infinitive		dürfen	können	mögen	müssen	sollen	wollen
Meaning		*may/be allowed*	*can/be able*	*like/'may perhaps'*	*have to/ must*	*should/ ought*	*wish/ want*
Present tense	ich	darf	kann	mag	muss	soll	will
	du	darfst	kannst	magst	musst	sollst	willst
	er/sie/es	darf	kann	mag	muss	soll	will
	wir	dürfen	können	mögen	müssen	sollen	wollen
	ihr	dürft	könnt	mögt	müsst	sollt	wollt
	Sie/sie	dürfen	können	mögen	müssen	sollen	wollen
Imperfect	ich	durfte	konnte	mochte	musste	sollte	wollte
	du	durftest	konntest	mochtest	musstest	solltest	wolltest
	er/sie/es	durfte	konnte	mochte	musste	sollte	wollte
	wir	durften	konnten	mochten	mussten	sollten	wollten
	ihr	durftet	konntet	mochtet	musstet	solltet	wolltet
	Sie/sie	durften	konnten	mochten	mussten	sollten	wollten
Past participle		gedurft	gekonnt	gemocht	gemusst	gesollt	gewollt

Here are some helpful patterns that will make it easier for you:

- *In both the present and past tense, the first and third person singular forms are the same.*
- *Pay attention to the vowel in the singular – it is different from the vowel in the infinitive (only with **sollen** does it stay the same).*
- *In the present tense, the first and third person plural are the same as the infinitive.*

There are no umlauts in the past tense of any modal verb. They are unique to the subjunctive. This is often a source of confusion, so note this now and remember when learning the subjunctive.

2   Mostly, modal verbs are used with the infinitive of another verb. These infinitives are called *dependent infinitives*. They depend on the modal verb, and without it the sentence would not make sense:

mögen + sein: Sie möchten fröhlich und zufrieden sein? (*You want to be happy and content?*)

dürfen + verlieren: Wir durften nicht den Mut verlieren. (*We were not allowed to lose courage.*)

müssen + anrufen: Ich musste dich einfach anrufen. (*I simply had to call you.*)

3   Modal verbs can also be used on their own, but another verb or action is usually implied, but not stated. **Mögen** is an exception: when used on its own, it means *to like*:

Meine Eltern können Deutsch. (*My parents can* speak *German.*)

Ich soll das nicht. (*I am not supposed <u>to do</u> that.*)

Petra mag ihn wirklich. (*Petra really likes him.*)

4   In the rare case that modal verbs are used on their own, you form their present and pluperfect tenses with the 'proper' past participle:

Wir haben das nicht <u>*gekonnt*</u>. (*We could not do it.*)

But when followed by dependent infinitives, the infinitive of the modal is used instead of the past participle:

Auch der Eheberater hat ihnen nicht mehr helfen <u>*können*</u>.
(*The marriage counsellor could not help them either.*)

Wir hatten damals nicht sagen <u>*dürfen*</u>, wie wir uns fühlten.
(*Back then, we had not been allowed to say how we felt.*)

*Good news! All modal verbs form the present and pluperfect with the auxiliary verb **haben**.*

B   Add the modal verb in the present tense. In some cases, more than one modal verb is possible, as shown by the bracketed number.

1   Leider _____ ich heute am Abend nicht mit dir ausgehen, ich habe morgen einen wichtigen Termin mit meinem Chef und muss ausgeschlafen sein. (1)

2   Aber Norbert, du _____ auf keinen Fall jedes Mädchen in der Bar anquatschen! (3)

3   Beim Flirten _____ man gewisse Regeln beachten. (2)

4   Meine Freundin _____ sich keinen Korb mehr holen, sie musste schon genug Enttäuschungen erleben. (4)

5   Ihre Kinder _____ nach 22 Uhr nicht mehr fernsehen. (5)

6   Tim _____ sich endlich nicht mehr gebunden fühlen. (4)

7   Großmutter meinte, wir _____ um 10 Uhr am Bahnhof sein. (2)

C   Answer these questions using müssen in the tense used in the question. Use the impersonal *man* if it is unclear who is being addressed or for a general fact.

1   Konnte der Professor denn nicht ein Auge zudrücken? (gerecht sein müssen)
    Nein, der Professor musste gerecht sein.

2   Hatten Sie Zeit für das Beratungsgespräch? (Einkäufe erledigen)
    _____

3   Kommst du heute zum Treffen? (staubsaugen und Treppen putzen)
    _____

4   Was waren die Voraussetzungen für diesen Beruf? (gute Manieren haben)
    _____

5   Was ist ein Grundstein dieser Kultur? (Respekt vor den Älteren haben)
    _____

D   Think about what each sentence means when the verbs in column 2 are used. Match the modal verb with the idea/feeling.

1	Robert _____ sie einfühlsam unterstützen.	**muss soll kann darf will**	obligation____ ability____ necessity____ desire____ permission____
2	Sie _____ ihren Ex-Ehemann nicht wiedersehen.	**sollte wollte konnte durfte**	wish/desire____ obligation____ permission____ ability____
3	Du _____ dich besser um deine Kinder kümmern.	**solltest willst kannst**	recommendation____ intention____ possibility____
4	Sein Freund _____ deprimiert gewesen sein.	**muss kann soll will**	logical deduction____ possibility____ claim____ rumour/report____

E   Put these words into the correct order. Start with the underlined word. Don't forget to conjugate the verb.

1   _____, das macht deren Mutter. (*We do not have to console the children, their mother does that.*)
    (müssen | die Kinder | *Wir* | nicht trösten)

2   _____, weil er noch Hausaufgaben machen muss. (*Laurenz is not allowed to go to the cinema because he has to do homework.*)
    (dürfen | *Laurenz* | ins Kino | nicht gehen)

3 _____, ich sehe ihn oft mit
verschiedenen Frauen. (*He seems to be changing his partners very frequently, I often see him
with different women.*)

(häufig wechseln | müssen | die Partnerin | Er)

4 _____, das war ihm sehr
wichtig. (*The groom wanted to make a good impression at his wedding last year, this was very
important to him.*)

(*Der Bräutigam* | bei seiner Hochzeit letztes Jahr einen guten Eindruck | machen | wollen)

5 _____, das behaupten
zumindest die Zeitungen. (*The judge is said to have betrayed his wife for years, at least that's
what the newspapers claim.*)

(*Der Richter* | betrogen haben | sollen | seine Frau über Jahre)

Vocabulary

F Put these attributes in the positive or negative category.

großzügig (*generous*)   **geizig** (*stingy*)   **lebensfroh** (*full of joie de vivre*)   **scheu** (*shy*) **wankelmütig** (*fickle*)   **verständnisvoll** (*understanding*)   **ehrlich** (*honest*)   **vulgär** (*vulgar*) **boshaft** (*spiteful*)   **verschlossen** (*withdrawn*)   **sensibel** (*sensitive*)   **unverschämt** (*brazen*) **zuverlässig** (*reliable*)   **kontaktfreudig** (*sociable*)   **unternehmungslustig** (*adventurous*) **reizbar** (*irritable*)   **bescheiden** (*humble*)   **verklemmt** (*uptight*)   **treu** (*faithful*) **geduldig** (*patient*)   **arrogant** (*arrogant*)   **verantwortungslos** (*irresponsible*)

Positive eigenschaften	Negative eigenschaften

G Sort the words in F into opposite pairs where possible.

H Complete the sentences with the word that fits the meaning.

Sorgen machen   schämen   Mut verlieren   entmutigen   bitten
deprimiert   Gedankenlosigkeit   Ansprüche   geduldig   Klatschtante

1 Für eine schlechte Note in diesem schweren Test musst du dich aber nicht _____.

2 Nur weil er diesen blöden Kommentar fallengelassen hat, darfst du dich nicht _____ lassen!

3 Ich möchte, dass du einen Helm trägst, sonst muss ich mir _____.

4 Sie kann einfach nicht mehr, sie ist total _____.

5 Wir müssen ihm helfen, er soll nicht den _____.

6 Seine _____ soll uns nicht beeinflussen, das ist seine Sache!

7 Sie möchten dich um einen Gefallen _____.

8 Jeder Mensch hat etwas ganz Besonderes, wir müssen nur sicherstellen, dass wir _____ sind und es auch finden wollen.

9 Dieser Mann soll die größte _____ der Stadt sein.

10 Der Prinz muss wohl hohe _____ stellen, er hat noch keine Frau gefunden.

I Identify which noun matches each emotion. Many of these are idiomatic expressions, and knowing them will help you fine tune your German.

Angst   Wut   Ärger   Freude   Trauer   Aufregung

1	Angst	bekommen, machen, jemandem sitzt die _____ im Nacken, in _____ leben
2		machen, bekommen, seinen _____ an jemandem oder etwas auslassen
3		jemandem die _____ verderben, jemandem mit etwas eine _____ machen,
4		empfinden, in _____ versinken, etwas versetzt jemanden in tiefste _____
5		in _____ geraten, vor _____ stottern, in der _____ hatte ich alles vergessen
6		seine _____ an jemandem auslassen, in _____ geraten

 # Reading

J Read the following email a distraught Felix sent to his friend. Find the modal verbs.

Von:	Felix
An:	Jonas
Betreff:	Kannst du mir einen Rat geben?

Liebster Jonas

Ich verstehe die Welt nicht mehr! Wie kann in so kurzer Zeit denn so viel schief gehen? Meine Freundin hat mich verlassen! Einfach so, aus heiterem Himmel! Letzte Woche sprach sie noch davon, dass wir gemeinsam in den Urlaub fahren wollen, dass sie mir unsere Zukunftspläne vorlegen will, und dann passierte es: Sie meinte, sie muss nun etwas Abstand gewinnen und dass sie etwas Zeit für sich allein möchte. Und dann war sie weg! Zuerst konnte ich gar nichts empfinden, dann geriet ich in eine Mischung aus rasender Wut und absoluter Verzweiflung, wollte dich anrufen und dir davon erzählen, aber ich hätte vor Trauer und Aufregung am Telefon nur gestottert. Ein Email ist da eine viel bessere Option. Allerdings glaube ich, dass ich meine Verzweiflung auch nicht an dir auslassen und dich damit belasten sollte. Aber vielleicht kannst du mir einen Rat geben, denn ich bin zurzeit echt nicht gut drauf, habe Angst vor dem Alleinsein und bin einfach zutiefst traurig und antriebslos. Irgendwie kommt mir alles gerade wie ein schlechter Traum vor, aber ich muss aus diesem schwarzen Loch wieder herauskommen!

Wenn du in den nächsten Tagen für ein Gespräch Zeit hättest, wäre ich dir sehr dankbar!

Dein Felix

aus heiterem Himmel	*out of the blue*	**etwas an jemandem auslassen**	*to take something out on somebody*
stottern	*to stutter*	**zutiefst**	*deeply*

K Find the words or expressions in the text that match these definitions.

1 nicht den gewünschten Verlauf nehmen, misslingen _____
2 in bestimmter Weise fühlen _____
3 Zustand vollständiger Hoffnungslosigkeit _____
4 Unruhe, Durcheinander _____
5 Empfehlung, Hinweis _____
6 ohne Energie, ohne Enthusiasmus _____

 # Writing

L Have you ever been in a situation similar to Felix's? Answer his email and give him advice and tips! (80–110 words)

_____

_____

_____

_____

_____

_____

_____

_____

Self-check

Tick the box which matches your level of confidence.

1 = very confident;   2 = need more practice;   3 = not confident

Kreuze in der Tabelle an, wie sicher du dich fühlst.

1 = sehr sicher;   2 = brauche mehr Übung;   3 = eher unsicher

	1	2	3
Can understand different attitudes and meanings expressed by modal verbs.			
Can use modal verbs correctly knowing their different meanings depending on the context.			
Can talk about emotions and feelings, expressing also subtleties. (CEFR B2)			
Can understand fairly complex texts about personal problems and express own emotions. (CEFR B2)			

For more information on the modal verbs, refer to _Complete German_, Unit 19.

10 Dieser Lehrer ist einfach super! Findest du nicht auch?

This teacher is great ! Don't you think so?

In this unit you will learn how to:
- ✓ Emphasize information.
- ✓ Use various sentence structures.

CEFR: Can form both simple and more complex questions and answer them (CEFR B1); Can understand fairly complex texts about education and schools (CEFR B2); Can write an informative text about a topic that is not personal, such as education (CEFR B2).

Meaning and usage

Word order

1 A sentence consists of several components: the most important are the subject and the predicate. Further information is then added using objects, adverbials, etc. Basic German word order in a main clause is Subject, Verb, Object (SVO), but by reversing word order and putting objects or adverbials in first position you can emphasize them. However, the conjugated verb is always in second position in the *main clause*, no matter what you put in position one:

Die Lehrerin erklärt den Arbeitsauftrag.

     ↑   ↑   ↑

    subject   verb   object

(*The teacher is explaining the task.*)

Was erklärt die Lehrerin? Den Arbeitsauftrag erklärt die Lehrerin.

↑   ↑   ↑   ↑   ↑   ↑

object verb   subject   object   verb   subject

(*What is it the teacher is explaining? The task is what the teacher is explaining.*)

2 Whereas English word order is quite restricted, German word order is more flexible. The position of elements in a main clause determines how much emphasis is given to each element. In the following examples, the first element is being emphasized:

Der Student kam gestern zu spät zur Vorlesung.
(*The student arrived late for the lecture yesterday.*)

Gestern kam der Student zu spät zur Vorlesung.
(*It was yesterday that the student arrived late for the lecture.*)

Zu spät kam der Student gestern zur Vorlesung.
(*Too late is what the student was for the lecture yesterday.*)

Zur Vorlesung kam der Student gestern zu spät.
(*It was the lecture that the student came too late for yesterday.*)

3 Intonation – raising your voice towards the end of the sentence – can be used to indicate a question, but, like English, German also uses different word order:

Intonation: **Der Student kam gestern zu spät zur Vorlesung?**
(*Yesterday, the student arrived late for the lecture?*)

Kam der Student gestern zu spät zur Vorlesung?
(*Did the student arrive late for the lecture yesterday?*)

Word order in main clauses and questions

1 German main clauses always have the main conjugated verb in second position, with the subject as close as possible, usually in position one or three. Unconjugated parts of the predicate, such as infinitives or participles, go to the end. This is called the 'verbal bracket' as it forms a bracket around the rest of the sentence:

Der motivierte Schüler *hatte* sich sehr gut auf die Prüfungen im letzten Schuljahr vor dem Abitur *vorbereitet*.

(*The motivated student had prepared very well for the exams in the last academic year before A levels.*)

Hatte vorbereitet is the predicate, with **hatte** being the conjugated part and **vorbereitet** the past participle. **Hatte** is in the second position that is always reserved for the conjugated verb in a German main clause, and the participle closes the bracket, as it goes to the end.

A   Put each part of sentences 1-8 in the table, leaving blank where necessary. What can you deduce about the position of objects?

		Position 1	Position 2/ Conjugated Verb	Position 3	Position 4	Participle/ Infinitive
		Der Schuldirektor	hatte	die eifrigen Schüler		unterrichtet.
1						
2						
3						
4						
5						
6						
7						
8						

1 Der Elternabend hat den Lehrern die Probleme verdeutlicht.
2 Der Abiturient erledigte alle Klausuren.
3 Die Schüler leiden unter dem Leistungsdruck.
4 Der Streber machte kurze Notizen.
5 Dem Legastheniker hatte der Lehrer geeignete Übungen gegeben.
6 Der Professor hatte den Studenten geantwortet.
7 Ich muss dem Lehrer meine Hausaufgaben zeigen.
8 Mit dieser Lernstrategie konnte ich meine Noten verbessern.

2 When dative and accusative objects occur together in one sentence, the dative usually comes before the accusative object:

Der Lehrmeister gab dem Lehrling (= dative) **eine neue Aufgabe** (= accusative)**.**
(*The master craftsman gave the trainee a new task.*)

3 Pronouns used as objects come right after the conjugated verb:

Position 1	Position 2	Pronouns	Other Objects	Participle
Der Lehrer	**hat**		**dem Legastheniker geeignete Übungen**	**gegeben.**
The teacher gave suitable exercises to the dyslexic student.				
Der Lehrer	**hat**	**ihm** (= **dem Legastheniker**, dative)	**geeignete Übungen**	**gegeben.**
The teacher gave him suitable exercises.				
Der Lehrer	**hat**	**sie** (= **geeignete Übungen**, accusative)	**dem Legastheniker**	**gegeben.**
The teacher gave them to the dyslexic student.				

4 Even though dative objects usually come before the accusative object (see Point 2), they change position when both objects are pronouns: an accusative pronoun comes immediately before a dative pronoun:

Der Lehrer	hat	sie (accusative) ihm (dative)		gegeben.
The teacher gave them to him.				

5 There are no fixed rules for the position of adverbials. But in general, and when you don't want to emphasize a particular element, you put them after the conjugated verb in the following order: time (**heute, gestern**, etc.), manner (**wütend, gerne**, etc.) and place (**in der Universität, nach Berlin**, etc.):

Frederik war gestern wütend in die Universität gegangen.
(*Yesterday, Frederik had gone to university in a temper.*)

Dein Musiklehrer kommt heute gerne nach Berlin zu deinem Konzert.
(*Your music teacher is delighted to come to Berlin to your concert today.*)

 There is an easy way to remember this order, just use the abbreviation TMP (Time/Manner/Place).

B Change the word order and emphasis by starting with the underlined words.

1 Gestern hatten <u>wir</u> besonders guten Geschichtsunterricht.
   <u>Wir hatten gestern besonders guten Geschichtsunterricht.</u>

2 Die allgemeine Schulpflicht beginnt <u>mit der Grundschule</u>.

   _____

3 Mein Sohn besuchte ein Gymnasium <u>in Hessen</u>.

   _____

4 Professor Meiler unterrichtet <u>die Hauptfächer</u> gern.

   _____

5 Der Student lernte sehr intensiv <u>für eine gute Endnote</u>.

   _____

6 Robertas Sohn war <u>2014</u> in Mathematik leider durchgefallen.

   _____

7 Der Internatsschüler bestand <u>zum Glück</u> seine Abschlussprüfung.

   _____

C **Reorder to make sentences, starting with the underlined word/phrase.**

1 die Universität | <u>mich</u> | hat | gestern | eingeladen | zu einem Auswahlgespräch
   Mich hat die Universität gestern zu einem Auswahlgespräch eingeladen.

2 mit den Abschlussarbeiten | <u>gestern</u> | sich | der Lehrer | beschäftigte

   _____

3 die Lehrer | <u>bei der Lehrerkonferenz</u> | einen neuen Unterrichtsplan | beschlossen

   _____

4 <u>Franziskas Vater</u> | in der Abendschule | hatte | sein Abitur | nachgeholt

   _____

5 <u>Glücklicherweise</u> | ihm | eine gute Note | gab | sie | in der wichtigen Prüfung

   _____

6 sinkende Schülerzahlen | problematisch | <u>in ländlichen Regionen</u> | sind | für viele Schuldirektoren

   _____

7 das Abitur | zum Studium | berechtigt | <u>an deutschen und österreichischen Universitäten</u>

   _____

8 der Schulpsychologe | beriet | <u>ihn</u> | mit viel Engagement

   _____

D **Replace the underlined objects with a pronoun. Remember that they come right after the verb and that accusative pronouns come before dative ones.**

1 Der Lehrer hatte (<u>den Schülern</u>) ⟷ (<u>eine leichte Prüfung</u>) versprochen.
   Der Lehrer hatte sie ihnen versprochen.

2 Der Schuldirektor zeigte <u>den Eltern die Klassenzimmer</u>.

   _____

3 Die Schulklassen hören <u>den Lehrern</u> aufmerksam zu.

   _____

4 Meine Eltern schenkten <u>meiner Schwester eine Schultüte</u> am ersten Schultag.

   _____

5 Die Prüfer gaben <u>den Maturanten ihre Prüfungen</u> zurück.

   _____

6 Die Erklärungen im Übungsbuch beschreiben <u>den Studenten die Grammatik</u> gut.

   _____

7 Stefans Kollege leiht <u>Stefan</u> immer <u>ein dickes Wörterbuch</u>.

   _____

8 Rosas Lehrer schrieb <u>die Hausaufgabe</u> mit <u>Kreide</u> auf die Tafel.

   _____

How to form questions

1 There are three kinds of questions. Grammatically speaking, the first is the simplest but is only really feasible in spoken language as your intonation, not word order, shows that it is a question:

Du bist auf ein Internat gegangen? (*You went to boarding school?*)

2 Questions with question words (such as **Wann?** (*when*), **Wer?** (*who*), **Wie?** (*how*), **Wo?** (*where*), **Wohin?**, (*where to*) **Wie lange?** (*for how long*), etc.) have the conjugated verb in Position 2 right after the question word:

Wann ist heute die Schule aus? (*When will school finish today?*)

Wer holt ihn vom Kindergarten ab? (*Who is going to pick him up from nursery school?*)

Wohin führt euer Schulausflug? (*Where is your school trip going to take you (to)?*)

3 If you want to ask a question about something or somebody using a verb that requires a prepositional object, the preposition needs to be used in the question. If the question refers to people, the preposition appears before the question word:

Prepositional phrase: **_über_ jemanden sprechen. _Über wen_ hat der Dekan der Universität gesprochen?** (*About whom did the Dean of the university speak?*)

Prepositional phrase: **_zu_ jemand_em_ stehen. _Zu wem_ stehst du in dieser politisch problematischen Frage?** (*Which side are you on in this politically problematic question?*)

4 If you are referring to a thing, however, you take **wo** and add the relevant preposition. If the preposition begins with a vowel, you add an **-r-** to make it smoother:

jemanden um etwas bitten (*to ask somebody for something*)

Wo + r + um → Worum

Sich konzentrieren auf etwas (*to concentrate on something*)

Wo + r + auf → Worauf

Ich bitte den Professor um mehr Übungsmaterial. (*I'm asking the professor for more exercise material.*) **_Worum_ bittest du den Professor?** (*What are you asking the professor for?*)

Franziska konzentriert sich auf den Prüfungsstoff. (*Franziska is concentrating on the exam material.*) **_Worauf_ konzentriert sich Franziska?** (*What is Franziska concentrating on?*)

5 In questions without an interrogative word, the position of the verb signals that it is a question.

Willst du Geisteswissenschaften studieren? (*Do you want to study Arts?*)

Brauchst du Hilfe mit den Aufgaben? (*Do you need help with your tasks?*)

E There are several questions in this conversation. Analyse the different question structures. What sentence element takes which position?

Prof. Obel and Dr. Doraler are teachers at a Gymnasium in Wien. They are preparing for next year.

 Don't fall into the trap: A **Gymnasium** *is not a gym for exercise but is the German term for grammar school. The English gym is* **die Turnhalle** *or* **das Fitnessstudio.**

Prof. Obel:

Können Sie mir bitte die Schulbücher geben, Herr Dr. Doraler?

Dr Doraler:

Möchten Sie die Bücher für die Oberstufe oder die für die Unterstufe?

Prof. Obel:

Ich dachte, wir arbeiten nun nur mit dem Material für die Hauptfächer der Oberstufe. Die Bücher für die Unterstufe sind noch nicht geliefert worden. Liege ich da falsch?

Dr Doraler:

Ach ja, genau. Diese Lieferung kommt erst morgen. Haben wir noch einige Bücher vom letzten Schuljahr übrig? Wohin sollen wir diese geben?

Prof. Obel:

Die werden wir in die Bibliothek geben. Wie viele Schüler sind dieses Jahr sitzengeblieben und werden deswegen ihre Bücher behalten? Wissen Sie das?

Dr Doraler:

Ja, das weiß ich. Vier Schüler der 6b sind sitzengeblieben.

Prof. Obel:

Welche Fächer haben diesen Schülern denn Probleme bereitet? Werden diese Schüler eine Nachprüfung bekommen?

Dr Doraler:

Nein, ihr Notendurchschnitt ist zu schlecht, sie sind sitzengeblieben und werden das Jahr wiederholen müssen.

German rules of politeness and how you address somebody also apply to titles, such as **Doktor (Dr.)** *or* **Professor (Prof.)** *and ranks. These titles play a very important role in German-speaking cultures and you might find that even people who have been colleagues for years address each other using their titles and the* **Sie** *form.*

	Question word/ Position 1	Position 2	Rest of sentence
	Können	Sie	mir bitte die Schulbücher geben?
1			
2			
3			
4			
5			
6			
7			
8			

Vocabulary

F **The two teachers use a lot of education-specific vocabulary. Find the words that fit the definition and use them in the example sentences.**

	Word	Definition	Example sentence
1		Die ersten Klassen in der Realschule und den Gymnasien.	In der _____ war Mathematik mein Lieblingsfach.
2		Wichtiger Unterrichtsgegenstand, der für alle Schultypen verpflichtend ist.	Von allen _____ (dative plural!) war mir Deutsch immer am liebsten.
3		Letzte Chance bei positivem Ergebnis doch in die höhere Klasse gehen zu dürfen.	Die _____ war schwer, aber ich habe sie bestanden!
4		Ergibt sich aus dem Mittelwert aller Schulnoten	In der 8. Klasse bekam sie einen _____ von 1,4.

G   Ask questions using the question word in brackets.

1   Er hat dem Rektor der Universität ein Email geschrieben. (Wem?)
    <u>Wem hat er ein Email geschrieben?</u>

2   Das geisteswissenschaftliche Institut befindet sich im 3. Stock oberhalb der Bibliothek. (Wo?)

    _____

3   Der Klassenvorstand sprach beim Elternabend über den Klassenausflug. (Worüber?)

    _____

4   Lisa bestand letzte Woche die Aufnahmeprüfung für das Medizinstudium. (Wer?)

    _____

5   Roberts Zeugnis war nicht zufriedenstellend. (Wessen?)

    _____

6   Ein Ausbildungsplatz bei einem Meistertischler ist sehr viel wert. (Was?)

    _____

7   Viele Schulabgänger bewerben sich jedes Jahr für eine kaufmännische Ausbildung. (Wofür?)

    _____

8   Die Berufsschule bietet vielen Lehrlingen jedes Jahr eine berufsspezifische Ausbildung. (Wem?)

    _____

9   Die neue Lehrerin fesselte mit ihrem tollen, interaktiven Unterricht die Schüler. (Womit?)

    _____

 # Reading

H   Read this article about the Austrian school system and answer the question in German.

DAS SCHULSYSTEM IN ÖSTERREICH

Das Bildungssystem in der kleinen Alpenrepublik Österreich ist dem Deutschlands sehr ähnlich und beginnt mit der Primarstufe. Mit dem vollendeten sechsten Lebensjahr beginnt die Schulpflicht und man besucht vier Jahre lang die Volksschule, in Deutschland Grundschule genannt.

Wie alt sind die Kinder, wenn sie in Österreich in die Volksschule kommen?

_____

I Now read the rest of the article and answer the remaining questions.

In der Sekundarstufe unterscheidet man zwischen der Unterstufe und der Oberstufe. Man besucht entweder ein Gymnasium oder eine Neue Mittelschule und lernt dort vier Jahre lang, um eine umfassende Grundbildung zu erhalten. Auf dem Stundenplan aller Schüler stehen die Hauptfächer Mathematik, Deutsch und Englisch oder eine andere moderne Fremdsprache und dazu noch Fächer wie Physik, Geographie und Wirtschaftskunde, Biologie, Religionsunterricht oder Ethik, Turnen, Chemie, Bildnerische Erziehung, Geschichte, Werken und Musik. Manche Schulen bieten eine spezialisiertere Ausbildung an und dort werden dann auch noch Fächer wie Latein und geometrisches Zeichnen angeboten.

Am Ende der allgemeinen Schulpflicht ist man normalerweise 15 Jahre alt. Wer jedoch studieren möchte, besucht die Oberstufe und erwirbt mit dem Abitur, das in Österreich Matura genannt wird, die Hochschulzugangsberechtigung. In einem normalen Gymnasium dauert die Oberstufe vier Jahre. In Österreich gibt es aber auch eine große Auswahl an berufsbildenden Schulen, die nach fünfjähriger Ausbildung ebenso mit der Matura enden, aber Fächer unterrichten, die den Schülern ermöglichen, sofort in einen Beruf einzusteigen. Eine solche Schule ist etwa die Handelsakademie, die kaufmännischen und wirtschaftlichen Fächern im Stundenplan den Vorzug gibt. Viele Maturanten dieser Schule gehen nach ihrer Ausbildung direkt in die Arbeitswelt und nutzen ihre Qualifikation etwa als Kaufmann.

1 Welche Fächer sind nicht an allen Schulen Unterrichtsgegenstand?

_____

2 Wie viele Jahre Unterricht liegen mindestens zwischen dem Ende der Volksschule und der Matura?

_____

3 Welche Schule würden Sie jemandem raten, der gerne einmal einen kleinen Laden führen möchte?

_____

Learning vocabulary with a good example sentence really enhances your chances of understanding when and how to use it.

J Find the words in the article that fit the gaps. Look up the article/gender of the nouns.

	Word	Article/Gender
1	Die _____Schulpflicht_____ schreibt vor, dass Kinder mit 6 Jahren ihre Schulausbildung beginnen müssen und 9 Jahre zur Schule gehen.	**die**/feminine
2	In Deutschland auch Sekundarstufe 2 genannt, bezeichnet die _____ die Schuljahre vor dem Abitur/der Matura.	
3	Synonyme für _____ sind: vielseitig, reichhaltig oder viele Teile enthaltend.	x
4	„Juhu!", ruft Peter, denn heute stehen nur Mathematik, Musik und Biologie auf seinem _____.	
5	Weil sich meine Tochter sehr für moderne Kunst interessiert, ist _____ _____ (2 words) ihr Lieblingsfach.	
6	Wenn man das _____ in Deutschland positiv abschließt, darf man an der Uni studieren.	
7	Als _____ wird in Österreich ein Schüler bezeichnet, der seine Reifeprüfung gerade abschließt oder bereits abgeschlossen hat.	

K Match the verb with the phrase it belongs to and complete the example sentences.

| lohnen   besitzen   behandeln   erweitern   vorbereiten   haben |

1 ein großes Wissen _____
   Sein Großvater hatte im Bereich Geschichte ein sehr großes Wissen _____. Leider starb er vor 3 Wochen.
2 sich auf etwas (z.B.: Prüfung) _____
   Mit hartem Training _____ er sich gerade auf den Triathlon _____.
3 sich (nicht) _____
   Ach, lass es doch, das _____ sich nicht!

4 jemanden fair _____

Es ist wichtig, dass die Lehrer die Schüler fair _____.

5 hohe Ansprüche _____

Mein Lateinlehrer _____ immer sehr hohe Ansprüche.

6 den Horizont _____

Mein Erasmusstudium im Jahr 2014 hat definitiv meinen Horizont _____.

Writing

L An Austrian friend wants to know more about the education system in your country as his daughter will soon take part in a school exchange. Reply to his email. (Write around 100 words.)

_____

_____

_____

_____

_____

Self-check

Tick the box which matches your level of confidence.

1 = very confident;   2 = need more practice;   3 = not confident

Kreuze in der Tabelle an, wie sicher du dich fühlst.

1 = sehr sicher;   2 = brauche mehr Übung;   3 = eher unsicher

	1	2	3
Can identify a main clause by its sentence structure.			
Can form main clauses.			
Can emphasize certain elements by playing with sentence structure.			
Can form both simple and more complex questions and answer them. (CEFR B1)			
Can understand fairly complex texts about education and schools. (CEFR B2)			
Can write an informative text about a topic that is not personal, such as education. (CEFR B2)			

For more information on main clauses and questions, refer to _Complete German_, Units 1, 3, 8 and 10.

11 Nein, niemals! Ich will sicher keine Flugreise machen!

No, never! I am sure I will never travel by air!

In this unit you will learn how to:

✓ Say that something will not happen.

✓ Negate words and sentences.

✓ Express disagreement.

CEFR: Can understand short texts about traditions (CEFR B1–B2).

Meaning and usage

Negation

1 When you want to say that something is not happening, you use **nicht**:

   Die Blasmusikkapelle spielt heute leider _nicht_.
   (*Unfortunately, the brass band will not be playing today.*)

   Diese bayrischen Weißwürste schmecken mir _nicht_. (*I do not like these Bavarian veal sausages.*)

2 **Kein** is the negative form of **ein** and you use it to negate nouns. The English equivalents in meaning are *not a*, *not any* or *no*:

   In dieser Broschüre kann ich _keinen_ Berg sehen. (*I can't see a mountain in this brochure.*)

   In St Anton gibt es oft _keine_ Zimmer mehr. (*There often aren't any rooms left in St Anton.*)

3 For nouns with definite articles (**der, die, das**) or possessive pronouns (**mein, dein, sein**), you cannot use **kein**, but instead you just negate the sentence by using **nicht**. Note the difference in meaning between the first and the second example sentences:

   Das ist _nicht_ mein Verein. (*This is not my club.*)

   Das ist _kein_ Verein. (*This is not a club.*)

   Das ist _nicht_ der Verein, von dem ich dir erzählt habe. (*This is not the club I told you about.*)

4 **Nie** and **niemals** correspond to the English *never* and imply that something never happens:

   Die Tänzer der Brauchtumsgruppe tanzen _niemals_ zu Rapmusik.
   (*The dancers of the heritage and customs group never dance to rap music.*)

   Meine Großmutter hat ihr Heimweh nach Deutschland _nie_ verloren.
   (*My grandmother has never lost her homesickness for Germany.*)

5 To further strengthen your negation you can add **gar** before **nicht**, **kein** or **nie**, to express *not at all*, *not any* and *never ever*.

   Franziska konnte das _gar nicht_ glauben. (*Franziska could not believe that at all.*)

Das gibt es doch _gar nicht_! In diesem Ort gibt es _gar keine_ Touristeninformation.
(*This just cannot be true! In this village, there is no tourist information office at all!*)

Während meines Aufenthaltes vermisste ich meine Heimat _gar nie_.
(*During my stay abroad I never ever missed my home.*)

6 You use **kaum** when something happens only *very rarely, scarcely* or *hardly ever*:

Manche Einwanderer in Österreich sprechen _kaum_ Deutsch.
(*Some immigrants to Austria speak hardly any German.*)

Es gibt _kaum_ eine Region in Österreich, in der Tourismus keine Rolle spielt.
(*There is hardly a region in Austria where tourism doesn't play a role.*)

It is good to know that you always use the same way of negating, no matter what tense you need!

7 You use **doch** to emphatically answer a negative question or negative statement that you disagree with. The overall meaning is *on the contrary*, but in English you often just use *Yes, I do/ Yes, it is*, etc., or emphasize the contrast in some other way:

„Hast du kein Geld?" „Doch, ich habe Geld!"
(*'Don't you have any money?' 'Yes, I DO have money!'*)

„Du kommst morgen nicht mit auf den Berg?" „Doch, natürlich komme ich mit!"
(*'You aren't coming along with us up the mountain tomorrow?' 'Yes, of course I'm coming!'*)

„Anthropologie ist kein interessanter Studiengang!" „Doch, man lernt über andere Kulturen, deren Bräuche und Traditionen!"
(*'Anthropology is not an interesting field of study!' 'On the contrary, one learns about other cultures, their habits and traditions!'*)

How to form the negative in German

1 Nouns with an indefinite (**ein, eine, eines**) or no article are negated using **kein**. **Kein** takes the same endings as the indefinite article:

	der Tänzer	die Tradition	das Brauchtum	Plural die Lieder
Nominative	kein Tänzer	keine Tradition	kein Brauchtum	keine Lieder
Accusative	keinen Tänzer	keine Tradition	kein Brauchtum	keine Lieder
Genitive	keines Tänzers	keiner Tradition	keines Brauchtums	keiner Lieder
Dative	keinem Tänzer	keiner Tradition	keinem Brauchtum	keinen Liedern

A **Complete with the missing word. There's a hint in brackets.**

1 Ich möchte meinen Urlaub _____ in einem anderen Land als der Schweiz verbringen. (*never*)

2 Vor ihrer Studienreise hatte meine Lehrerin _____ von dieser Region und ihren Traditionen gehört. (*hardly*)

3 Leider haben viele Kinder _____ Ahnung von der Geschichte ihrer Heimat. (*no*)

4 Die Naturschönheiten Sachsens sind außerhalb Deutschlands_____ bekannt. (*hardly*)

5 In Österreich findet man zu Ostern _____ Christbäume. (*never*)

6 Viele Deutsche behaupten, dass sie Menschen aus der Schweiz _____ verstehen. (*hardly*)

7 Oft gibt es für Kulturprojekte _____ Geld. (*no*)

2 We already know that **nicht** and **nie/niemals** negate the information given in a sentence or a specific word, but where they belong in a sentence is often considered more an art than a science. There are, though, a few general rules that apply to both **nicht** and **nie/niemals**.

You negate the content of a whole clause by placing **nicht** as late in the sentence as possible but in front of the second part of the predicate (if applicable), adverbials of manner (e.g. **gern**, **schnell**, **richtig**) and separable prefixes:

Die Touristen glauben die alten Geschichten _nicht_. (*The tourists don't believe the old stories.*)

Der Fremdenführer sah die wartende Gruppe im Nebel _nicht_.
(*The tour guide did not see the waiting group in the fog.*)

Position in front of the second part of the predicate:

Ich _habe_ den Auftritt der Brauchtumsgruppe _nicht gesehen_.
(*I didn't see the performance of the heritage and customs group.*)

Viele Orte _konnten_ ihre Traditionen _nicht retten_.
(*Many villages could not preserve their traditions.*)

Position in front of an adverbial of manner:

Einige Schweizer verlassen die Schweiz _nicht gerne_.
(*Some Swiss people do not like leaving Switzerland.*)

Dieser Koch bereitet lokale Gerichte _nicht sehr gut_ zu.
(*This chef doesn't cook local dishes very well.*)

Position in front of the separable prefix:

Die Tänzer _kommen_ heute _nicht zusammen_. (*The dancers aren't meeting today.*)

Nur wenige Traditionen _spiegeln_ die Geschichte eines Landes _nicht_ gut wider. (*Only a few traditions don't reflect the history of a country well.*)

*These three types of sentence elements can be moved for emphasis. When this happens, **nicht** does not move with them, but stays at the end. In this next sentence, **gerne** is moved to the beginning to give it more emphasis; **nicht** stays where it is:* **Einige Schweizer verlassen die Schweiz _nicht_ gerne.** (*Some Swiss people do not like leaving Switzerland.*) **_Gerne_ verlassen einige Schweizer die Schweiz _nicht_.** (*It is only reluctantly that some Swiss people leave Switzerland.*)

3 If you want to give something special emphasis, you can place **nicht** immediately in front of the element to be negated:

Mein Ehemann möchte _nicht_ lokale Delikatessen essen.
(_It's not local delicacies that my husband wants to eat._)

As you can see from the last example, most of the time such constructions call for extra information as they imply _not this but rather something else_. In German, you use **sondern** for _but rather_:

Es ist wichtig, dass wir _nicht_ Vorurteile bestärken, _sondern_ die Integration fördern.
(_It is important that we do not strengthen prejudices, but rather encourage integration._)

Nicht moderne Trends spielen in vielen Alpendörfern eine große Rolle, _sondern_ traditionelle Bräuche. (_It is not modern trends that play an important role in many Alpine villages but rather traditional customs._)

 B Look at where _nicht_ comes and decide whether a single element or whole sentence is being negated.

		Single element negated	Negation affects entire sentence
1	Viele konservative Deutsche mögen das Oktoberfest nicht.		
2	Bayern trinken nicht Pils besonders gerne, sondern Weißbier.		
3	Einige Deutsche sind mit ihrer Regierung nicht zufrieden.		
4	Nicht Lederhosen sondern Dirndln sind die traditionelle Kleidung von Mädchen im Alpenraum.		
5	Meinen Gästen aus Berlin schmeckt unser Schnaps nicht.		
6	Die Touristen verstehen einige Traditionen nicht.		

4 German has a lot of verbal complements (elements that always need to come with the verb for the meaning to come across), such as prepositional phrases (**_auf_ jemanden warten** (*to wait for somebody*), **_an_ etwas denken** (*to think of something*), **_in_ etwas investieren** (*to invest in something*), **_vor_ etwas Angst haben** (*to be afraid of something*), **_nach_ Hause gehen** (*to go home*), **_auf_ etwas Rücksicht nehmen** (*to be considerate of*). They also include set expressions such as **Tennis spielen**, **Auto fahren**, **Spaß machen** (*be/make fun*), or idioms such as **Farbe bekennen** (*to show your true colours*) or **Gefahr laufen** (*to run the risk of*). The rule for negating sentences with verbal complements is easy as you simply put the **nicht** before the verbal complement:

Sie hatte _nicht_ an die Veranstaltung zu Goethes Todestag gedacht.
(*She had not thought of the event to commemorate Goethe's death.*)

In Bezug auf die Kulturförderung bekannte der Politiker _nicht_ Farbe.
(*With regard to cultural funding, the politician did not show true his colours.*)

This rule is relatively simple, but German speakers often do not agree what actually is a verbal complement. So, you will see **kein** *being used instead, with the noun treated as a regular object. Living languages sometimes wriggle and kick, don't be disheartened by it!*

Seine Tochter spielt _nicht/kein_ Tennis. (*His daughter does not play tennis.*)

In unserer modernen Zeit nehmen wir auf alte Traditionen _nicht/keine_ Rücksicht. (*In our modern times we disregard old traditions.*)

C **We all know people who view the world negatively. How would they answer these questions if they can only be negative? Use both kein und nicht.**

1 Kann man in diesem Gasthaus gute regionale Gerichte genießen?
_____

2 Ist das Interesse der Touristen an deutschen Bräuchen groß?
_____

3 Haben deutsche Städte Charme?
_____

4 Kümmern sich die Deutschen gern um ihre Häuser und Gärten?
_____

5 Sind für die meisten Österreicher traditionelle Feste wichtig?
_____

6 Besinnen sich die meisten Schweizer auf ihren Ursprung?
_____

7 Gibt es in Österreich schöne Gebiete zum Urlaub machen?
_____

8 Machen Volksfeste wie etwa ein Jahrmarkt den Kindern Spaß?
_____

D List what is *typical*, *rare* or *doesn't exist* in German-speaking countries.

Jahrmärkte	Wüsten	Städte über 1,4 Millionen Einwohner	weltbekannte Volksfeste
Palmenstrände	bedeutende Wirtschaftszentren	biologische Landwirtschaft
Gebirge über 5000m Seehöhe	Diktatur	Weihnachtsmärkte	Taifune

Es gibt kein ...	Es gibt kaum ...	Es gibt ...
Es gibt keine Wüsten.		

E You disagree! Using **doch**, reply to the questions and rectify the statements.

1 Hat er durch den Urlaub in Deutschland sein Deutsch nicht verbessert?

Doch, er hat durch den Urlaub in Deutschland sein Deutsch verbessert!

2 Hattet ihr vor der ersten Reise nach Deutschland keine große Vorfreude?

_____

3 Haben die Alpen in der Schweiz ihnen nicht sehr gut gefallen?

_____

4 Sind diese Bräuche nicht weltweit bekannt?

_____

5 Spielt der Karneval in Deutschland keine bedeutende Rolle?

_____

6 Verstecken viele Menschen in Österreich keine Eier zu Ostern?

_____

7 Verkleidet man sich in der Schweiz im Fasching nicht?

_____

8 Findet in dieser Stadt kein Festival statt?

_____

9 Gibt es in Wien keine aktive Kulturszene?

_____

10 Glaubt ihr nicht an eine Zukunft lokaler Traditionen?

_____

Vocabulary

F Match the descriptions with the celebrations.

| Karneval | Ostern | Erntedankfest | Advent | Weihnachten | Silvester |

1 Feiert man am Abend des letzten Tages im Jahr, oft mit einem Feuerwerk.

   _____

2 Beginnt am 11. 11. um 11:11 Uhr, aber gefeiert wird eigentlich in der Woche vor der Fastenzeit. _____

3 Während dieser Zeit zündet man an jedem Sonntag eine weitere von insgesamt 4 Kerzen an. Man bereitet sich auf Weihnachten vor. _____

4 Ist in den deutschsprachigen Ländern ein Familienfest. Es werden Eier versteckt, viele Kinder bekommen einen Hasen aus Schokolade und man freut sich über den Frühling.

   _____

5 Dieses Fest wird mit einem grünen Baum im Wohnzimmer gefeiert. Es gibt auch Geschenke. _____

6 Der Ursprung dieses Festes geht bis auf die vorchristliche Zeit zurück. Man feiert es meistens am ersten Sonntag im Oktober. _____

G Look at the collocations and think about which are possible. Find the odd one out.

1	feiern	ein Jubiläum | eine Geburtstagsparty | mit Freunden | um einen Sekt
2	gratulieren	zum Geburtstag | einer Gabel | zur bestandenen Prüfung | dem Sieger
3	schmücken	den Weihnachtsbaum | über dem Berg | die Wohnung | das Kinderzimmer
4	einladen	einen Kollegen | zu einer Feier | mit einem Blumentopf | zum Essen
5	unterhalten	sich mit einem Freund | sich über ein Thema | sich mit dem Teebeutel
6	vermissen	die Heimat | hinter dem Haus | einen Freund | die Kinder
7	besuchen	ein Festival | eine Ansichtskarte | jemanden im Krankenhaus | ein Land
8	wünschen	Alles Gute | mit einem Taschenrechner | sich etwas von Herzen | sich ein Kind
9	gehören	zu einem Land | mit der Jacke | nicht in die Wohnung | zur Familie
10	vorbereiten	das Fest | sich seelisch auf etwas | die Nachbarn zum Abendessen | den Urlaub

Some of the verbs in H require objects in a specific case. The examples make this clear, but don't forget to make yourself aware of it. Writing down example sentences and trying the verbs out right away will help you remember them more easily.

H Correct these untrue sentences.

1 Herr Schmied feierte am 12. Januar eine Geburtstagsparty. (am 12. Februar)
   Herr Schmied feierte nicht am 12. Januar eine Geburtstagsparty, sondern am 12. Februar!

2 Hans gratulierte seinem Sohn zur bestandenen Bergführer-Prüfung. (seiner Tochter)

_____

3 Zu Weihnachten schmückten wir die Wohnung mit silbernen Sternen. (goldenen Sternen)

_____

4 Letzte Woche hatten wir unsere Nachbarn zum Mittagessen eingeladen. (zum Abendessen)

_____

5 Über die lokalen Traditionen unterhielten sich die Touristen mit dem Museumsdirektor. (mit dem Fremdenführer)

_____

6 Während meines Studiums im Ausland vermisste ich meine Wohnung. (meine Heimat)

_____

7 Gestern besuchte Ricarda ihren Freund im Allgäu. (in Thüringen)

_____

8 Die Volkstanzgruppe wünscht sich von Herzen einen Sieg beim lokalen Wettbewerb. (beim internationalen Wettbewerb)

_____

9 Zum Weihnachtsfest gehört in Österreich eine geschmückte Palme. (ein geschmückter Weihnachtsbaum)

_____

10 Franz half das Brauchtumsfestival vorzubereiten. (das Hard-Rock-Festival)

_____

# Reading

I Read this newspaper article and answer the questions.

DAS ÄLPLERFEST

Jedes Jahr findet im kleinen Ort Lenk in der Schweiz Mitte Oktober das Älplerfest statt. Wie auch in allen anderen Regionen der Alpen bringen die Bauern ihr Vieh im Spätfrühling auf die Wiesen hoch im Gebirge. Diese Wiesen heißen in den Ostalpen Alm, in der Schweiz Alp. Dort oben, oft auf weit über 2000m Seehöhe, geht es den Tieren sehr gut. Sie können frische Kräuter fressen, trinken Wasser direkt aus Quellen und finden bei schlechtem Wetter Schutz in kleinen Ställen.

Wann geben die Bauern ihre Tiere auf die Alm?

_____

J Now read the rest of the newspaper article and answer the questions.

Aus der Milch der Kühe, Schafe und Ziegen wird direkt auf der Alm würziger Bergkäse gemacht, für den die Alpenländer weltweit berühmt sind. Bekannt wurde diese Tradition auch durch das Buch *Heidi* von Johanna Spyri. Darin hilft die kleine Heidi ihrem Großvater auf der Alp.

Am Ende des Sommers werden die Kühe mit Blumen geschmückt und, wenn sie dann von den hohen Bergen wieder im Tal ankommen, gibt es dort ein Volksfest mit

---

Musik, gutem Essen und Tanz. Besonders beliebt ist beim Publikum die Wahl zur Miss Lenk. Dabei wird die schönste Kuh gewählt.

Heutzutage ist das Älplerfest eine alte Tradition, die vor allem viele Touristen und Menschen aus den Städten anzieht. Früher hing das Leben der Menschen von ihren Tieren ab und mit dem Älplerfest feierte man, dass das Vieh gesund von den hohen Weiden ins Tal zurückgekommen war.

1 Was stellen die Bauern auf den Almen her?

_____

2 Wer ist die Miss Lenk?

_____

3 Was feierte man ursprünglich mit dem Älplerfest?

_____

K Find the right word from the text, look up its article and fit it into the example sentence.

	Article	Wanted word	Definition	Example sentence
1			zusammenhängende Gruppe von Bergen	St. Anton ist ein Ort hoch im _____.
2			der Ursprung von etwas	Aus dieser_____ kommt das berühmte Mineralwasser der Schweizer Alpen.
3			Hält eine Gefahr ab.	Als das starke Gewitter kam, suchte ich _____ in einem alten Stall.
4			Wird von Generation zu Generation weitergegeben.	Viele _____ der Alpenländer sind schon viele hundert Jahre alt.
5			Eine große grüne Fläche, auf der Tiere wie z.B. Kühe oder Schafe stehen.	Heidi geht mit den Kühen auf die _____ hinter dem Haus.

 # Writing

L **Sometimes, we can all be negative. Is there anything negative about where you grew up or live now? Aspects you disliked or dislike? Email a friend who wants to know what was/is less than perfect. (100 words)**

_____

_____

_____

_____

_____

_____

_____

Self-check

Tick the box which matches your level of confidence.

    1 = very confident;   2 = need more practice;   3 = not confident

Kreuze in der Tabelle an, wie sicher du dich fühlst.

    1 = sehr sicher;   2 = brauche mehr Übung;   3 = eher unsicher

	1	2	3
Knows when a sentence is negated.			
Understands the difference between **nicht** and **niemals**.			
Knows when to use **nicht** and **kein** to negate.			
Can form negative questions and sentences.			
Can understand short texts about traditions. (CEFR B1–B2)			
Can express dislikes using sentences with **nicht/kaum/nie**.			

12 Hilf mir doch mal!

Help me!

In this unit you will learn how to:

- Understand signs, instructions and manuals.
- Form the imperative.
- Express commands and requests.

CEFR: Can understand everyday signs and notices: in public places, such as streets, restaurants, railway stations (CEFR A2); Can understand detailed instructions reliably (CEFR B2); Can describe how to do something, giving detailed instructions (CEFR B1); Can write clear, detailed descriptions, marking relationships between ideas in clear, connected texts (CEFR B2).

Meaning and usage

The imperative

1   The imperative is the form of the verb you use to give someone orders or instructions:

Bring mir die Leiter! (*Bring me the ladder!*)

Streicht besser zuerst die Decke und dann die Wände! (*You better paint the ceiling first and then the walls!*)

From these examples you can already see that the verb comes first when you use the imperative and that you normally put an exclamation mark at the end.

2   You also use the imperative for more polite requests. In order to make it sound polite, you often add **bitte** and/or a modal particle (**mal/doch**):

Helfen Sie mir bitte mal! (*Could you help me please?*)

Komm doch mit zu Martinas Party! (*Do come along to Martina's party!*)

*As you can only ever instruct a single person or a group of people to do something, it will be no surprise that the imperative can only be used for the second person (singular and plural: **du; ihr/Sie**).*

Alternative forms to the imperative

1 You could replace the imperative in the examples with a modal verb. **Sollen** can express a command and **können** – used in a question – a polite request. Using **Konjunktiv II**, as in the following final example, makes your request even more polite:

Bring mir die Leiter! (*Bring me the ladder!*) – **Du sollst mir die Leiter bringen.** (*You are to bring me the ladder.*)

Helfen Sie mir! (*Help me!*) – **Können Sie mir bitte mal helfen?** (*Could you help me please?*)

Bringen Sie mir doch bitte noch ein Glas Wein! (*Bring me a glass of wine please!*) – **Könnten Sie mir bitte noch ein Glas Wein bringen?** (*Could you please bring me a nother glass of wine?*)

A Rainer's mother is asking him to do a lot of things. Find alternative ways of expressing the imperatives using sollen and können.

1 Räum dein Zimmer auf!

Du sollst dein Zimmer aufräumen.

2 Mach regelmäßig deine Hausaufgaben!

_____.

3 Schau bitte nicht so viel Fernsehen!

_____.

4 Hilf deiner Schwester bitte!

_____.

5 Geh jetzt schlafen!

_____.

2 Another way of making polite requests would be to use the **Konjunktiv II** (subjunctive): (**Helfen Sie mir bitte mal!** → **Würden Sie mir bitte mal helfen?**).

3 For official warnings and requests, e.g. signs on trains, the infinitive is often used instead of the imperative:

Tür erst bei Stillstand des Zuges öffnen!
(*Open door only when the train has come to a complete stop!*)

How to form the imperative

*Don't forget to use **Sie** and **du** appropriately, as this helps you to use the correct form of the imperative and avoid impolite mishaps.*

1 For a group of people you know, you use **ihr**. The form of the imperative is exactly the same as the second person plural present tense form:

2nd person plural	Imperative	Translation
ihr streicht	Streicht!	*Paint!*
ihr tapeziert	Tapeziert!	*Hang the wallpaper!*

2 When you speak to someone or a group of people you don't know well and you therefore use **Sie**, the imperative form is the same as the third person plural present tense, but you add **Sie** after the verb form:

3rd person plural	Imperative	Translation
sie befestigen	Befestigen Sie!	*Attach!*
sie hängen auf	Hängen Sie auf!	*Hang up!*
sie kleben	Kleben Sie!	*Glue!*

 As you can see from the example with **aufhängen,** *when forming the imperative with separable verbs the prefix goes to the end* (**aufhängen** → **Hängen Sie auf!***)

3 The imperative for a person that you know well derives from the present tense form of the second person singular. You simply drop the **-st** ending, unless the **-s-** is part of the stem of the verb:

2nd person singular	Imperative	Translation
du bohrst	Bohr!	*Drill!*
du packst aus	Pack aus!	*Unpack!*
du baust zusammen	Bau zusammen!	*Assemble!*
du liest	Lies!	*Read!*

4 Verbs with an umlaut in the second person, but not in the infinitive, drop that umlaut for the imperative:

Infinitive	2nd person singular	Imperative	Translation
fahren	du fährst	Fahr!	*Drive!*
schlafen	du schläfst	Schlaf!	*Sleep!*

5 Verbs ending in **-eln** and **-ern** have a different imperative form for the second person singular:

Infinitive	2nd person singular	Imperative	Translation
wechseln	du wechselst	Wechsle!	*Change!*
ändern	du änderst	Ändere!	*Change!*

*Just as with **Sie**, you can also add **du** and **ihr** after the imperative if you want to strongly emphasize who should be doing something. **Stell _du_ die Leiter auf und Peter holt währenddessen das Werkzeug aus dem Auto.** (YOU put up the ladder and Peter will fetch the tools from the car in the meantime.)*

6 As in most languages, the verbs **haben**, **sein** and **werden** all have irregular imperative forms for the second person singular. In addition to that, **sein** has a different form when you address someone or several people you don't know:

haben	sein	werden
Hab Geduld!	Sei still!	Werd nicht böse!
Habt Geduld!	Seid still!	Werdet nicht böse!
Haben Sie Geduld!	Seien Sie still!	Werden Sie nicht böse!

B **The owner of a decorating firm has a lot of work to do and delegates some tasks to his new apprentice. Form sentences using the imperative remembering that in a German-speaking context someone in his position would normally use *Sie*.**

1 die Pinsel auswaschen
    Waschen Sie die Pinsel aus!

2 den Farbeimer (paint bucket) zum Auto tragen

    _____

3 das restliche Malerwerkzeug einpacken

    _____

4 zum Kunden fahren

    _____

5 alles auspacken

    _____

6 den Boden mit Folie (foil) auslegen

    _____

7 die Nägel aus der Wand ziehen

    _____

8 die Lichtschalter abmontieren

    _____

9 die alte Tapete abreißen

    _____

10 zurück zur Werkstatt fahren

    _____

C **After a few months, the two of them are on now first name terms and less formal. Change the sentences accordingly.**

1 _____
2 _____

3	_____
4	_____
5	_____
6	_____
7	_____
8	_____
9	_____
10	_____

Vocabulary

D **Look at the tools described here. Choose one from the list provided. Don't forget to look up their article if you don't know it.**

> **Bohrmaschine   Hammer   Nagel   Säge   Schere**
> **Schraube   Schraubenzieher   Zange**

1   Damit zieht man Nägel aus der Wand   _____

2   Damit kann man Löcher in die Wand machen   _____

3   Damit schlägt man Nägel in die Wand   _____

4   Damit dreht man Schrauben in die Wand   _____

5   Damit kann man etwas schneiden   _____

6   Daran kann man etwas an die Wand hängen   _____

7   Damit zerteilt man einen Baumstamm   _____

8   Braucht man für 4   _____

E **Complete with the correct form of the imperative for the second person plural using the verbs in brackets.**

1   _____ (absägen) die Zweige vom Baum _____!

2   _____ (ausstellen) das Gerät nachher wieder _____!

3   _____ (bohren) nicht zu große Löcher in die Wand!

4   _____ (sein) mit der Säge vorsichtig!

5   _____ (einsetzen) den Filter schon mal in den Trichter _____!

6   _____ (aufpassen) mit der Steckdose _____!

7   _____ (rausziehen) den Stecker vorher _____!

8   _____ (kontrollieren) den Strom vorher!

9   _____ (anfassen) die Glühbirne nicht, _____, die ist sehr heiß!

10 _____ (hinunterdrücken) den Schalter erst _____, wenn der Stecker steckt!

F   Rewrite these sentences using the imperative.

1   Kannst du bitte die Glühbirne auswechseln?

_____

2   Ihr sollt die Bilder aufhängen.

_____

3   Du sollst die Schrauben festziehen.

_____

4   Können Sie das Bett zusammenbauen?

_____

5   Könnt Ihr die Anleitung vorlesen?

_____

6   Sie sollen die Heizung reparieren.

_____

7   Können Sie den Spiegel schon anbringen?

_____

G   The Schneiders have bought a new wardrobe, but they still have to assemble it. Translate the adverbials of time in the following sentences. They will show you how to form instructions.

1   Zuerst packten die Kinder die einzelnen Möbelteile aus.   _____, _the children unpacked all the furniture parts._

2   Dann las Michael die Anleitung vor.   _____, _Michael read out the instructions._

3   Danach überprüfte Veronika, dass keine Schrauben fehlten.   _____, _Veronika checked that no screws were missing._

4   Anschließend bauten sie gemeinsam die ersten Teile zusammen.
    _____, _they assembled the first parts._

5   Im Anschluss daran brachten sie die Türen an.   _____, _they attached the doors._

6   Aber zunächst schraubte Angelika noch die Kleiderstange fest.   _But_ _____, _Angelika bolted on the clothes rail._

7   Zum Schluss zog Michael noch einmal alle Schrauben fest.   _____, _Michael tightened up all screws again._

8   Zuallerletzt hängte Veronika die Kleider in den neuen Schrank.
    _____, _Veronika hung the clothes in the new wardrobe._

H   Angelika, Michael and Veronika's father supervises the assembling of the wardrobe and gives his children instructions. What does he say exactly? Turn all the actions described in G into imperatives.

1   Packt zuerst die einzelnen Möbelteile aus!

2   _____

3   _____

4   _____

5	_____	
6	_____	
7	_____	
8	_____	

📖 Reading

I Helene Huber has been given a new electrical appliance for her birthday. Read the beginning of the user manual for it. What did she get?

	Gebrauchsanweisung
	Spülen Sie alle Teile des Geräts vor dem ersten Gebrauch ab. Tauchen Sie dabei jedoch
	die elektrischen Teile nicht unter Wasser! Füllen Sie Wasser in den Wasserbehälter.
	Achten Sie dabei auf die Markierung "2" bzw. "4", je nachdem wie viele Tassen Sie
	wollen. Dann nehmen Sie den Filter und befüllen ihn mit der nötigen Menge an
	gemahlenem Espressopulver. Drücken Sie das Pulver im Filter nicht fest! Entfernen
	Sie Reste des Pulvers vom Rand des Filters, damit das Gerät später komplett
	schließt. Setzen Sie anschließend den gefüllten Filter in den Trichter und setzen Sie
	diesen in den Wasserbehälter ein. Schrauben Sie das Oberteil auf den Wasserbehälter.
	Geben Sie acht, dass das Oberteil gerade sitzt. Stellen Sie nun die fest verschraubte
	Kanne auf das Unterteil und stecken Sie den Stecker in die Steckdose. Schalten Sie
	das Gerät an, indem Sie den Ein-/Ausschalter hinunterdrücken. An der leuchtenden
	Kontrolllampe können Sie erkennen, ob das Gerät noch läuft. Öffnen Sie den Deckel
	erst, wenn das Licht erloschen ist und der Espresso fertig ist. Vergessen Sie nicht
	den Stecker wieder zu ziehen. Fassen Sie das Gerät nur am Griff an, damit Sie sich
	nicht verbrennen. Servieren Sie den fertigen Espresso oder genießen Sie ihn selbst!

V

der Wasserbehälter	*water container*	**verschrauben**	*to screw together*
der Filter	*strainer*	**leuchten**	*to be on*
der Trichter	*funnel*	**der Deckel**	*lid*
das Oberteil	*upper part*	**der Griff**	*handle*

J Answer the following questions in German.

1 Welche Teile des Geräts dürfen nicht in Wasser getaucht werden?

_____

2 Wie viele Tassen Espresso kann das Gerät maximal kochen?

_____

3 Was passiert, wenn man das Pulver nicht vom Rand des Filters entfernt?

_____

4 Was muss man machen, um das Gerät einzuschalten?

_____

5 Wozu ist die Kontrolllampe da?

_____

6 Was passiert, wenn man das Gerät nicht am Griff anfasst?

_____

Vocabulary

K Find the words and phrases that match these definitions/synonyms. They are all in the text.

1 die Benutzung   _____

2 die Kennzeichnung/Beschriftung   _____

3 es hängt davon ab   _____

4 Gegenteil von locker   _____

5 völlig   _____

6 Gegenteil von leer   _____

7 aufpassen   _____

8 ausgehen   _____

Writing

L Are you particularly good at a DIY task? Explain to a friend how to do it properly. Try to use the imperative and write between 80–100 words. If you prefer, you can choose a different activity.

_____

_____

_____

_____

_____

_____

_____

_____

Self-check

Tick the box which matches your level of confidence.

1 = very confident;   2 = need more practice;   3 = not confident

Kreuze in der Tabelle an, wie sicher du dich fühlst.

1 = sehr sicher;   2 = brauche mehr Übung;   3 = eher unsicher

	1	2	3
Know how to form the imperative of verbs.			
Know other ways of expressing commands and requests.			
Can understand everyday signs and notices: in public places, such as streets, restaurants, railway stations. (CEFR A2)			
Can understand simple technical information, such as operating instructions for everyday equipment. (CEFR B1)			
Can understand detailed instructions reliably. (CEFR B2)			
Can describe how to do something, giving detailed instructions. (CEFR B1)			
Can write clear, detailed descriptions, marking relationships between ideas in clear connected text. (CEFR B2)			

For more information on the formal and informal use of you, refer to *Complete German*, Unit 4.

13 Man muss hart arbeiten, damit man Erfolg im Arbeitsleben hat

You have to work hard to have a successful career

In this unit you will learn how to:

- Identify and use subordinate clauses.
- Give extra information using subordinate clauses.

CEFR: Can give reasons and explanations and defend own point of view (CEFR B1–B2); Knows a variety of job- and work-specific vocabulary (CEFR B2) ; Can understand a fairly complex text about the professional working world (CEFR B2).

Meaning and usage

Subordinate clauses

1   Subordinate clauses are incomplete sentences as far as meaning is concerned. They act as a supplement to the main clause and – usually – don't stand on their own:

Ich bin krankgeschrieben, _weil ich einen gebrochenen Arm habe_. (*I am off sick because I have got a broken arm.*)

Der Abteilungsleiter beruft immer eine Sitzung ein, _wenn es Probleme mit dem Dienstplan gibt_. (*The head of department always calls a meeting when there are problems with the roster.*)

2   From a grammatical point of view, subordinate clauses are complete sentences: they have a subject with its conjugated verb:

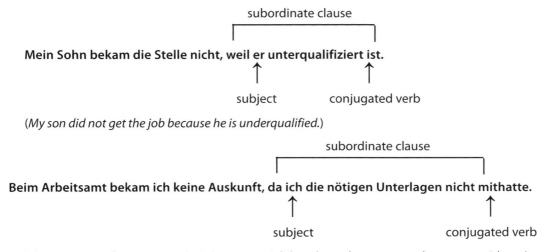

subordinate clause

Mein Sohn bekam die Stelle nicht, weil er unterqualifiziert ist.

↑ subject   ↑ conjugated verb

(*My son did not get the job because he is underqualified.*)

subordinate clause

Beim Arbeitsamt bekam ich keine Auskunft, da ich die nötigen Unterlagen nicht mithatte.

↑ subject   ↑ conjugated verb

(*I did not get any information at the job centre as I did not have the necessary documents with me.*)

General rules for subordinate clauses

1 The most important rule about subordinate clauses is that the conjugated verb moves from its usual position in a German sentence (Position 2) and goes to the end of the subordinate clause. Other sentence elements, such as time, manner and place are in the normal order:

Du musst dich auf viele Stellen bewerben, wenn du einen Job bekommen _möchtest_.
(*You have to apply for many positions if you would like to get a job.*)

Herr Schmidbauer schrieb viele Bewerbungsschreiben, während er arbeitslos _war_.
(*Mr Schmidbauer wrote many application letters while he was unemployed.*)

Der Vorarbeiter überwacht seine Arbeiter genau, seit es einen Arbeitsunfall _gegeben hat_.
(*The foreman has supervised his workers carefully ever since there was an accident at work.*)

 As you can see in this last example, the conjugated verb goes right at the very end, even after the past participle **gegeben**!

2 Subordinate clauses can come before or after the main clause. When they precede the main clause, the conjugated verb of the main clause must immediately follow the subordinate clause. Since the subordinate clause occupies Position 1 in the sentence, the main verb has to come in its normal Position 2. Because the verb of the main clause comes where it does, its subject comes after, not before, it:

Position 1	Position 2	Rest of sentence	
Weil er mehr Geld wollte,	suchte	er um eine Gehaltserhöhung an.	*Because he wanted more money, he applied for a pay rise.*
Während sie beim Bewerbungsgespräch war,	bekam	sie bereits eine Zusage von einer anderen Firma.	*While she was in the job interview, she received a job offer from another company.*

A Change the position of the subordinate clause.

1 Der Vorgesetzte bot ihm eine bessere Stelle an, weil er ein sehr guter Arbeiter ist. Weil er
   _____, _____ an.

2 Roberts Vater verdient viel Geld, obwohl er nur halbtags arbeitet. Obwohl er _____
   _____, _____ Geld.

3 Der Professor versuchte zu erforschen, ob intellektuell fordernde Berufe Alzheimer vorbeugen. Ob intellektuell fordernde Berufe _____,
   _____ zu erforschen .

4 Langjährige Berufserfahrung war der wichtigste Faktor, da alle Bewerber eine gute Ausbildung hatten. Da alle _____, _____
   Faktor.

3 Subordinate clauses can also define another subordinate clause more closely and can be linked together:

Mein Vorgesetzter kündigte meiner Kollegin, weil die Firma kein Geld mehr hatte, nachdem letzten Herbst die Aufträge ausgeblieben waren. (*My boss laid my colleague off because the company had no money after orders failed to materialize last autumn.*)

Die Bewerbung wird bearbeitet, während du auf Urlaub bist, wenn du sie heute noch abgibst. (*If you hand it in today, your application will be dealt with whilst you are on holiday.*)

There is always a comma before a subordinate clause, or after it, when it is followed by the main clause!

Subordinating conjunctions

1 Except in the case of relative clauses, subordinate clauses are introduced by a subordinating conjunction:

Knowing the subordinating conjunctions will help you recognize subordinate clauses right away.

Subordinating conjunction	English equivalent	Example
wenn	*if/whenever*	**Der Abteilungsleiter beruft immer eine Sitzung ein, _wenn_ es Probleme mit dem Dienstplan gibt.** (*The head of department always calls a meeting when there are problems with the roster.*)
als	*when (temporal)*	**_Als_ ich in der anderen Abteilung arbeitete, bekam ich mehr Lohn.** (*When I was working in the other department, I got paid more.*)
als	*than (comparison)*	**Meine Mitarbeiter sind unzufriedener, _als_ ich erwartet habe.** (*My colleagues are unhappier than I expected.*)
bis	*until*	**Ich werde sparen müssen, _bis_ meine Gehaltserhöhung genehmigt wird.** (*I will have to save until my pay rise has been approved.*)

während	*while*	**Herr Schmidbauer schrieb viele Bewerbungsschreiben, _während_ er arbeitslos war.** (*Mr Schmidbauer wrote many application letters while he was unemployed.*)
bevor	*before*	**_Bevor_ ich mich um den begehrten Posten bewerben konnte, musste ich alle Unterlagen auf den neuesten Stand bringen.** (*Before I could apply for the sought-after post, I had to update all my documents.*)
seit	*since*	**Der Vorarbeiter beobachtet seine Arbeiter genau, _seit_ es einen Arbeitsunfall gegeben hat.** (*The foreman has been keeping a careful eye on his workers ever since there was an accident at work.*)
nachdem	*after*	**_Nachdem_ wir mit der Gewerkschaft gesprochen hatten, wurden unsere Arbeitsbedingungen besser.** (*After we had spoken to the Union, our working conditions improved.*)
solange	*as long as*	**_Solange_ die Arbeitszeiten flexibel sind, kann ich Familie und Arbeit vereinbaren.** (*As long as work times are flexible, I can balance family and work.*)
weil	*because/as/since*	**Ich bin im Krankenstand, _weil_ ich einen gebrochenen Arm habe.** (*I am off sick because I have got a broken arm.*)
da	*because/as/since*	**Beim Arbeitsamt bekam ich keine Auskunft, _da_ ich die nötigen Unterlagen nicht mithatte.** (*I did not get any advice at the job centre as I did not have the necessary documents with me.*)
ob	*if/whether*	**Leider kann ich Ihnen nicht sagen, _ob_ in meinem Betrieb bald eine Stelle frei wird.** (*Unfortunately, I cannot tell you whether there will be a vacancy in my company any time soon.*)

obwohl	although	Er bekam die Stelle nicht, _obwohl_ er besonders gut qualifiziert war. (_He did not get the job, although he was especially well qualified._)
dass	that	Es war mir klar, _dass_ ich am Ende des Jahres befördert werde. (_It was clear to me that I am going to be promoted at the end of the year._)
damit	so that / in order to	Der Angestellte arbeitete besonders hart, _damit_ sein Arbeitgeber keinen Grund für eine Kündigung hat. (_The employee worked especially hard so that his employer would have no grounds for his dismissal._)

2   Some of these subordinating conjunctions also work as prepositions (such as **bis**, **seit**, **während**). This is not a problem, though, as the context will always make the role and meaning of these words very clear:

Ich werde sparen müssen, _bis_ (= conjunction) meine Gehaltserhöhung genehmigt wird. (_I will have to save until my pay rise has been approved._)

vs

Ich muss heute _bis_ (= preposition) 12 Uhr arbeiten. (_I have to work till 12 o'clock today._)

Herr Schmidbauer schrieb viele Bewerbungsschreiben, _während_ (= conjunction) er arbeitslos war. (_Mr Schmidbauer wrote many application letters while he was unemployed._)

vs

Während (= preposition) deines Urlaubes musste der Chef eine Vertretung einstellen. (_During your holiday, the boss had to employ a substitute._)

B   Sort the job-specific vocabulary into the appropriate category. Don't forget to look up the articles for the nouns, and the different tenses of the verbs. Then use the verbs in the sentences that they fit best.

Abteilungsleiter/in (_divisional/departmental manager_)   **Krankenstand** (_sick leave_)
Urlaub (_holiday_)   **befördern** (_to promote_)   **kündigen** (_to fire/to give somebody notice_)
Freizeit (_free time_)   **Werkstatt** (_workshop_)   **Arbeitslosigkeit** (_unemployment_)
Angestellte/r (_employee_)   **Betrieb** (_business/company_)   **Vorarbeiter/in** (_foreman_)
verdienen (_earn_)   **Lehrling** (_apprentice_)   **Elektriker/in** (_electrician_)   **Firma** (_company_)
Büro (_office_)   **erledigen** (_to carry something out_)   **Mechaniker/in** (_mechanic_)
Kellner/in (_waiter_)   **Ferien** (_holiday period_)   **Pause** (_break_)   **Werk** (_plant_)
Schreibtisch (_office desk_)   **Beamter/Beamtin** (_civil servant_)   **Ruhestand** (_retirement_)
entlassen (_to dismiss_)   **einstellen** (_to employ_)   **Arbeitsplatz** (_workplace_)
Abteilung (_department_)

Orte, an denen man arbeitet	Menschen, die arbeiten; Jobbezeichnungen	Zu der Zeit arbeitet man nicht	Verben, die sich auf die Arbeitswelt beziehen
		der Krankenstand	

1 Karl _____ bei seiner neuen Stelle nun 10% mehr als bei seiner alten.

2 Sehr geehrte Frau Schober, ich _____ Sie zur Abteilungsleiterin!

3 Mein Onkel musste in seinem Betrieb gestern 4 Mitarbeiter _____, weil sie schon seit Monaten ihre Aufgaben nicht mehr ordentlich _____ hatten.

4 Wem wurde letzten Monat _____?

5 Wegen unserer perfekten Auftragslage können wir dieses Jahr einen neuen Mechaniker und einen zusätzlichen Lehrling _____.

C Using the words from B, complete these sentences. Pay attention to gender and case. Only one word can go into each gap.

1 Der _____ der seit 30 Jahren im Berliner Rathaus arbeitet, geht am 1. Januar 2016 in _____.

2 In seiner _____ geht der Vorarbeiter gerne mit Freunden ins Kino oder er geht wandern, damit er gesund und fit bleibt.

3 Weil in unserem Haus der Strom ausgefallen war, mussten wir einen _____ holen.

4 Seit er von seinem Abteilungsleiter _____ wurde, verdient der Angestellte nun viel mehr.

5 Während mein Mann als Mechaniker in einem großen _____ arbeitet, ist mein Arbeitsplatz ein Schreibtisch in einem kleinen _____.

D There were several reasons why this apprentice didn't get a job. Explain what they were.

Der Lehrling konnte keine Stelle finden, weil...

1 Er hat keine guten Noten.
  Der Lehrling konnte keine Stelle finden, weil er keine guten Noten hat.

2 Er hat ein schlechtes Arbeitszeugnis.
  _____

3 Er hat einen Lebenslauf mit Lücken.
  _____

4 Er kommt oft zu spät.
  _____

5 Er ist nicht verlässlich.
  _____

6 Er kleidet sich nicht ordentlich.
  _____

7 Er hat die Schule mit schlechten Noten abgeschlossen.
  _____

You might hear German speakers using **weil** *in direct speech without putting the verb at the end. This is very colloquial and considered grammatically wrong. Don't let yourself get confused by it. As in English, colloquialisms have their own rules that sometimes make it into the standard language over the decades.*

E Connect the two sentences using weil/da.

1 Warum weiß er von der freien Stelle? Er hat die Annonce in der Zeitung gesehen.
   Er weiß von der freien Stelle, weil/da er die Annonce in der Zeitung gesehen hat.

2 Warum hat er keinen Lebenslauf abgegeben? Er hat ihn vergessen.
   _____

3 Warum möchte er Elektriker werden? Er arbeitet gerne mit elektrischen Maschinen.
   _____

4 Warum ist die Kollegin nicht da? Sie sitzt noch im Bus.
   _____

5 Warum kann sein Bruder den Leistungsdruck nicht aushalten? Er hat zu viel Stress in der Familie.
   _____

6 Warum ist in dieser Firma Mobbing ein großes Problem? Es gibt keinen guten Chef.
   _____

7 Warum kannst du nicht mehr verdienen? Mein Lohnniveau steht so im Arbeitsvertrag.
   _____

F Select the correct subordinating conjunction from the box. With some sentences, more than one conjunction makes sense.

damit	während	seit	obwohl	dass	ob	bis

1	Sie war beschäftigt,		ihr Sekretär eifrig die Unterlagen sortierte.
2	Susi nahm sich vor, so lange am Schreibtisch zu bleiben,		die Arbeit erledigt ist.
3	Die Arbeitskräfte sind unzufrieden,		im Mai 2015 die Verträge geändert wurden.
4	Die Gewerkschaft verlangte,		die Arbeitsbedingungen verbessert werden.

5	Der Mechaniker machte bereits Feierabend,		das alte Auto noch nicht repariert war.
6	Der Chef möchte wissen,		der Bewerber gute EDV-Kenntnisse hat.
7	Die Kellnerin arbeitet schwarz im Hotelgewerbe,		sie mehr Geld für ihre neue Wohnung verdienen kann.

G Complete the subordinate clause with dass using the words in brackets.

1 Der Gewerkschaftsvertreter sah, dass _____. (hoffnungslos | die Sache | war)

2 Du befürchtest, dass _____ _____. (seinen Job | dein Sohn | verlieren wird | dieses Jahr)

3 Es ist schade, dass _____. (wir | in Pension | gehen können | erst übernächstes Jahr)

4 Der Personalchef hatte den Eindruck, dass _____. (zu wenige Personen | die Firma | einstellt)

5 Ich vermute, dass _____. (nicht besser | das Arbeitsklima | wird)

6 Der Boss möchte, dass _____. (wir | gut | ihm | zuhören)

📖 Reading

H Read the article and answer the questions. Use the subordinate conjunctions da or weil.

REGELN UND BESTIMMUNGEN: ARBEITEN IN DEUTSCHLAND

Wenn Sie aus einem Land der EU, oder aus Island, Liechtenstein, Norwegen oder der Schweiz kommen, können Sie in Deutschland leben und arbeiten, weil es europaweite Vereinbarungen gibt.

Alle anderen Ausländerinnen und Ausländer brauchen zum Arbeiten in Deutschland ein Visum. Vor allem Ingenieure aus den Bereichen Metall- und Maschinenbau, Mechatronik und technische Forschung bekommen ziemlich schnell eine Arbeitserlaubnis, da ihre Berufe sehr gefragt sind. Bevor es die neue "EU Blue Card Germany" gab, war es für hoch qualifizierte Fachkräfte aus Nicht-EU-Staaten schwer, eine Arbeitserlaubnis zu bekommen.

---

1   Was müssen Sie bedenken, wenn Sie in Deutschland arbeiten wollen?
    _____

2   Warum ist es für ein en Norweger leichter in Deutschland zu arbeiten als für
    einen Russen?
    _____

3   Warum ist es jetzt leichter, eine Arbeitserlaubnis zu bekommen?
    _____

I   **Now read the rest of the article and answer the questions.**

Nur für einige Berufe ist in Deutschland eine staatliche Anerkennung nötig, das betrifft etwa Lehrer oder medizinisches Personal.

Ob Ihre Qualifikationen zu den angebotenen Stellen passen, erfahren Sie bei der Bundesagentur für Arbeit. Das Internet spielt in Deutschland eine große Rolle bei der Arbeitssuche, während gedruckte Stellenangebote in Zeitungen immer mehr verschwinden. Viele große Betriebe und Werke veröffentlichen ihren Bedarf auch auf ihren Firmen-Webseiten. Jedoch helfen persönliche Kontakte zu Firmen sehr bei der Arbeitssuche. Es ist deswegen wichtig, Netzwerke zu knüpfen.

Deutschkenntnisse sind immer noch sehr wichtig, obwohl viele große Betriebe Englisch als Handelssprache verwenden. Geben Sie bei einer Bewerbung deswegen Ihre Deutschkenntnisse deutlich an, damit Ihre potentiellen Vorgesetzten gleich sehen, dass Sie sich auch sprachlich gut integrieren können.

1   Warum ist es wichtig, ein gutes Netzwerk in Deutschland zu haben?
    _____

2   Warum soll man bei einer Bewerbung auch angeben, dass man auch Deutsch spricht?
    _____

J The article contains many subordinate clauses. Write as many as you can and then underline the subordinating conjunction and its related conjugated verb.

1 <u>Wenn</u> Sie aus einem Land der EU, aus Island, Liechtenstein, Norwegen oder der Schweiz <u>kommen</u>, ...

2 _____

3 _____

4 _____

5 _____

6 _____

7 _____

8 _____

9 _____

Vocabulary

K Find these words in the reading text. What is missing are important nouns for the job market.

	Gesuchtes wort im singular	Anagramm	Englische entsprechung	Deutsches synonym
1	die ...	VENRIBAERNUG		die Abmachung
2	das ...	IUSVM		die Einreiseerlaubnis
3	der ...	RINGNIEEU		der Techniker
4	die ...	FGRSOCHUN		die Wissenschaft
5	die ...	AAFCKRFTH		der/die Sachkundige
6	die ...	ANRNEKENNGU		die Bestätigung
7	das ...	SOTTELNALENGEB		die Vakanz
8	die ...	WEBERBUNG		die Kandidatur

 # Writing

L **What is the job market in your country like? Could a German simply apply for a job or are there restrictions? In a similar style to the reading text, write a short report (approximately 120 words) about the situation in your country.**

_____

_____

_____

_____

_____

_____

_____

_____

Self-check

Tick the box which matches your level of confidence.

  1 = very confident;   2 = need more practice;   3 = not confident

Kreuze in der Tabelle an, wie sicher du dich fühlst.

  1 = sehr sicher;   2 = brauche mehr Übung;   3 = eher unsicher

	1	2	3
Can identify subordinate clauses.			
Knows that subordinate clauses are not independent sentences but give further information about what is conveyed in the main clause.			
Can form subordinate clauses using a number of conjunctions.			
Can give reasons and explanations and defend my own point of view. (CEFR B1–B2).			
Knows a variety of job- and work-specific vocabulary (CEFR B2).			
Can understand a fairly complex text about the professional working world. (CEFR B2).			

For more information on the plural of nouns and the accusative, refer to _Complete German_, Unit 23.

14 Theater und Oper oder Kino und Festival?

Theatre and opera or cinema and festival?

In this unit you will learn how to:

✓ Give structure to what you write.

✓ Use coordinating conjunctions and discourse markers.

CEFR: Can understand texts about everyday entertainment such as cinema or theatre (CEFR B1); Can write in detail about personal entertainment preferences and own world of entertainment (CEFR B2).

Meaning and usage

Coordinating conjunctions and discourse markers

1 Coordinating conjunctions join sentences and ideas together and link otherwise independent sentences. Discourse markers is the technical name for words such as *so* or *nevertheless* in English, which you use to structure the way you talk or write about something.

2 **Und** links two sentences and will make your German writing smoother, as you can leave out the second subject if both main clauses share the same subject:

Marlene Dietrich ist für ihre Filme bekannt. Marlene Dietrich spielte auch Theater. → **Marlene Dietrich ist für ihre Filme bekannt <u>und</u> spielte auch Theater.** (*Marlene Dietrich is known for her films and also acted in the theatre.*)

Das Publikum applaudierte dem Schauspieler. Das Publikum jubelte laut. → **Das Publikum applaudierte dem Schauspieler <u>und</u> jubelte laut.** (*The audience applauded the actor and cheered loudly.*)

Just as in English, you can link more than two clauses with the same subject by using commas and only inserting an **und** before the last clause in the list.

Der Künstler spielte auf der Bühne, genoss den Applaus, unterhielt sich hinter der Bühne mit einigen Schauspielern <u>und</u> freut sich über den Erfolg seiner Werke. (*The artist acted on stage, enjoyed the applause, talked to some actors behind the scenes and is glad about the success of his works.*)

3 You use **aber** to emphasize a contrast between clauses:

Das Kino ist ganz neu, <u>aber</u> es gibt immer noch nicht genügend Sitzplätze. (*The cinema is brand new, but there are still not enough seats.*)

Das Ticket kostet 17 €, <u>aber</u> im Vorverkauf kann man es auch billiger bekommen. (*Tickets cost €17, but you can get them cheaper by advance booking.*)

4 **Oder** joins clauses that offer alternatives:

Möchtest du in die Disco gehen _oder_ möchtest du lieber einen entspannten Abend daheim verbringen? (*Would you like to go to the disco or would you prefer to spend a relaxed evening at home?*)

Margit schreibt eine Rezension in ihrem Blog _oder_ sie schickt die Theaterkritik direkt an eine Zeitung. (*Margit will write a review on her blog or she will send the review of the play directly to a newspaper.*)

5 **Denn** has a causal meaning and is equivalent to *because* or *for*: it introduces a reason. This is why it can never come before the clause it explains; it introduces the explanation for the first clause:

Der Schriftsteller konnte seinen Roman nicht fortsetzen, _denn_ er hatte keine Ideen mehr. (*The writer could not continue his novel, because he had run out of ideas.*)

Rosa wollte nicht ins Kino gehen, _denn_ der Eintritt war ihr zu teuer. (*Rosa did not want to go to the cinema, as the admission was too expensive for her.*)

What is the difference between **weil** *and* **denn**? **Denn** *introduces a <u>main clause</u>, whereas* **weil** *introduces a <u>subordinate clause</u> and thus sends the verb to the end of that clause.* **Weil** *can precede the clause it is linked to, whereas* **denn** *never can:* **Weil ein Leser die Komödie nicht verstanden hatte, schrieb er eine negative Kritik.** (*Because a reader had not understood the comedy, he wrote a negative review.*) **Ein Leser schrieb eine negative Kritik, _denn_ er hatte die Komödie nicht verstanden.** (*A reader wrote a negative review because he had not understood the comedy.*)

6 **Sondern** helps you to explain that two ideas are incompatible. **Sondern** always follows a negative:

Diese Szene ist nicht vor der Pause, _sondern_ kommt erst im zweiten Teil. (*This scene is not before the interval, but comes in the second part.*)

As with **und** and **aber**, when the subject and the predicate are the same in both clauses, they can be omitted in the second:

Der Schauspieler war nicht berühmt, _sondern_ (er war) fast vergessen. (*The actor was not famous, but (he was) almost forgotten.*)

Das war keine Romanze, _sondern_ ein schlechter Actionfilm. (*It was no romance but a bad action film.*)

Note how German uses **sondern** *not* **aber** *for ... but also ... Using* **aber** *is a common mistake that English native speakers make.*

7 **Sondern** is often used together with **nicht nur**. The English equivalent is *not only ... but also ...*

Die Filme von Haneke sind _nicht nur_ sehr berühmt, _sondern_ haben auch schon viele Preise gewonnen. (*Haneke's films are not only very famous, but have also won lots of awards.*)

Meine Mutter geht diese Woche _nicht nur_ zu einem Konzert, _sondern_ auch in die Oper. (*My mother is not only going to a concert this week, but also to the opera.*)

A Analyse the following sentences and put the sentence elements in the relevant position in the clause.

	First clause				Conjunction	Second clause				
	Pos. 1	Pos. 2	Pos. 3	Pos. 4	Conjunction	Pos. 1	Pos. 2	Pos. 3	Pos. 4	Pos. 5
1										
2										
3										
4										
5										
6										

1 Das Konzert gefiel meiner Mutter, aber sie fand die Oper nicht überzeugend.
2 Der Regisseur arbeitete nicht mit dem berühmten Schauspieler, sondern er engagierte neue Talente.
3 Im Theater können Künstler arbeiten und sie können mit anderen neue Ideen besprechen.
4 Fritz kam zu spät ins Kino, denn sein Bus hatte eine Panne.
5 Manche Autoren schreiben in einem Büro oder sie gehen in ein Café.
6 Marilyn Monroe war in Amerika berühmt und sie hatte auch in der Schweiz viele Fans.

B Using *und*, join the sentences together. Remember not to repeat the subject if it is the same in both sentences.

1 Das Kammerorchester erscheint um 18 Uhr zur Probe. Der Chor kommt um 19 Uhr.
_____

2 Die Kapelle besteht aus 20 Musikern. Es gehört auch eine Dirigentin dazu.
_____

3 Die Oper beginnt mit einer wunderbaren Ouvertüre. Die Oper endet mit einer besonders schönen Arie.
_____

4 Meine Großeltern gehen gerne ins Konzert. Meine Eltern gehen gerne mit ihnen mit.
_____

C Make one longer sentence out of the two separate ones using *aber, denn, oder, sondern* or *und*.

1 Klara möchte in einer Band spielen. Sie liebt das Musizieren und Singen.
_____

2 Der Maler stellte heute kein Ölgemälde fertig. Er skizzierte sein nächstes Aquarell.
_____

3 Im Vordergrund sieht man einen Baum. Im Hintergrund sieht man einen See.
_____

4 Das Kunstwerk ist sehr schön. Meine Familie kann es sich nicht leisten.
_____

5   Diese Skulptur stellt einen Dirigenten dar. Sie stellt einen alten Mann mit Stock dar.

_____

6   Das Theaterstück war ein Erfolg. Alle Besucher waren zufrieden.

_____

7   Herbert spielt heute die erste Geige. Er hat die Geige daheim vergessen.

_____

8   Gestern kam ich zu spät zum Konzert. Ich hatte meinen Bus verpasst.

_____

9   Dieser Film ist gar nicht kitschig. Er ist eine sehr schöne Liebesgeschichte.

_____

Meaning and usage

Conjunctive adverbs

1   If you want to express the idea that the content of one sentence is a result or a cause of another, you use **so** (*so/thus*), **also** (*thus*), **folglich** (*hence*), **daher** (*because of that, thus*), **deswegen** (*so, therefore, for that reason*) or **darum** (*for that reason*). They are usually interchangeable, just as they are in English:

Der Schauspieler war verletzt, _deswegen_ konnte er nicht spielen. (*The actor was injured, and for that reason he couldn't perform.*)

Im Konzertsaal war die Akustik sehr gut, _so_ konnte man jedes Instrument genau hören. (*The acoustics were very good in the concert hall, so you could hear every instrument very clearly.*)

Der Bildhauer möchte eine Frauenskulptur schaffen, _folglich_ sucht er jetzt nach einem Model. (*The sculptor wants to create a sculpture of a lady, hence he is looking for a model.*)

2   You use **allerdings** (*however, though*), **dennoch** (*nevertheless/nonetheless*), **jedoch** (*however/though*) and **trotzdem** (*regardless/all the same*) to link two ideas where the second is surprising in view of what has just been said about the first:

Juliane fand den Abend in der Disco toll, _allerdings_ war es nicht ihre Musikrichtung. (*Juliane thought that the evening in the disco was great, though it wasn't her style of music.*)

Ins Kino gehe ich normalerweise sehr gerne, _dennoch_ bleibe ich heute zuhause, weil ich eine Seminararbeit schreiben muss. (*I usually like going to the cinema, nevertheless I'll stay at home tonight because I have to write a seminar paper.*)

Das Kunstwerk ist sehr modern, _trotzdem_ gefällt es meinem konservativen Schwager. (*The piece of art is very modern, but my conservative brother-in-law likes it regardless.*)

3   **Da** (*when/as*), **dann** (*then*), **danach** (*after that*) and **inzwischen** (*in the meantime*) are called 'temporal conjunctions' and link events in time:

Meine Frau ging und kaufte die Karten, _inzwischen_ holte ich ein Programm. (*My wife went and bought the tickets, and in the meantime I fetched a programme.*)

You use **da** if you need to express a sudden change to another action:

Der Kinofilm war noch gar nicht zu Ende, _da_ begannen die ersten Leute schon zu gehen. (*The film hadn't really finished at all, when the first people started leaving.*)

Da *can also be used with the same meaning as* **weil** *(because), but it's easy to distinguish the two meanings because of context and sentence structure; the temporal* **da** *does not introduce a subordinate clause and thus does not send the verb to the end.*

Dann and **danach** link two sentences that form a sequence:

Zuerst gehen wir zum Abendessen, _dann_ treffen wir unsere Freunde zum Konzert. (*First we'll go and have dinner, then we'll meet our friends for the concert.*)

Die Schauspielerin schloss ihr Studium ab, _danach_ arbeitete sie am Kölner Theater. (*The actress finished her degree; after that she worked for the theatre in Cologne.*)

 D As in A, separate the sentences and put the parts into the table. How do the two tables differ? Where do the conjunctions *aber, denn, oder, sondern* **and** *und* **and the conjugated verb of the second clause come in that table and where in this one?**

| | First clause | | | | Second clause | | | | | |
	Pos. 1	Pos. 2	Pos. 3	Pos. 4	Conjunction	Pos. 1	Pos. 2	Pos. 3	Pos. 4	Pos. 5
1										
2										
3										
4										
5										
6										

1 Zuerst gehen wir zum Abendessen, dann treffen wir meine Mutter im Theater.
2 Der Musiker kam gerade aus dem Haus, da begann der Regen.
3 Lisa war nicht gesund, trotzdem begleitete sie uns in die Bar.
4 Der Dirigent kam zu spät, deswegen begann das Orchester ohne ihn.
5 Ich möchte einen Kulturabend machen, daher fahre ich nach Wien.
6 Deutschland ist bekannt für seine Festivals, also findet ihr sicher ein tolles Festival.

How to use these conjunctions

1 **Aber, denn, oder, sondern** and **und** are in Position 0 when joining sentences. This means you do not need to think about sentence structure. You just slot these words between clauses:

| First clause | | | Pos. 0 | Second clause | | | | |
Pos. 1	Pos. 2	Pos. 3	conjunction	Pos. 1	Pos. 2	Pos. 3	Pos. 4	Pos. 5
Das Konzert	gefiel	meiner Mutter,	_aber_	sie	fand	die Oper	nicht	überzeugend.

2 All connectors from Points 6–8, however, are in Position 1. Keeping to the basic rule that the German conjugated verb always comes in second position in a main clause, this simply means that the conjunction is followed by the verb, and then the subjects and objects follow:

First clause				Pos. 1	Second clause	
Pos.1	Pos.2	Pos.3	Pos. 4	conjunction	Pos.2	Pos.3
Der Musiker	**kam**	**gerade**	**aus dem Haus,**	<u>*da*</u>	**begann**	**der Regen.**

Have you noticed? All these connectors except **oder** *and* **und** *have a comma before them.*

3 You can also use these connectors at the beginning of a new sentence when you want to link the content of two sentences together, thereby creating a more coherent text without actually making one sentence out of two. This is often done when sentences would otherwise get too long:

Die Rave-Party dauerte von Mitternacht, als die meisten den Veranstaltungsort endlich gefunden hatten, bis ungefähr 6 Uhr in der Früh. <u>*Dann*</u> kam die Polizei und die meisten konnten weglaufen, aber einige Organisatoren mussten zur Polizeiwache kommen.
(*The rave party lasted from midnight, when most people had finally found the location, until roughly 6 o'clock in the morning. Then, the police came and most people were able to run away, but some of the organizers had to go to the police station.*)

E Deswegen, allerdings, da, dann, folglich, inzwischen, trotzdem: which one fits?

1 Der Kritiker analysierte das Stück sehr subjektiv. Ich stimme ihm zu. (*regardless*)

_____

2 Der Rockmusiker kann acht Instrumente spielen. Er hat wenig Zeit mit allen Instrumenten zu üben. (*therefore*)

_____

3 Das Theater hat Betriebsurlaub. Wir müssen uns etwas Anderes für das Abendprogramm überlegen. (*hence*)

_____

4 Ich hab den letzten Spielfilm mit dem Oscar-Preisträger noch gar nicht gesehen. Der neue Film ist schon herausgekommen. (*in the meantime*)

_____

5 Die künstlerische Freiheit ist wichtig. Sie wird oft bedroht. (*however*)

_____

6 Wir hatten kaum unsere Plätze gefunden. Das Konzert begann. (*when*)

_____

7 Im März ging Annette zu einem Konzert der größten irischen Pop-Band. Sie besuchte das Konzert der berühmtesten deutschen Heavy-Metal-Gruppe im April. (*then*)

_____

Vocabulary

F Identify the nouns required here.

1	Oft auch Applaus genannt, man klatscht mit den Händen		B I F E L A L (der)
2	Viele Leute spielen darin gemeinsam Instrumente wie Violine oder Oboe.		S O R C E H E T R (das)
3	Ist für die Gestaltung eines Films ganz wichtig. Er führt Regie.		E R I G E R U S S (der)
4	Wenn viele Leute gemeinsam singen, dann sind sie ein....		O H C R (der)
5	Ein Musiker spielt, damit andere Leute es sich anhören können. Meistens muss man dafür auch Eintritt bezahlen.		Z K O T N E R (das)
6	Erfindet neue Musik, Mozart war einer.		I S K O N T M O P (der)

Reading

G Read the text about a festival in Germany and answer the question.

Kommen Sie zum besten Festival in ganz Mitteleuropa!

Beim Tra-fi-ta-Festival ist der Name Programm! Traum, Film und Tanz stehen im Mittelpunkt unseres viertägigen Festivals, denn wir alle brauchen eine Möglichkeit, dem Alltag zu entkommen und uns mit Freunden zu entspannen.

Am Donnerstagabend beginnt das Festival mit einer großen Eröffnungsfeier. Wie jedes Jahr wird dabei der beste deutsche Film des Jahres auf der großen Leinwand des Kinozeltes gezeigt. Auch dieses Jahr kommen die Regisseure, Schauspieler und Produzenten des Filmes, deswegen bekommen Sie die Möglichkeit, diesen Film mit diesen Experten ganz genau zu analysieren, in die Welt der Filme-Macher einzusteigen und am Ende Fragen zu stellen.

Was kann man sich am Donnerstagabend ansehen?

_____

H Now read the rest of the text and answer the questions.

Der Freitag ist der Tag des Tanzes. In jedem Zelt können Sie verschiedene Tänze ausprobieren oder Sie kommen mit Ihrem Partner und bitten unsere Elite-Tänzer bei einem Tanzkurs um wertvolle Hinweise. Am Freitagabend treffen sich alle Festivalteilnehmer im großen Festzelt und unser beliebter DJ legt die besten Tanz-Lieder auf. Danach laden wir Sie um Mitternacht zu einem besonderen Buffet ein: Genießen Sie einzigartige Gerichte aus allen Ecken Deutschlands und gestärkt können Sie noch bis in den Morgen tanzen.

Auch der Samstag bietet ein volles Programm: Das Thema des Tages ist die Traumwelt. Wir laden Sie ein, sich zu entspannen, mit Traumforschern über Ihre Träume nachzudenken oder sich gleich einen Traum professionell analysieren zu lassen. Den Abend gestalten wir gemütlicher, denn getanzt und ausgelassen gefeiert haben wir bereits gestern. Immerhin wollen Sie ja auch noch den Sonntag nutzen! Spazieren Sie am Sonntag nochmal durch alle Themenzelte, sprechen mit den Experten oder belegen noch einen letzten Tanzkurs!

Das nächste Tra-fi-ta Festival findet vom 3. bis 6. Juni in Hintertupfing statt. Karten gibt es ab Februar im Vorverkauf auf unserer Webseite. Diese sind normalerweise ab April ausverkauft.

Wir freuen uns auf ihren Besuch!

1 Was können die Festivalbesucher am Freitagabend machen?

_____

2 Was für Essen gibt es beim Mitternachtsessen?

_____

3 An welchem Wochentag hat man noch eine letzte Chance auf einen Tanzkurs?

_____

4 Typischerweise gibt es ab wann keine Tickets mehr?

_____

Vocabulary

I The words in the box are all from the reading passage. Find the sentence definitions they belong to.

Alltag	ausgelassen	gemütlich	Hinweis	Leinwand
	Mittelpunkt	Mitternacht	Traum	Vorverkauf

1 Wenn man im _____ steht, dann steht man im Zentrum des Interesses.

2 Viele Leute wollen dem _____ entkommen und die Routine ihres täglichen Lebens hinter sich lassen.

3 Auf einer _____ zeigt man im Kino Filme.

4 Wenn Sie einen _____ bekommen, so gibt Ihnen jemand einen Tipp.

5 Wer sich um _____ trifft, der trifft sich um 24 Uhr.

6 Ein _____ besteht aus Bildern, die man im Schlaf sieht.

7 Wenn es irgendwo _____ ist, dann ist man dort gerne, es herrscht eine entspannte Atmosphäre.

8 Wer _____ ist, der ist in einer ganz frohen Stimmung und denkt nicht an Probleme.

9 Wenn man eine Karte einige Zeit vorher kauft, dann kauft man sie im _____.

J Find the sentence which is impossible.

1	Julia	geht gerne ins regiert im besucht gerne das schaut gerne Filme im	Kino.
2	Der Operndirektor	liest für das spielt selbst in einem freut sich über das tolle engagiert ein neues	Orchester.
3	Der Künstler	hat eine neue Ausstellung im zeichnet neue Werke für das hat einen Vertrag mit dem zieht einen Strich durch das	Museum.
4	Francas Mutter	hat ein Abonnement für das geht regelmäßig ins gießt das freut sich über das	Theater.

✎ Writing

K Do you have a culture-inspired hobby that you enjoy very much? Write an enticing report (approximately 100 words) telling potential newcomers about all its positive aspects and encouraging them to give it a go.

_____

_____

_____

_____

_____

_____

Self-check

Tick the box which matches your level of confidence.

    1 = very confident;   2 = need more practice;   3 = not confident

Kreuze in der Tabelle an, wie sicher du dich fühlst.

    1 = sehr sicher;   2 = brauche mehr Übung;   3 = eher unsicher

	1	2	3
Knows numerous words used to connect sentences and ideas.			
Can apply these words correctly and thus create more cohesive texts.			
Can understand texts about everyday entertainment such as cinema or theatre. (CEFR B1)			
Can write in detail about personal entertainment preferences and own world of entertainment. (CEFR B2)			

15 Wer wird gewinnen?

Who will win?

In this unit you will learn how to:

- ✓ Talk about different kinds of sports.
- ✓ Express plans for the future.
- ✓ Form the future tenses.

CEFR: Can understand a description of events (CEFR B1); Can follow the essentials of a report (CEFR B2); Can write a short text about plans using the future (CEFR B1).

die **VERGANGENHEIT**	die **GEGENWART**	die **ZUKUNFT**
gestern, vorgestern, letzte Woche, usw.	*jetzt, heute, zurzeit, heutzutage, usw.*	*morgen, übermorgen, nächsten Monat, usw.*

Futur II: *sie wird gelacht haben*

Futur I: *sie wird lachen*

Präsens: *sie lacht*

Perfekt: *sie hat gelacht*

Impferfekt: *sie lachte*

Plusquamperfekt: *sie hatte gelacht*

Meaning and usage

Future tenses

1 You use the future tense, also called **Futur I** in German, to refer to an action that will take place at a point after the time of speaking:

Franziska wird ins Fitnessstudio gehen. (*Franziska will go to the gym.*)

Der Athlet wird einen neuen Rekord aufstellen. (*The athlete will set a new record.*)

 You might already know that you can also use the present tense to say that something will happen in the future. The present tense then conveys the idea that the action described is bound to happen: **Franziska _geht_ morgen ins Fitnessstudio.** (*Franziska will definitely go to the gym tomorrow.*)

2 The future perfect tense, also known as **Futur II**, allows you to state that an action will have been completed in the future:

Wenn der Abwehrspieler den Elfmeter verwandelt, wird er insgesamt schon 20 Tore geschossen haben. (*If the defender converts the penalty, he will have already scored 20 goals altogether.*)

Im Herbst nächsten Jahres wird der Kugelstoßer an den Olympischen Spielen teilgenommen haben. (*By autumn next year, the shot-putter will have taken part in the Olympic Games.*)

When it is obvious that you are talking about the future, i.e. the sentence includes an adverbial of time indicating the future, you can use the perfect instead of the future perfect:

Im Herbst nächsten Jahres _hat_ der Kugelstoßer an den Olympischen Spielen _teilgenommen_. (*By autumn next year, the shot-putter will have taken part in the Olympic Games.*)

You will be delighted to hear that, unlike English, German only has these two future tense forms and there is no similar construction to the English 'going to'.

3 Both future tense forms allow you to state with certainty that an action or event will take place or will have taken place in the future. They are often used to show that something will definitely happen even though circumstances might suggest that it won't:

Der Star der Mannschaft wird spielen, obwohl er sich gestern verletzt hat. (*The star of the team will play, even though he got injured yesterday.*)

Das Viertelfinale wird stattgefunden haben, auch wenn es geregnet haben sollte. (*The quarter-final will have taken place, even if it was raining.*)

4 With both forms you can also show that you definitely intend to do something, or that you assume that something will happen or will have happened:

Ich werde mir heute Abend das Spiel im Fernsehen anschauen. (*I am going to watch the match on television tonight.*)

Wegen des Schnees wird der Schiedsrichter das Spiel bestimmt absagen. (*I am pretty certain that the referee will cancel the match due to the snow.*)

Mein Lieblingsverein wird wieder unentschieden gespielt haben. (*I assume that my favourite club will have drawn again.*)

5 Additionally, you can use the future tense forms to express a general assumption or deduction which is not linked to the future:

Ich kann die Fans nicht mehr hören. Das Spiel wird wohl schon vorbei sein. (*I cannot hear the fans anymore. The match must already be over.*)

Sie sieht so traurig aus. Sie wird das Rennen verloren haben. (*She is looking so sad. She will have lost the race.*)

*In those instances, you could add **wohl/wahrscheinlich/vielleicht** to your sentences to emphasize that you are making an assumption:* **Sie wird das Rennen wohl/wahrscheinlich verloren haben.** (*She will probably have lost/is likely to have lost the race.*)

6 **Futur I** can also express a threat or a command:

Du wirst jetzt nicht aufgeben, sondern um jeden Ball kämpfen! (*You are not to give up now, but fight for every ball instead!*)

Wirst du endlich zum Training gehen? (*Will you finally go to your training?*)

A **Explain why the future or future perfect tense is used in these sentences. Remember, the future tense can be used to express intentions, general assumptions, commands, or that something will happen or will have happened.**

1 Ich werde morgen joggen gehen.
Reason: intention

2 Der Trainer wird den Kapitän wohl auswechseln.
Reason: _____

3 Wirst du dich mal anstrengen?
Reason: _____

4 Nächste Woche um diese Zeit wird er sein 100. Länderspiel gespielt haben.
Reason: _____

5 Ich werde im Spiel morgen alles geben.
Reason: _____

6 Sie strengen sich gar nicht mehr an. Sie werden schon aufgegeben haben.
Reason: _____

How to form the future and the future perfect

1 Forming the future tenses is fairly easy as you will only need to know the forms of **werden** and the infinitive. You form the future tense (**Futur I**) by forming the verb **werden** in the present tense and adding the infinitive of the verb you want to put in the future:

	Conjugated form of werden	Infinitive
ich	werde	gewinnen
du	wirst	gewinnen
er, sie, es	wird	gewinnen
wir	werden	gewinnen
ihr	werdet	gewinnen
sie/Sie	werden	gewinnen

2 For the future perfect (**Futur II**) you also form the verb **werden** in the present tense, but then you add the past participle of the main verb and the infinitive of either **sein** or **haben**:

	Conjugated form of werden	Past participle of main verb	Infinitive of haben or sein
ich	werde	gewonnen	haben
		gefahren	sein
du	wirst	gewonnen	haben
		gefahren	sein
er, sie, es	wird	gewonnen	haben
		gefahren	sein
wir	werden	gewonnen	haben
		gefahren	sein
ihr	werdet	gewonnen	haben
		gefahren	sein
sie/Sie	werden	gewonnen	haben
		gefahren	sein

There is no need to panic, as you will know whether to use **haben** *or* **sein** *by remembering how the main verb forms its perfect tense. If a verb forms the perfect using* **haben**, *it will do so for the future perfect and the same goes for* **sein**. *(perfect:* **Ich** *habe* **gewonnen.** → *future perfect:* **Ich werde gewonnen** *haben. / perfect:* **Sie** *sind* **Weltmeister geworden.** → *future perfect:* **Sie werden Weltmeister geworden** *sein.)*

If you are unsure, check in a dictionary whether **haben** *or* **sein** *is needed.*

B   Write the future and future perfect forms of the verbs.

1   ausscheiden: er wird ausscheiden; er wird ausgeschieden sein
2   spielen: du _____
3   halten: wir _____
4   verhindern: ihr _____
5   aufsteigen: ich _____
6   zeigen: sie (pl.) _____

Word order with future tense forms

1   In main clauses using the future tense, the conjugated form of **werden** will always be in second position while the rest of the verb goes to the end of the sentence:

Der Coach *wird* **die Mannschaft in Absprache mit seinem Co-Trainer** *aufstellen*.
(*The manager is going to pick the team in consultation with his assistant.*)

Der Läufer *wird* **eine weitere Niederlage** *eingesteckt* *haben*. (*The runner will have suffered another defeat.*)

2 In subordinate clauses, **werden** goes to the end of the clause, immediately preceded by the rest of the verb:

Ich bin mir sicher, dass der Coach die Mannschaft in Absprache mit seinem Co-Trainer _aufstellen_ _wird_. (*I am sure that the manager is going to pick the team in consultation with his assistant.*)

Ich vermute, dass der Läufer eine weitere Niederlage _eingesteckt_ _haben_ _wird_. (*I assume that the runner will have suffered another defeat.*)

3 You can also use the future with modal verbs. In main clauses, the modal verb will go to the very end of the sentence:

Du wirst dich in der zweiten Hälfte steigern _müssen_, wenn du gewinnen willst. (*You will have to improve your performance in the second half if you want to win.*)

Der Schiedsrichter wird das Foul des Torhüters nicht übersehen haben _können_. (*The referee can't have missed the foul by the goalkeeper.*)

4 In subordinate clauses with future tense forms including modal verbs, the word order follows the AIM rule (auxiliary – infinitive – modal verb). This means that all the parts of the verb still go to the end of the clause, but the conjugated form of **werden** comes first, followed by the infinitive of the main verb (plus **haben** or **sein**) and finally – right at the very end of the clause – you have the infinitive of the modal verb.

Ich denke, dass du dich in der zweiten Hälfte _wirst_ _steigern_ _müssen_, wenn du gewinnen willst. (*I think that you will have to improve your performance in the second half if you want to win.*)

Ich bin mir sicher, dass der Schiedsrichter das Foul des Torhüters nicht _wird_ _übersehen_ _haben_ _können_. (*I am sure that the referee won't have been able to miss the foul by the goalkeeper.*)

You can make life easier in those situations, though, by simply using the present or perfect tense instead (**Ich denke, dass du dich in der zweiten Hälfte _steigern_ _musst_, wenn du gewinnen willst./Ich bin mir sicher, dass der Schiedsrichter das Foul des Torhüters nicht _übersehen_ _haben_ _kann_.**)

C Leon is a huge football fan and is already looking forward to the World Cup. Here is what he thinks will happen. Form sentences using the future tense.

1 Viele Länder | sich nicht für die Weltmeisterschaft qualifizieren

   Viele Länder werden sich nicht für die Weltmeisterschaft qualifizieren.

2 Die Menschen in diesen Ländern | traurig sein

   _____

3 Die anderen Fans| ihre Mannschaft anfeuern

   _____

4 Ein Torhüter | einen Elfmeter halten

   _____

5 Die Schiedsrichter | einige Fehlentscheidungen treffen

   _____

6 Ein Favorit | schon in der Vorrunde ausscheiden

   _____

7 Ein Stürmer | wahrscheinlich Torschützenkönig werden

_____

8 Es | viele spannende Spiele geben

_____

9 Ich | vor dem Finale vor Aufregung nicht schlafen können

_____

10 Deutschland | hoffentlich Weltmeister werden

_____

D **Put the sentences from C into the future perfect to express what will have happened once the World Cup is over.**

1 Viele Länder werden sich nicht für die Weltmeisterschaft qualifiziert haben.

2 _____

3 _____

4 _____

5 _____

6 _____

7 _____

8 _____

9 _____

10 _____

E **Maria can't wait for the summer holidays because there are certain things that she can only do then and others that she doesn't have to do. Form sentences using the future tense and either** **können** **or** **müssen.**

1 nicht in die Schule gehen

In den Sommerferien wird Maria nicht in die Schule gehen müssen.

2 für zwei Wochen in ein Leichtathletiktrainingslager fahren

_____

3 den ganzen Tag trainieren

_____

4 keine Hausaufgaben machen

_____

5 sich verbessern

_____

6 bei gutem Wetter nach dem Training ein Eis essen

_____

F **Maria is explaining to her grandmother why she is looking forward to the summer holidays. Form sentences in the future tense using the reasons above. Don't forget** _könnert_ **or** _müssen_ **and be careful with the word order.**

Ich freue mich auf die Sommerferien, weil...

1 ich nicht in die Schule werde gehen müssen.

2 _____

3 _____

4 _____

5 _____

6 _____

 # Reading

G **Read the beginning of a live commentary from a football stadium in Hamburg and answer the question.**

LIVE RADIO BROADCAST

Tor in Hamburg! Tor in Hamburg! 1:0 für den Hamburger SV durch ein wunderschönes Tor in der 87. Minute. Da war der Torhüter chancenlos, denn die Abwehr hatte geschlafen und ließ den Stürmer einfach so in den gegnerischen Strafraum einmarschieren. Jetzt wird es schwer für die Gäste aus Frankfurt hier noch einen Punkt mitzunehmen.

Welche Mannschaft führt beim Fußballspiel in Hamburg?

_____

H **Now read the rest of the commentary, in which you get to find out more about this football match. Answer the questions that follow.**

In der ersten Halbzeit passierte hier fast gar nichts; es wirkte mehr wie ein Freundschaftsspiel zwischen den beiden Teams. Die Fans pfiffen, als der Pausenpfiff ertönte. In der Pause nahmen beide Trainer Auswechslungen vor und die neuen Spieler sorgten in der zweiten Hälfte für frischen Wind im Spiel. Dadurch ergaben sich auf beiden Seiten mehr Torchancen, aber ein Treffer war in der Partie bisher nicht gefallen. Dabei hatte die Frankfurter Eintracht in der 60. Minute eine Riesenchance, als es Handelfmeter gab, den sie aber nicht verwandeln konnten. Es kam danach auch vermehrt zu Fouls und der Schiedsrichter musste mehrere gelbe Karten zeigen. In der 75. Minute musste der Star des Hamburger SV dann ausgewechselt werden, weil er sich bei einem Zweikampf verletzt hatte. Für ihn wurde dann der Hamburger Joker eingewechselt, der auch dieses Mal wieder nicht enttäuscht hat und hier das wunderbare 1:0 erzielte. Nun sind mit Nachspielzeit nur noch wenige Minuten zu spielen, bevor die Hamburger hier nach einer Serie von drei Niederlagen vielleicht endlich mal wieder gewinnen werden. Die Anhänger sind natürlich begeistert, denn dadurch würden die Hamburger auf dem 15. Rang stehen und vor dem Abstieg gerettet sein.

---

1 Wie reagierten die Fans nach der ersten Halbzeit?

   _____

2 Was machten die Trainer in der Halbzeitpause?

   _____

3 Warum hatten die Gäste eine Riesenchance?

   _____

4 Wie hat der Schiedsrichter auf die Fouls reagiert?

   _____

5 Wer hat das Tor geschossen?

   _____

6 Wie viele Spiele haben die Hamburger zuletzt verloren?

   _____

Vocabulary

I Find the words and phrases that match these definitions/synonyms. They are all in the match commentary.

1 die Hälfte   _____

2 ein Spiel, in dem es um nichts geht   _____

3 das Tor   _____

4 das Spiel   _____

5 das Duell zweier Spieler   _____

6 Minuten nach der 90. Minute   _____

7 die Fans   _____

8 der Platz   _____

J Find the opposites of these words. They are all in the commentary.

1 die Einwechslung   _____

2 einen Elfmeter verschießen _____

3 der Sieg   _____

4 der Aufstieg   _____

K Which sport are we looking for? Choose from the following list.

> Basketball   Handball   Formel 1   Judo   Schwimmen
> Skilanglauf   Tennis   100-Meter-Lauf

1 Man schwimmt Bahnen im Wasser.   _____

2 Man legt längere Strecken im Schnee zurück.   _____

3 Man muss nur sehr kurz, aber sehr schnell rennen.   _____

4 Es geht darum, Körbe zu werfen.   _____

5 Dies ist eine Kampfsportart.   _____

6 Man schlägt mit einem Schläger einen Ball übers Netz. _____

7   Eine Form des Motorsports.   _____

8   Hier darf man den Ball mit einem Körperteil berühren,
    mit dem ihn beim Fußball nicht berühren darf.   _____

Writing

L   Is there something you are really looking forward to? What and why exactly? What will you do when that moment finally arrives? Email a friend to tell him/her (about 100 words). Try to use the future tense.

_____

_____

_____

_____

_____

_____

_____

_____

Self-check

Tick the box which matches your level of confidence.

1 = very confident;   2 = need more practice;   3 = not confident

Kreuze in der Tabelle an, wie sicher du dich fühlst.

1 = sehr sicher;   2 = brauche mehr Übung;   3 = eher unsicher

	1	2	3
Can form the future tenses.			
Knows when to use the future tenses.			
Can understand a description of events. (CEFR B1)			
Can follow the essentials of a report. (CEFR B2)			
Can write a short text about plans using the future. (CEFR B1)			

16 Was man beim Wohnen in einer Wohnung beachten sollte

What to consider when living in an apartment

In this unit you will learn how to:

✔ Express position.

✔ Say when and how something happens.

> **CEFR:** Can talk about where something is and where something goes/is put (CEFR B1); Can express own ideas about living arrangements and the world at home (CEFR B2).

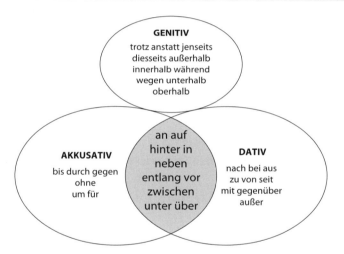

GENITIV
trotz anstatt jenseits
diesseits außerhalb
innerhalb während
wegen unterhalb
oberhalb

AKKUSATIV
bis durch gegen
ohne
um für

an auf
hinter in
neben
entlang vor
zwischen
unter über

DATIV
nach bei aus
zu von seit
mit gegenüber
außer

Meaning and usage

Prepositions and adverbials of place

1   A preposition is a word such as **über**, **in**, **unter**, **neben**, **hinter** or **gegenüber**. Prepositions never change their form and are usually placed in front of nouns or pronouns. They show the relationship between their noun or pronoun and other words.

2   Most prepositions fit into one of four categories: First, they help you talk about the position/location of something:

Meine Wohnung ist direkt <u>unter</u> dem Dach. (*My flat is directly under the roof.*)

Die Klingel ist <u>neben</u> dem Fenster. (*The bell is next to the window.*)

Peter räumt die Kisten von seinem Zimmer _in_ den Keller.
(*Peter is moving the boxes from his room to the basement.*)

Den schönsten Ausblick hat man _im_ fünften Stock.
(*The best views are from (the flats on) the fifth floor.*)

When asking for the information conveyed by these prepositions, you use the question words **wo?** (*where?*), **wohin?** (*where to?*) and **woher?** (*where from?*):

Die Klingel ist _neben_ dem Fenster. (*The bell is next to the window.*) **Wo ist die Klingel? _Neben_ dem Fenster!** (*Where is the bell? Next to the window!*)

3   Prepositions also give information about when something happens:

Die neuen Kästen kommen _am_ Montag. (*The new cupboards will arrive on Monday.*)

Die Möbel liefert Robert _bis_ 12 Uhr. (*Robert will deliver the furniture by 12 o'clock.*)

Das Ehepaar Müller wohnt _seit_ zwei Jahrzehnten im Haus am Ende der Straße.
(*The Müllers have lived in the house at the end of the road for two decades.*)

Nach dem Frühstück tapezieren wir dein Zimmer.
(*After breakfast, we will wallpaper your room.*)

For these time prepositions, you use question words such as **wann?** (*when?*) or **bis wann?** (*until when?*) and **seit wann?** (*since when?*):

Die Möbel liefert Robert bis 12 Uhr. (*Robert will deliver the furniture by 12 o'clock.*)

Bis wann liefert er die Möbel? _Bis_ 12 Uhr. (*By when will he deliver the furniture? By 12 o'clock.*)

4   Prepositions can also help you express the way in which something is done or happens, or why:

Eva fand ihr neues Haus _durch_ einen Makler.
(*Eva found her new house through an estate agent.*)

Wir kamen _über_ die Stiegen in das oberste Stockwerk.
(*We got to the highest floor via the stairs.*)

Beim Einrichten seiner Wohnung verletzte sich mein Bruder.
(*When decorating his flat, my brother got hurt.*)

Für die Einrichtung der Küche bekamen meine Kinder Beratung von einem Designer.
(*My children got advice from a designer about fitting out their kitchen.*)

To get information about sentence elements preceded by one of the prepositions in this category, you use questions words such as **wie?** (*how?*), **warum?** (*why?*), **wozu?** (*for what reason?*):

Wir kamen _über_ die Stiegen in das oberste Stockwerk. (*We got to the highest floor via the stairs.*)

Wie kamt ihr in das oberste Stockwerk? _Über_ die Stiegen!
(*How did you get to the highest floor? Via the stairs!*)

5   Just as in English (e.g. *proud of, to worry about*), certain verbs and adjectives require specific prepositions. Which German preposition you need depends on the adjective or verb, and often, the preposition keeps very little of its original full meaning. These verbs are called 'verbs with a prepositional object', as their object is introduced by a preposition:

Prepositions are often considered to be one of the trickiest parts of languages, as their use differs so much from language to language. However, if you follow the basic rules outlined here, they will not catch you out.

Frequently used adjectives that require prepositions		Useful verbs with prepositional objects	
begeistert von	enthusiastic about	arbeiten an	to work at
dankbar für	grateful for	denken an	to think of
geeignet für	suitable for	sich freuen auf etwas	to look forward to something
gewöhnt an	used to	sich freuen über etwas	to be happy about something
sicher vor	safe from	sich für etwas begeistern	to be crazy about something/to get into something
stolz auf	proud of	sich verlassen auf	to rely on
überzeugt von	convinced of	suchen nach	to search for
versessen auf	madly keen on	jemanden überreden, etwas zu tun	to talk somebody into doing something
wütend auf	mad at	vergleichen mit	to compare with
zuständig für	responsible for		

You can see from the translations that English also has a lot of verbs with prepositional objects and adjectives that use prepositions. When learning new German vocabulary, always make sure to check whether a word is part of a bigger picture, such as a prepositional phrase, or whether it often comes with a preposition. This will allow you to use new words in larger, more meaningful phrases.

How to work with prepositions

1   All prepositions in German require a specific case for their noun phrase/object. You could say that the prepositions are the governors of the cases of the associated nouns.

A   Look at this short text and identify all the prepositions. Identify which cases they govern.

> Bis vor drei Wochen habe ich noch eine Wohnung gesucht. Durch den Hinweis eines Freundes fand ich dann aber die perfekte Wohnung für meine Familie. Die Wohnung ist sehr geräumig und liegt gegenüber dem Einkaufszentrum und der Bushaltestelle, bei schlechtem Wetter kann mein Mann schnell einkaufen gehen und ich kann mit dem Bus zur Arbeit fahren. Nach der Arbeit genießen wir den schönen Blick vom Balkon. Seit Jahren wünsche ich mir schon so eine tolle Wohnung! Außer der kleinen Küche – ich muss jetzt ohne tolle Wohnküche leben – gefällt uns alles. Rund um das Haus gibt es viele Parks und gegen Süden beginnen die Weinberge. Aus dieser Wohnung möchte ich nie wieder ausziehen.

Prepositions governing the accusative	Prepositions governing the dative

2 The following prepositions are *always* followed by an object in the accusative:

bis	*until, to, as far as, by (in relation to time)*	gegen	*against, towards*
durch	*through*	ohne	*without*
für	*for*	um	*around, at*

Durch _den Hinweis_ (= accusative) eines Freundes fand ich dann aber die perfekte Wohnung für _meine Familie_ (= accusative). (*Through a tip from a friend I then found the perfect flat for my family.*)

3 These prepositions *always* take a dative object:

aus	*out of, from, made of*	nach	*to, towards, after, according to*
außer	*except for, besides*	seit	*since, for*
bei	*by, near, at, with, in case of*	von	*from, of, by, about*
gegenüber	*across from, opposite*	zu	*at, to*
mit	*with, by*		

Die Wohnung ist sehr geräumig und liegt gegenüber _dem Einkaufszentrum_ (= dative) und _der Bushaltestelle_ (= dative), bei _schlechtem Wetter_ (= dative) kann mein Mann schnell einkaufen gehen und ich kann mit _dem Bus_ (= dative) zur _Arbeit_ (= dative) fahren. (*The flat is very spacious and is opposite the shopping centre and the bus stop. When the weather is bad, my husband can get to the shops quickly and I can take the bus to work.*)

You will notice that some prepositions are welded together with the article that follows them. When **um** *is followed by* **das***, it becomes* **ums***,* **an** + **dem** → **am***,* **bei** + **dem** → **beim***,* **in** + **dem** → **im***,* **in** + **das** → **ins***,* **zu** + **der** → **zur***, etc.*

Beim Einrichten seiner Wohnung verletzte sich mein Bruder.
(*When decorating his flat, my brother hurt himself.*)

_Am_ 3. Januar hat meine große Schwester Geburtstag.
(*My older sister's birthday is on the 3rd of January.*)

4 Prepositions taking the genitive are much less frequent:

anstatt/statt	instead of	während	during
trotz	in spite of	wegen	because of
jenseits	on the other side of	unterhalb	beneath
diesseits	on this side of	oberhalb	above
außerhalb	outside of	innerhalb	inside of, within

Unterhalb _des Regals_ steht das neue Sofa. (_Beneath the shelf sits the new sofa._)

Wegen _der hohen Miete_ konnte ich mir die Wohnung im Stadtzentrum nicht leisten.
(_Because of the high rent I could not afford the flat in the city centre._)

5 A small number of prepositions take either the dative or the accusative, according to context.
They are called **Wechselpräpositionen** because they change (**wechseln**) their case depending
on how they are used:

an	at, on, to	entlang	along
auf	on, upon, at	über	over, across, above, about
hinter	behind	unter	under, beneath, below, among
in	in, inside, into	vor	before, in front of, ago
neben	beside, next to	zwischen	between

They take the dative when the context is location and you would ask a question with **Wo?**:

Die Villa befindet sich _im schönsten Teil_ Berlins. _Wo_ befindet sich die Villa? _Im schönsten Teil_
Berlins. (= dative) (_The villa is in the most beautiful part of Berlin. Where is the villa? In the most
beautiful part of Berlin._)

Hinter _meinem Schrank_ brauche ich keine Tapete. (_I do not need wallpaper behind my
wardrobe._)

Der Innenarchitekt möchte eine große Vase neben _dem Bett_. (_The interior designer wants a
big vase next to the bed._)

When the context indicates direction rather than location, that is, if something is moved towards
somewhere, these prepositions require the accusative and you ask questions with **Wohin?**:

Der Innenarchitekt möchte eine große Vase _neben das Bett_ stellen. _Wohin_ möchte der
Innenarchitekt eine große Vase stellen? _Neben das Bett_. (= accusative) (_The interior designer
wants to put a big vase next to the bed. Where does the interior designer want to put a big vase?
Next to the bed._)

Meine Großeltern ziehen in _den schönsten Teil_ Berlins. (_My grandparents are moving to the
most beautiful part of Berlin._)

Zum Glück kann ich meine Koffer unter _den Schrank_ legen. (_Fortunately, I can put my
suitcases under my wardrobe._)

B **Choose the correct preposition from the box.**

> in (5) – zwischen – gegenüber – am – auf – über (2) – hinter – von

Tobias und Hannes mieten gemeinsam eine kleine Wohnung _____ (1) der Mitte Berlins. Ihre Wohnung befindet sich _____ (2) einer Wohnanlage _____ (3) einem Einkaufszentrum und einer Schule. Direkt _____ (4) der Wohnung ist Hannes' Arbeitsstelle, das ist sehr praktisch für ihn. _____ (5) 14. April werden die beiden eine große Einweihungsparty feiern, sie freuen sich schon sehr _____ (6) diese Party. Doch zuvor müssen Tobias und Hannes noch viel erledigen. Alle ihre Dinge sind noch _____ (7) den vielen Boxen, die sie mühsam _____ (8) die Treppe _____ (9) den 4. Stock getragen haben. Wohin sollen die beiden bloß alle Sachen geben, fragen sie sich, denn ihre Schränke werden erst _____ (10) einer Woche _____ (11) ihrem Einrichtungshaus geliefert. Nur ihre Bilder können sie schon aufhängen. Tobias hängt sein Lieblingsbild direkt _____ (12) sein Bett, Hannes ist zufrieden damit, dass sein liebstes Filmposter ab jetzt in der Toilette _____ (13) der Tür hängt.

C **Complete the phrases with the noun given in brackets. Be very careful with the prepositions, as they govern the case.**

Hannes ist wirklich begeistert von (1) _____ (die Lage) der neuen Wohnung, denn er hatte sich schon in seiner alten Wohnung an (2) _____ (ein Arbeitsplatz) in der Nähe gewöhnt. Damals wohnte er noch alleine, aber es fehlte ihm an (3) _____ (soziale Kontakte), und er kann sich nun sehr für (4) _____ (die Wohngemeinschaft) mit (5) _____ (sein alter Freund Tobias) begeistern. Die beiden haben etwa 3 Wochen nach (6) _____ (eine passende Wohnung) gesucht, dabei musste sich Hannes auf (7) _____ (sein Freund Tobias) verlassen, weil er selbst für (8) _____ (ein großes Projekt) in München zuständig war, das ihm sein Chef anvertraut hatte. Trotz (9) _____ (seine Abwesenheit) fand Tobias für die beiden das perfekte Zuhause. Deswegen ist Hannes besonders dankbar für (10) _____ (das Engagement) seines Freundes bei (11) _____ (die Wohnungssuche).

D **Write the questions and answers.**

1 Die Garage? hinter, Haus
   Wo ist die Garage? Die Garage ist hinter dem Haus.

2 Die Geschirrspülmaschine? in, Küche
   _____

3 Die Sozialwohnungen Berlins? in, ganze Stadt
   _____

4 Die Vorhänge? in, Vorraum
   _____

5 Die Ziegelsteine? unter, Dach
   _____

6 Das Gewächshaus? neben, Gemüsegarten

_____

7 Der Aufzug? zwischen, Treppe und Eingang

_____

E You are moving house. Ask and answer the questions about where the items should go. Ask the question using _Wohin_ and then give the answer.

1 Die Messer? in, Küche
   Wohin kommen die Messer? Sie kommen in die Küche.

2 Das Sofa? neben, Wohnzimmertisch

_____

3 Der Spiegel? an, Wand

_____

4 Der Kleiderschrank? in, Schlafzimmer

_____

5 Das Bettzeug? auf, Bett

_____

6 Der Staubsauger? hinter, Tür

_____

7 Der Teppich? unter, der Tisch

_____

8 Das Gemälde? an, Wand + über, Sofa

_____

Vocabulary

F Complete the sentences with the correct noun.

der Haushalt	der Durchgang	die Scheibe	der Neubau
der Sessel	das Tischtuch	die Schublade	das Regal

1 Die _____ des Badezimmerfensters müssen wir erneuern.
2 Ich möchte mir unbedingt einen sehr bequemen _____ für die neue Wohnung kaufen.
3 Zu unserem _____ gehören mein Vater, meine Mutter und meine Schwester.
4 Bitte gib das Besteck in die _____.
5 Hier können wir nicht weitergehen, weil der_____ versperrt ist.
6 Obwohl die Wohnung in einem _____ liegt, sind die Wände feucht.
7 Das Lexikon steht im _____ neben den Wörterbüchern.
8 Die Schwiegermutter möchte, dass das _____ dieselbe Farbe hat wie die Vorhänge.

G Complete the pairs, using the model given for each pair.

Besteck	Dachboden	Kauf	Toilette	Schrank	Wohnanlage

1 Waschbecken – Badezimmer: Klopapier – _____

2 Tasse – Geschirr: Gabel – _____

3 Staubsauger – sauber machen: einräumen – _____

4 Kissen – Bettzeug: Wohnung – _____

5 Ausgang – Eingang: Miete – _____

6 unten – Erdgeschoss: oben – _____

H Match these adverbials of place with the correct translation and example sentence.

überall	nirgendwo	drinnen	irgendwo	oben
dort	unten	vorne	hier	hinten	draußen

	Word we are looking for	Translation	Example sentence
1		*everywhere*	_____ in der Stadt gibt es neue Wohnblöcke.
2		*somewhere*	Frank möchte sich endlich _____ zuhause fühlen.
3		*nowhere*	_____ ist es so schön wie im eigenen Haus.
4		*at the bottom of*	_____ im Kasten bewahre ich die Teller auf.
5		*at the top of*	Ich möchte lieber nichts ganz _____ in mein Regal geben.
6		*at the front of*	Die Pinsel liegen _____ in der Schublade.
7		*at the back of*	_____ im Schrank lagert mein Mann alte Dokumente.
8		*here*	_____ in meiner Wohnung möchte ich, dass niemand raucht.
9		*there*	Das Haus der Familie Berger gefällt mir besonders gut, _____ ist es sehr gemütlich.
10		*inside*	Wir brauchen dringend mehr Licht für _____.
11		*outside*	Weil es _____ heute so kalt ist, arbeiten die Gärtner heute lieber im Glashaus.

I **Here is an article about housing around the world from a special edition of a cultural magazine. Read the first section of the text and answer the question.**

Wie wohnt man in Deutschland?

Deutschland ist für seine vielen Baustile, für ökologisches Wohnen und moderne Architektur bekannt. Wie aber wohnen die Deutschen ganz persönlich in ihren Wohnungen?

Im Zentrum der größeren Städte gibt es viele Reihenhäuser und Wohnanlagen, es ist ganz normal, dass man in einer Stadt kein eigenes Haus hat, sondern in einer Wohnung wohnt. Viele dieser Wohnanlagen stammen noch aus den 60er und 70er Jahren, aber auch schon damals wurden oft moderne Akzente gesetzt und zwischen grauen Betonhäusern gibt es moderne Architektur. In diese fließen seit einigen Jahren die Erkenntnisse des ökologischen Bauens ein, man sieht Niedrigenergiehäuser mit Solartechnik und einige Häuser produzieren selbst mehr Energie als sie verbrauchen.

Wodurch zeichnen sich manche Niedrigenergiehäuser aus?

_____

J **Now read the rest of the article and answer the questions.**

Deutsche Wohnungen sind generell sehr gut ausgestattet, die Wände sind sehr gut isoliert und die Heizkosten erträglich. Das ist auch gut so, denn im Winter wird es oft sehr kalt und Heizöl ist teuer. Normalerweise hat eine Wohnung einen Flur, eine Küche und einen Ess-/Wohnbereich. Die Zimmer sind in der Regel geräumig, im Durchschnitt stehen einem Deutschen 40 Quadratmeter Wohnfläche zur Verfügung. Die Wohnung oder das eigene Haus spielt in der deutschen Kultur eine sehr wichtige Rolle, man verbringt gerne Zeit zuhause, lädt Freunde zu sich ein und beschäftigt sich mit dem Garten. Damit man sich so richtig wohlfühlen kann und die Wohnung schön gemütlich ist, geben die Deutschen gerne viel Geld für die Ausstattung aus.

1 Warum ist für die Deutschen ein gut isoliertes Haus wichtig?

_____

2 Welche Eigenschaft haben deutsche Zimmer normalerweise?

_____

3 Wieso lassen sich die Deutschen die Ausstattung gerne viel kosten?

_____

Vocabulary

K Looking at the reading text, find the words that fit the German definitions. Note the article and plural of each word.

	Article	Word	Definition
1			Ein einzelnes Haus, das aber Teil einer Gruppe von Häusern ist, die aneinander gebaut sind.
2			Ein Gebäudekomplex mit Wohnungen, viele Menschen wohnen hier.
3			Bildet die Grenzen eines Raumes. Die Decke und ganz oben das Dach ruhen darauf.
4			Die muss man bezahlen, wenn man es warm haben möchte.
5			Ein langer, oft schmaler Raum am Eingang der Wohnung/des Hauses.
6			Eine Maßeinheit für Fläche.
7			Wird oft auch als Dekor bezeichnet.

Writing

L How do people live in the country or area you live in? In a short article designed for a magazine, outline how they live (approximately 120 words).

Self-check

Tick the box which matches your level of confidence.

  1 = very confident;   2 = need more practice;   3 = not confident

Kreuze in der Tabelle an, wie sicher du dich fühlst.

  1 = sehr sicher;   2 = brauche mehr Übung;   3 = eher unsicher

	1	2	3
Knows about the role prepositions play.			
Can use prepositions correctly knowing about the role they play in prepositional objects			
Can talk about where something is and where something goes/is put. (CEFR B1)			
Can understand fairly complex texts about housing and interior architecture. (CEFR B2)			
Can express own ideas about living arrangements and the world at home. (CEFR B2)			

For more information on the modal verbs, refer to *Complete German*, Units 10, 11, 12 and 16.

17 Der Mann, den die Polizei suchte

The man, who the police were looking for

In this unit you will learn how to:

✓ Give more detail about something by adding a relative clause.

✓ Form relative clauses.

✓ Discuss the topic of law and order.

CEFR: Can produce clear, detailed text on a wide range of subjects (CEFR B2); Can understand specialized articles outside his/her field, provided he/she can use a dictionary occasionally to confirm his/her interpretation of terminology (CEFR B2).

Meaning and usage

Relative clauses and relative pronouns

1 Relative clauses are subordinate clauses that give further information about a noun/noun phrase/pronoun mentioned in another clause, i.e. the main clause in most cases. Alternatively, the relative clause provides further information about a whole clause, not merely a specific part of that clause, as in the last example:

Die Frau, _deren Mann von dem Serienmörder ermordet wurde_, will Gerechtigkeit. (*The woman whose husband was killed by the serial killer is seeking justice.*)

Der Prozess gegen den Serienmörder, _der heute beginnt_, findet am Gericht in Mannheim statt. (*The trial of the serial killer, which starts today, is taking place at the court in Mannheim.*)

Die Polizei hatte ihn, _den sie seit Monaten gesucht hatten_, im Sommer endlich festgenommen. (*The police had finally arrested him last summer, when they had been looking for him for months.*)

Die Fahndung nach ihm hatte sehr lange gedauert, _was die Einwohner sehr beunruhigt hatte_. (*The search for him had gone on for a long time, which had very much alarmed local people.*)

 You will probably have noticed that relative clauses are separated from the main clause by a comma and that the conjugated verb goes to the end – just like in any other subordinate clause.

2 You use a relative pronoun to introduce a relative clause. The relative pronoun takes a form of **der**, **die**, **das** when it relates to a noun/noun phrase/pronoun:

Der Verdächtige, _der_ von der Polizei vernommen wird, bestreitet alles.
(_The suspect, who is being questioned by the police, denies everything._)

Die Richterin verurteilt den Angeklagten, _dessen_ Aussage widersprüchlich war, zu drei Jahren Haft. (_The judge sentences the accused, whose testimony was inconsistent, to three years in prison._)

3 When the relative pronoun refers back to a whole clause, or is used after the demonstrative pronoun **das**, or after **alles**, **nichts**, **viel(es)**, or a neuter adjective used as a noun, you use the relative pronoun **was**:

Die Verteidigung plädierte auf Freispruch, _was_ (= referring to whole clause) **niemanden verwunderte.** (_The defence pleaded for an acquittal, which didn't surprise anyone._)

Der Dieb verkaufte alles von dem, _was_ (= referring to demonstrative _von dem_) **er geklaut hatte.** (_The thief sold everything that he had stolen._)

Die Polizei glaubte nichts, _was_ (= referring to _nichts_) **der Verdächtige sagte.**
(_The police didn't believe anything that the suspect said._)

Dieses Verbrechen ist das Schlimmste, _was_ (= referring to neuter adjective used as a noun _Schlimmste_) **passieren konnte.** (_This crime is the worst thing that could have happened._)

4 In most cases, the relative clause immediately follows the noun it refers to, but sometimes a verb or adverb can come between the noun and it:

Der Straftäter ist aus dem Gefängnis _ausgebrochen_, das nicht genügend Gefängniswärter hat. (_The criminal has broken out of the prison that hasn't got enough prison officers._)

Die Zeugin identifizierte den Einbrecher _sofort_, den sie bei der Tat beobachtet hatte.
(_The witness immediately identified the burglar, who she had observed during the crime._)

5 Very often you use a relative clause in German when you would use an -ing form in English:

Der Mann, _der mit dem Angeklagten spricht_, ist sein Anwalt.
(_The man talking to the accused is his brief._)

Die Frau, _die davonläuft_, ist die Täterin. (_The woman running away is the culprit._)

 A Look at these sentences and identify the relative pronoun. Decide which part of the main clause it relates to.

  1   Die schwere Strafe, die ihn erwartet, ist gerecht.
  2   Der Täter kannte das Opfer gut, das er kaltblütig ermordete.
  3   Die Angeklagte schweigt zu den Vorwürfen, was die Arbeit des Gerichts erschwert.
  4   Der Kommissar hat den Komplizen eines Einbrechers verhört, dem er bei seinen Taten wahrscheinlich geholfen hat.

	Relative pronoun	Part of the main clause it refers to
1	die	die schwere Strafe
2		
3		
4		

Forms of the relative pronoun

1   Which relative pronoun you use depends on the gender and number of the noun it refers to and on the case required by the relative clause: e.g. if the relative pronoun is the subject of the relative clause it is in the nominative, but if the relative pronoun is the direct object it is in the accusative. The relative pronoun can also be in the genitive or dative:

Die Anklage verhört das Opfer, _das_ (= neuter, singular, nominative) **den mutmaßlichen Täter angezeigt hat.** (*The prosecution is questioning the victim, who reported the alleged perpetrator to the police.*)

Das ist die Leiche, _die_ (= feminine, singular, accusative) **die Polizei gestern gefunden hat.** (*This is the corpse that the police found yesterday.*)

Der Zeuge, _dem_ (= masculine, singular, dative) **ich alles glaubte, war sehr nervös.** (*The witness, whom I completely believed, was very nervous.*)

Der Dieb, _dessen_ (= masculine, singular, genitive) **Aussage nicht glaubwürdig war, bestritt die Tat.** (*The thief, whose testimony wasn't credible, denied having done it.*)

2   The different forms of the relative pronoun **der**, **die**, **das** are exactly the same as those for the demonstrative pronoun **der**, **die**, **das**:

	Masculine singular	Feminine singular	Neuter singular	Masculine, feminine, and neuter plural
Nominative	der	die	das	die
Accusative	den	die	das	die
Genitive	dessen	deren	dessen	deren
Dative	dem	der	dem	denen

In German, you will always use a relative pronoun to introduce a relative clause. This is in contrast to English, which often omits the relative pronoun that when it is the object of the relative clause.

Die Ermittlungen, _die_ ich geleitet habe, sind abgeschlossen.
(*The investigation (that) I led has been completed.*)

3 The relative pronoun *was* does not change, unless it is used with a preposition.

 B **Look at the sentences in A again and explain why that specific form of the relative pronoun is needed.**

	Relative pronoun	Reason why it is needed
1	die	feminine, singular, nominative
2		
3		
4		

C **Complete these sentences with the correct relative pronoun.**

1 Der Angeklagte, _____ freigesprochen wurde, genießt seine neu gewonnene Freiheit.
2 Das neue Gesetz, _____ das Rauchen in Restaurants verbietet, ist nicht bei allen beliebt.
3 Der Verteidiger spricht mit seinem Mandanten, _____ wegen zweifachen Mordes angezeigt ist.
4 Der Attentäter, _____ die Polizei sucht, ist ins Ausland geflohen.
5 Das Gericht verurteilt den Mann zu lebenslanger Haft, _____ Taten Angst und Schrecken verbreitet haben.
6 Das Urteil des Richters war das Härteste, _____ möglich war.
7 Der Gefangene, _____ jemand bei der Flucht aus dem Gefängnis geholfen hat, ist noch immer auf freiem Fuß.
8 Die Angehörigen der Opfer, _____ die Ermittlungen der Polizei zu langsam sind, drohen mit Selbstjustiz.
9 Der Richter verhängte ein strenges Urteil, _____ andere abschrecken soll.
10 Die Polizei verfolgt eine neue Spur, _____ vielversprechend aussieht.
11 Der Zeuge erzählte vieles, _____ keinen Sinn ergab.
12 Die Anwälte, _____ Strategien fragwürdig sind, sind sehr erfolgreich.

D **Give more details about these nouns by putting the information in brackets into a relative clause.**

1 die Waffe (Täter hat benutzt)
   Das ist die Waffe, die der Täter benutzt hat.
2 der Fall (die Polizei hat gelöst)
   _____
3 die Akten (der Staatsanwalt muss lesen)
   _____
4 die Angeklagte (der Anwalt hat geholfen)
   _____

5 die Strafe (der Schuldige verdient)

_____

6 das Motiv (der Mörder hatte)

_____

E Combine the two sentences using a relative clause.

1 Das Abschlussplädoyer des Verteidigers war sehr überzeugend. Der Verteidiger verteidigt den Jugendstraftäter.

Das Abschlussplädoyer des Verteidigers, der den Jugendstraftäter verteidigt, war sehr überzeugend.

2 Gestern fiel das Urteil im Mordprozess. Das Urteil fanden viele ungerecht.

_____

_____

3 Viele Zeitungen berichteten über diesen Fall. Die Polizei hat den Fall endlich aufgeklärt.

_____

_____

4 Der Einbrecher stahl etwas. Das bedeutete dem Opfer viel.

_____

_____

5 Der Kommissar verhört viele Zeugen. Die Zeugen sagen alle etwas Anderes.

_____

_____

6 Der Mann war erst 42 Jahre alt. Der Mörder hat den Mann erschossen.

_____

_____

7 Das Gericht hat den Angeklagten freigesprochen. Das hat ihn gefreut.

_____

_____

Vocabulary

F Decide which crimes these words belong to. Some words will fit both crimes.

---

aufbrechen   die Beute   der Dieb   der Diebstahl   einbrechen   der Einbrecher
ermorden   illegal   klauen   die Leiche   der Mörder   das Opfer   stehlen   die
Straftat   töten   umbringen

Der Mord	Der Einbruch

 Reading

G Read the first part of this article, then answer the question.

KRIMINALITÄTSSTATISTIK: AKTUELLE ZAHLEN FÜR DEUTSCHLAND

Jedes Land hat seine eigenen Gesetze und deshalb gibt es Dinge, die in manchen Ländern verboten sind und in anderen erlaubt. In Deutschland kann es Ihnen zum Beispiel passieren, dass die Polizei Sie anhält, wenn Sie bei Rot über die Straße gehen, und Sie dann eine Geldstrafe bezahlen müssen. Warten Sie also lieber, bis es grün wird!

Welche Konsequenz kann es haben, wenn Sie in Deutschland bei Rot die Straße überqueren?

_____

H Continue reading and answer the questions.

Andere Taten hingegen stehen in den meisten Ländern unter Strafe, z.B. Mord und Diebstahl. Laut dem Bundeskriminalamt werden in Deutschland jährlich fast 6 Millionen Straftaten verübt. Die Statistik enthält jedoch nur Fälle, die gemeldet wurden. Die Dunkelziffer ist wahrscheinlich noch viel höher. Nur knapp 55% der erfassten Fälle werden aufgeklärt. Die am häufigsten verübten Straftaten sind Diebstähle, vor allem Ladendiebstähle. Taschendiebstähle, die am zweitmeisten vorkommen, gehören zur Straßenkriminalität, dicht gefolgt von Betrug, z.B. Kreditkartenbetrug. Fälle von Gewaltkriminalität, zu der unter anderem Mord, Totschlag, Vergewaltigung und schwere Körperverletzung gehören, kommen glücklicherweise nicht allzu oft vor.

Wenn man Opfer eines Verbrechens geworden ist, dann sollte man Anzeige erstatten. Wenn der mutmaßliche Täter dann gefunden wird und es genügend Beweise gibt, damit er angeklagt werden kann, kommt es in einem Gericht zu einem Prozess. Die Staatsanwaltschaft oder Anklage versucht den Richter von der Schuld des Angeklagten zu überzeugen. Die Aufgabe der Verteidigung ist es, die Unschuld des Angeklagten zu beweisen, damit er freigesprochen wird. Ansonsten spricht der Richter dann sein Urteil. Es gibt Geld- oder Haftstrafen, aber keine Todesstrafe. Wenn man auf Bewährung verurteilt wird, muss man nicht ins Gefängnis, solange man in der Zeit der Bewährungsstrafe kein weiteres Verbrechen begeht. Wer mit dem Urteil nicht zufrieden ist, kann Berufung einlegen.

unter Strafe stehen	to be a criminal offence	Anzeige erstatten	to press charges
eine Straftat verüben	to commit a crime	mutmaßlich	alleged
die Dunkelziffer	estimated number of unreported cases	die Bewährungsstrafe	suspended sentence
dicht	here: closely	Berufung einlegen	to appeal

There is no jury in Germany, only a judge or several judges who decide whether the accused is guilty or not and what penalty they should receive. In some cases, the judge gets help from **Schöffen**, *who are members of the public, and have a say in such trials.*

1 Welche Fälle sind in der Kriminalitätsstatistik nicht enthalten?

_____

2 Wo wird am meisten geklaut?

_____

3 Welche Verbrechen werden seltener begangen?

_____

4 Unter welchen Bedingungen kommt es zu einem Prozess?

_____

5 Wann muss man nicht ins Gefängnis, selbst wenn man schuldig gesprochen wird?

_____

Vocabulary

I Replace the underlined word(s) with a word or phrase from the text.

1   In Deutschland ist es <u>nicht erlaubt</u>, mit 10 Jahren zu rauchen.

   _____

2   Die Polizei <u>löst</u> jedes Jahr viele Fälle, aber leider nicht alle.

   _____

3   Wer eine Straftat <u>begeht</u>, muss ins Gefängnis.

   _____

4   Unter den Diebstählen gibt es hauptsächlich <u>Kaufhausdiebstähle</u>.

   _____

J Identify the professions or institutions for these actions.

1   Menschen verurteilen   _____

2   Verbrecher suchen   _____

3   Angeklagten helfen   _____

4   eine Strafe fordern   _____

K Find the odd one out.

1   eine Straftat aufgeben | begehen | verüben

2   einen Tatverdächtigen probieren | verhören | vernehmen

3   ein Urteil fällen | rufen | sprechen

4   einen Fall aufklären | lösen | verurteilen

5   ein Verbrechen gestehen | zusprechen | zusagen

L Identify the crimes being described here. They are all in the reading text.

1   jemandem den Rucksack klauen   _____

2   jemanden unabsichtlich umbringen   _____

3   nicht die Wahrheit sagen   _____

4   jemanden töten   _____

5   jemanden so stark verprügeln, dass
    er ins Krankenhaus muss   _____

 # Writing

M Is there something that is illegal in your country, but legal in other countries?
Or the other way round? Write a short article of up to 120 words about your country's
judicial system.

_____

_____

_____

_____

_____

_____

_____

_____

_____

_____

Self-check

Tick the box which matches your level of confidence.

    1 = very confident;   2 = need more practice;   3 = not confident

Kreuze in der Tabelle an, wie sicher du dich fühlst.

    1 = sehr sicher;   2 = brauche mehr Übung;   3 = eher unsicher

	1	2	3
Can form relative clauses.			
Can produce clear, detailed text on a wide range of subjects. (CEFR B2)			
Can understand specialized articles outside his/her field, provided he/she can use a dictionary occasionally to confirm his/her interpretation of terminology. (CEFR B2)			

18 Die Wahlen, bei denen es um viel geht

The elections on which a lot rests

In this unit you will learn how to:

- ✓ Talk about politics.
- ✓ Combine two sentences by using a relative clause with a pronoun.
- ✓ Use the correct preposition with verbs.

CEFR: Can understand specialized articles outside his/her field, provided he/she can use a dictionary occasionally to confirm interpretation of terminology (CEFR B2).

Meaning and usage

Relative clauses with prepositions

1 As you will be aware, some verbs require specific prepositions. When this is the case, you have to insert the relevant preposition in the relative clause to give further information about the noun in the main clause:

Das neue Gesetz, _für das_ die Regierung heftig kritisiert wurde, tritt heute in Kraft. (*The new law, for which the government was heavily criticized, becomes effective today.*)

Der Haushalt, _über den_ der Bundestag abstimmt, ist umstritten. (*The budget, which the Bundestag is voting on, is controversial.*)

Die Opposition fordert vieles, _worauf_ ihre Wähler dringen. (*The opposition demands many of the things that their voters are insisting on.*)

 A **Read these sentences and note the verb in the relative clause as well as its preposition and the case it governs.**

1 Die Ehrlichkeit, an der es Politikern oft mangelt, wird von den Bürgern sehr geschätzt.
  mangeln an + dative

2 Die Partei, mit der die CDU in einer Koalition regiert, ist neu im Parlament.
  _____

3 Der Bundestag hat die Lohnerhöhung, für die die Gewerkschaft lange gekämpft hat, mit großer Mehrheit verabschiedet. _____

4 Der Kompromiss, auf den sich die Koalition geeinigt hat, war nicht einfach zu finden. _____

5 Das ist das Problem, an dem die Reform gescheitert ist. _____

Forms of the relative pronoun with prepositions

1 The preposition you have to use depends on the verb in the relative clause. Here are some of the prepositional verbs that are useful when talking about politics:

abstimmen über + accusative	*to vote on*
antreten bei + dative	*to run for*
sich äußern zu + dative	*to comment on*
berücksichtigen bei + dative	*to consider*
demonstrieren für/gegen + accusative	*to protest for/against*
diskutieren über + accusative	*to discuss*
sich einigen auf + accusative	*to come to an agreement on*
sich einsetzen für + accusative	*to take a stand for*
kandidieren für + accusative	*to run for*
Kritik üben an + dative	*to criticize*
Stellung nehmen zu + dative	*to give one's view on*
sich der Stimme bei + dative **enthalten**	*to abstain on*

Die Wahl, _bei_ der der Kandidat _angetreten_ war, war nicht demokratisch. (*The election for which the candidate was running was not democratic.*)

Das Amt, _für_ das der Abgeordnete _kandidiert_, ist hoch angesehen. (*The office for which the Member of Parliament is running is highly regarded.*)

Der Gegenvorschlag, _zu_ dem der Minister _Stellung nahm_, kam von der Fraktion der Grünen. (*The counterproposal, on which the minister gave his view, was from the Green group.*)

 You can see how important it is to learn verbs together with their prepositions and the case they take, as this affects lots of other aspects as well, such as relative clauses.

B   Complete these sentences with the correct preposition.

1   Neuwahlen, _____ die die Demonstranten wochenlang protestiert hatten, sollen nächsten Monat stattfinden.

2   Die Kritik an seinen Sparplänen, _____ denen sich der Kanzler nicht äußern wollte, nimmt nicht ab.

3   Der Bundesrat hat der Steuererhöhung zugestimmt, _____ die sich alle Parteien eingesetzt hatten.

4 Die Gesetze, _____ die das Parlament heute abstimmt, sind vorher lange diskutiert worden.

5 Nach der Debatte kam es zu einer Abstimmung, _____ der sich nur eine Minderheit der Stimme enthielt.

6 Angesichts des Skandals seines Gegenkandidaten sollte er den Wahlkreis gewinnen, _____ den er kandidiert.

2 You use the same relative pronouns as you use for relative clauses without prepositions. Which relative pronoun you have to use depends on the gender and number of the noun it refers to and on the case required by the preposition of the verb in the relative clause:

Die gute Wirtschaftslage, auf _die_ (= feminine, singular, **auf** + accusative) **die Senkung der Steuern zurückzuführen ist, hält weiter an.** (_The good economic situation, to which the reduction in tax rates is ascribed, continues._)

Die Debatte, bei _der_ (= feminine, singular, **bei** + dative) **sich die Bundeskanzlerin zurückhielt, dauerte mehrere Stunden.** (_The debate, during which the Chancellor kept a low profile, went on for several hours._)

3 When using the relative pronoun **der**, **die**, **das**, the preposition precedes the relative pronoun.

4 Where you would normally use the relative pronoun **was**, but have to add a preposition, you use **wo(r)**+ preposition instead:

Die Koalition erreichte in ihrer Amtszeit nichts, _wofür_ sie vor der Wahl eingetreten war. (_During their term in office, the coalition did not achieve any of what they had advocated before the election._)

Die neu gegründete Partei erhielt mehrere Sitze, _worüber_ sich ihre Mitglieder freuten. (_The newly founded party won several seats, which the members were happy about._)

Der Parteivorsitzende erwähnte nichts von dem, _wovon_ er im Wahlkampf dauernd gesprochen hatte. (_The party leader did not mention any of what he had talked about constantly during the campaign._)

> You will have noticed that you use **wo-** when the preposition starts with a consonant (e.g. **wofür**, **wovon**) and **wor-** when it starts with a vowel (e.g. **woraus**, **worüber**).

5 After names of cities or countries you can either use **in** + dative or **wo**:

Die Stadt, _in der/wo_ der Bundestag steht, heißt Berlin.
(_The city in which/where the Bundestag is Berlin._)

C **Complete these sentences using the correct relative pronoun.**

1 Die Reformen, über _____ im Vorfeld der Abstimmung gesprochen wurde, hat der Bundestag alle mit großer Mehrheit verabschiedet.

2 Der Skandal, auf _____ die Wahlniederlage zurückzuführen ist, war eigentlich gar nicht so schlimm.

3 Der Bundespräsident, auf _____ sich die Koalitionspartner geeinigt haben, ist schon recht alt.

4 Die Wahl, bei _____ er antritt, findet erst nächstes Jahr statt.

5 Ihre Rede, für _____ sie viel Applaus bekam, war sehr überzeugend.

6 Der Diktator missbraucht die Macht, an _____ er mit undemokratischen Mitteln gekommen ist.

Vocabulary

D Complete the sentences with a verb in the correct form from the box.

auswirken	einigen	hervorgehen	kritisieren	scheitern
Stellung nehmen		verabschieden	zurückhalten	

1 Die Opposition _____ oft die Regierung für ihre Politik.

2 Die Finanzministerin _____ sich bei der gestrigen Haushaltsdebatte _____.

3 Die schlechte Rede des Spitzenkandidaten _____ sich bei der letzten Wahl negativ auf das Wahlergebnis _____.

4 Angesichts der Wahlniederlage wollte er zum Ergebnis seiner Partei keine _____.

5 Der Bundestag _____ das Gesetz gestern mit großer Mehrheit.

6 Die Koalition hat sich auf einen Kompromiss _____

7 Bei der Wahl im letzten Jahr _____ ihre Partei an der 5%-Hürde.

8 Die neu gegründete Partei _____ aus der letzten Wahl als Siegerin _____.

E Write the nouns that are closely related to these verbs. They are all feminine.

1 wählen _____

2 vereinbaren _____

3 reformieren _____

4 Stellung nehmen _____

5 eine Regierung bilden _____

6 kandidieren _____

7 regieren _____

8 sich enthalten _____

F **Complete these sentences with the appropriate preposition and relative pronoun. Some of the examples will require you to use a combined preposition form, e.g.** wovon.

1 Der Parteivorsitzende ärgerte sich über die 5%-Hürde, _____ seine Partei scheiterte.

2 Der Politiker muss etwas gesagt haben, _____ die Wähler nicht glücklich waren, denn er wurde von ihnen beschimpft.

3 Der Minister zog den Vorschlag zurück, _____ die Kanzlerin Kritik geübt hatte.

4 Der Stadtrat beschloss die Erhöhung der Gemeindesteuern, _____ die Bürger natürlich nicht begeistert waren.

5 Die Abstimmung, _____ er als Verlierer hervorging, muss wegen Unregelmäßigkeiten wiederholt werden.

6 Der Vorschlag der Opposition, _____ der Bundestag heute abstimmt, gilt als sehr liberal.

7 Die Kandidatin, _____ ich sehr begeistert bin, hält heute eine Rede auf dem Marktplatz.

8 Die Regierung führte genau das ein, _____ die Opposition lange Zeit gedrungen hat.

G **Combine the two sentences using a relative clause. Don't forget to use the appropriate preposition, where required, from the second sentence. Don't repeat the noun but use a pronoun instead.**

1 Der Mitarbeiter enttäuschte den Abgeordneten. Der Abgeordnete hatte sich immer auf ihn verlassen können.

_____

2 Der Kompromiss hilft vor allem der Opposition. Der Bundeskanzler ließ sich zu einem Kompromiss überreden.

_____

3 Die Alternativen zur jetzigen Politik klingen für viele Wähler attraktiv. Der Oppositionsführer arbeitet an Alternativen.

_____

4 Der Beamte im Außenministerium sprach mit Vertretern aus Frankreich. Die Außenministerin wusste davon nichts.

_____

5 Der Rücktritt der Ministerin löste eine Krise in der Regierung aus. Die Ministerin war für die Steuerreform zuständig.

_____

6 Die Steuerreform ist gescheitert. Die zurückgetretene Ministerin war für die Steuerreform zuständig gewesen.

_____

7 Die drastischen Maßnahmen der Regierung sorgen für viel Kritik. Selbst einige Minister sind von den Maßnahmen nicht überzeugt.

_____

8 Der Bundestag beschloss, die Reform doch nicht umzusetzen. Das erfreute viele Wähler.

_____

9 Die sozialistische Partei hat mehrere Sitze im Bundestag. Der Parteivorsitzende der sozialistischen Partei kommt aus Hamburg.

_____

10 Bei der Bundestagswahl zeichnet sich ein Sieg der Opposition ab. Vier neue Parteien nehmen an der Bundestagswahl teil.

_____

Reading

H **Read the first part of this article, then answer the question:**

WAHLEN UND WAHLSYSTEM IN DEUTSCHLAND

Deutschland ist ein demokratisches Land. Deshalb dürfen die Bürger darüber abstimmen, wer sie im Parlament, dem Deutschen Bundestag, vertreten soll. Aber es gibt nicht nur alle vier Jahre eine Bundestagswahl. Wegen des föderalen Systems in Deutschland können die Deutschen auch bei Landtagswahlen wählen, darüber hinaus gibt es noch Kommunal- und Europawahlen. Jedes der 16 Bundesländer hat einen Landtag oder Senat und in jeder Kommune oder Stadt gibt es einen Bezirks- oder Stadtrat. Die Europaabgeordneten sitzen zwar in Straßburg, aber sie vertreten dort deutsche Interessen innerhalb der EU.

Bei wie vielen Wahlen haben die Deutschen die Möglichkeit abzustimmen?

_____

I Continue reading and answer the following questions.

Bei Bundestagswahlen, den wichtigsten Wahlen, entscheiden die Bürger über die Sitzverteilung im Bundestag. Im Bundestag gibt es 598 Sitze, also 598 Abgeordnete. In Deutschland herrscht das personalisierte Verhältniswahlrecht. Das bedeutet, dass jeder Wähler zwei Stimmen hat. Mit der ersten Stimme bestimmt man, welcher Kandidat aus dem eigenen Wahlkreis in den Bundestag einziehen soll. Derjenige, der die meisten Stimmen erhält, bekommt das Mandat. Es gibt 299 Wahlkreise in Deutschland. Über die andere Hälfte der Abgeordneten wird durch die Zweitstimme entschieden. Mit der zweiten Stimme stimmt man für eine Partei ab. Solange eine Partei mindestens 5% aller dieser Stimmen bekommt, entsendet sie Mitglieder in den Bundestag. Wählen z.B. 40% aller Wähler eine Partei, so hat diese Partei 40% der Sitze im Parlament. Damit ist die Zweitstimme die wichtigere Stimme. Meistens hat keine Partei die absolute Mehrheit im Bundestag. Deshalb bilden mehrere Parteien eine Koalition und stellen die Regierung, die von dem Bundeskanzler oder der Bundeskanzlerin geleitet wird. Diese(r) wird von den Mitgliedern des Bundestags gewählt.

1   Wie viele Mitglieder hat der Bundestag?
_____

2   Mit welcher Stimme wählt man für eine Person?
_____

3   Wie viel Prozent der Sitze im Bundestag werden durch die Zweitstimme entschieden?
_____

4   Warum ist es für eine Partei wichtig, mindestens 5% der Stimmen zu erhalten?
_____

5   Warum gibt es in Deutschland meistens eine Koalitionsregierung?
_____

Vocabulary

J Find the words and phrases from the Reading that match these definitions/synonyms.

1   Es gibt 16 davon in Deutschland.   _____

2   Gegenteil von außerhalb   _____

3   Mandat   _____

4   Gebiet, in dem man für einen Kandidaten
    stimmen kann   _____

5   50%   _____

6 politische Gruppierung, für die man mit der
Zweitstimme wählt   _____

7 mehr als 50%   _____

8 Zusammenschluss von Parteien, um eine
Mehrheit zu haben   _____

K Words belong to a family. Find words from the same family in the Reading text.

1	die Demokratie	*demokratisch*	**5** die Wahl	_____
2	die Abstimmung	_____	**6** die Entscheidung	_____
3	der Vertreter	_____	**7** die Bildung	_____
4	der Föderalismus	_____	**8** der Leiter	_____

Writing

L What does the political system in your country look like? Write a short piece of about 120 words to the political system and/or political parties in your country.

_____

_____

_____

_____

_____

_____

Self-check

Tick the box which matches your level of confidence.

1 = very confident;   2 = need more practice;   3 = not confident

Kreuze in der Tabelle an, wie sicher du dich fühlst.

1 = sehr sicher;   2 = brauche mehr Übung;   3 = eher unsicher

	1	2	3
Can form relative clauses with prepositions.			
Can combine two sentences by using a relative clause.			
Can use correct prepositions with verbs.			
Can produce clear, detailed text on a wide range of subjects. (CEFR B2)			
Can understand specialized articles outside his/her field, provided he/she can use a dictionary occasionally to confirm interpretation of terminology. (CEFR B2)			

19 Im Garten werden Würstchen gegrillt!

Sausages are being grilled in the garden!

In this unit you will learn how to:

- Recognize and use the German passive.
- Write and understand more formal texts.

CEFR: Can form simple passive sentences (CEFR B1); Can use the passive in various tenses (CEFR B2); Can understand fairly complicated texts and follow instructions such as recipes (CEFR B2); Can express and understand detailed ideas and texts about leisure activities such as gardening or cooking (CEFR B2).

die **VERGANGENHEIT**	die **GEGENWART**	die **ZUKUNFT**
gestern, vorgestern, letzte Woche, usw.	*jetzt, heute, zurzeit, heutzutage, usw.*	*morgen, übermorgen, nächsten Monat, usw.*

Futur II: *Der Ball wird geworfen worden sein.*

Futur I: *Der Ball wird geworfen werden.*

Präsens: *Der Ball wird geworfen.*

Perfekt: *Der Ball ist geworfen worden*

Imperfekt: *Der Ball wurde geworfen.*

Plusquamperfekt: *Der Ball war geworfen worden*

Meaning and usage

The passive

1 Just as in English, the German passive form puts the emphasis on the action expressed by the verb rather than on the person doing the action:

Active: **Jakob mäht den Rasen.** (*Jakob is mowing the lawn.*)

Passive: **Der Rasen wird gemäht.** (*The lawn is being mowed.*)

As in the example, the person who performs the action (the agent) is often not mentioned.

2 Whereas the German and English passives are similar in meaning, German non-technical language tends to use the passive more than English does.

How to form the passive

1 You form the passive by combining **werden** in the appropriate tense and person with the past participle of the verb that expresses the action/process:

Active: **Jakob hat den Rasen gemäht.** (*Jakob has mowed the lawn.*)

Passive: **Der Rasen ist gemäht worden.** (*The lawn has been mowed.*)

Subject	Predicate	Agent	Predicate		
	finite verb		past participle	final part of verb	
Der Rasen	wird	von Jakob	gemäht.		present
Der Rasen	wurde	von Jakob	gemäht.		simple past
Der Rasen	ist	von Jakob	gemäht	worden.	present perfect
Der Rasen	war	von Jakob	gemäht	worden.	pluperfect
Der Rasen	wird	von Jakob	gemäht	werden.	future I
Der Rasen	wird	von Jakob	gemäht	worden sein.	future II

The past participle form **worden** is only used in passive constructions and is a shortened version of the past participle **geworden**.

2 The passive can only be formed with transitive verbs. Reflexive or modal verbs cannot be put into the passive. This means that verbs such as **sich ärgern**, **sich bemühen** or **müssen**, **dürfen**, **sollen**, etc. cannot be used in the passive. In addition, no verb whose meaning entails possessing, containing or receiving something can be used in the passive, e.g. **bekommen**, **haben**, **empfangen**, **kriegen**, **enthalten**.

3 In the passive, the *accusative object* of the active verb (*the roses*) becomes the *nominative subject* of the passive verb. As the action is more important than who performed it, you may leave out the agent, but if you want to keep the agent in, the original subject (*the gardener*) appears after the preposition **von**:

Active: **Der Gärtner pflanzte gestern die seltenen Rosen in den Schlossgarten.** (*Yesterday, the gardener planted the rare roses in the castle garden.*)

Passive: **Die seltenen Rosen wurden gestern vom Gärtner in den Schlossgarten gepflanzt.** (*Yesterday, the rare roses were planted in the castle garden by the gardener.*)

> *Don't forget that **von** requires the dative and that **von** + **dem** becomes **vom**!*

A Identify the sentences in the passive.

1 Viele deutsche Speisen werden mit Kartoffeln serviert.
2 In Österreich wird es im Oktober ein großes kulinarisches Fest geben.
3 Gestern wurden wir von meiner Mutter zum Essen eingeladen.
4 Obst und Gemüse werden vor dem Zubereiten gewaschen.

5 Nachdem der Tisch gedeckt worden war, wurden die Gäste geholt.

6 Bei einer Grill-Party werden viele Würstchen gebraten.

7 Die Garten-Feier meines Onkels wird im September stattfinden.

8 Roberts Bruder ist ein bekannter Koch geworden.

4 So far, we have looked at the passive with verbs taking the accusative. As you will remember, after some verbs such as **folgen**, **helfen** or **begegnen**, the object is in the dative:

Er folgte *dem Geruch*. (*He followed the smell.*)

Sie halfen *der alten Dame*. (*They helped the old lady.*)

Lucy begegnete *mir*. (*Lucy met me.*)

If you turn sentences with these verbs into the passive the dative objects remain in the dative, instead of becoming the subject, as in the previous examples, and the passive verb has no explicit subject:

Active with a dative object	Passive
Der Koch folgte *dem* **Rezept seiner Mutter.** (*The cook followed his mother's recipe.*)	*Dem* **Rezept seiner Mutter wurde gefolgt.** (*The recipe of his mother was followed.*)
Die Kinder hatten *dem* **Gärtner geholfen.** (*The children had helped the gardener.*)	*Dem* **Gärtner war geholfen worden.** (*The gardener had been helped.*)

5 You do the same with the genitive or prepositional objects of active sentences when turning them into passive sentences:

Active	Passive
Genitive object: **Die Familien gedachten** *der* **Toten.** (*The families commemorated the dead.*)	*Der* **Toten wurde gedacht.** (*The dead were commemorated.*)
Prepositional object: **Eine Tante sorgt** *für* **die Kinder.** (*An aunt looks after the children.*)	*Für* **die Kinder wird gesorgt.** (*The children are looked after.*)

6 Many sentences have an accusative (direct) and a dative (indirect) object. In such cases, the accusative object becomes the subject of the passive sentence, whereas the dative object remains in the dative:

Den Kunden **verkaufte der Gärtner** *einen Topf Basilikum*.
(*The gardener sold a pot of basil to the customers.*)

Ein Topf Basilikum wurde den Kunden vom Gärtner verkauft.
(*A pot of basil was sold to the customers by the gardener.*)

7 The choice of preposition is important when mentioning the agent of the passive verb. The preposition most often used to show the agent – usually a person – is **von** + dative:

Der schöne Rosengarten wurde *von zwei Gärtnern* **gepflanzt.**
(*The beautiful rose garden was planted by two gardeners.*)

Die Zwiebeln wurden *von Peter* **geschnitten.** (*The onions were sliced by Peter.*)

Durch + accusative is used when indicating the *means* whereby the action is done:

Durch *das Düngemittel* wurde das Wachstum der Pflanzen angeregt. (*Plant growth was encouraged by the fertilizer.*)

Die Blumen wurden durch *den starken Regen* fast zerstört. (*The flowers were almost destroyed by the heavy rain.*)

8 You can also use the passive with modal verbs; the structure is the conventional modal verb + passive infinitive (past participle of the main verb + **werden**). The passive infinitive is unchangeable and cannot be separated:

Der Rasen *muss* heute *gemäht werden*. (*The lawn has to be mowed today.*)

    ↑   ↑

modal (present)   passive infinitive

You express different tenses by changing only the modal verb:

Diese Rezepte *konnten* nicht *gekocht werden*. (*These recipes could not be cooked.*)

    ↑   ↑

modal (past)   passive infinitive

> 🍎 *Remember, verbs ending in* -**ieren** *are always regular and form their past participle with a* -**t***, not with the participle prefix* **ge-***.*

B Complete the sentences using the passive form of kontrollieren.

1 Du kontrollierst den Zaun jeden Tag. Present: Der Zaun wird jeden Tag kontrolliert.
2 Simple past: Mein Zaun _____
3 Present perfect: Mein Zaun _____
4 Pluperfect: Mein Zaun _____
5 Future I: Mein Zaun _____
6 Future II: Mein Zaun _____

C Translate these German passive sentences.

1 Der alte Mann war betrogen worden.   The old man had been betrayed.
2 Das Fahrrad wird repariert.   _____
3 Die Kinder wurden von der Schule abgeholt.   _____
4 Die Pflanzen waren gegossen worden.   _____
5 Ein großes Steak wurde zubereitet.   _____
6 Das Fahrrad wird repariert worden sein.   _____
7 Die Kinder werden von der Schule abgeholt.   _____
8 Die Pflanzen sind gegossen worden.   _____
9 Du wurdest von einem berühmten
   Koch unterrichtet.   _____
10 Ein großes Steak wird zubereitet werden.   _____

D Change the active sentences into passive ones. Start your sentence with the dative/ genitive/prepositional object and leave out the agent.

1 Jedes Jahr gedenken wir der Opfer des Krieges.

_____

2 Der Lehrling ist den Anweisungen des Bäckers gefolgt.

_____

3 In der Fastenzeit verzichtete die ganze Familie auf Süßigkeiten.

_____

4 Gestern hat ihm der Chefkoch bereits alle Zutaten für die Suppe gegeben.

_____

5 Meine Großmutter hatte mich in die Geheimnisse des Backens eingeführt.

_____

6 Der Kellner empfiehlt den Gästen heute die Käsespätzle.

_____

7 Du hast mir ein großes Schnitzel serviert.

_____

8 Unser Nachbar hatte uns empfohlen, die Blumen jeden Tag zu gießen.

_____

E Decide whether *von* or *durch* has to be used. Remember the cases that follow these prepositions.

1 Die Plätzchen wurden _____ (die Kinder) zubereitet.
2 Dieser Garten wurde _____ (meine Mutter) angelegt.
3 Meine Hecke wurde _____ (der Gärtner) geschnitten.
4 Die Blumen waren oft _____ (der Nachbar) gegossen worden.
5 Die Tomatenpflanzen werden morgen bereits _____ (Frau Meier) gepflanzt worden sein.
6 _____ (der Sturm) wurden viele Zäune zerstört.
7 Das Gemüsebett wird _____ (Rosie) gedüngt werden.
8 Weißt du, _____ (wer) dieses Gericht erfunden wurde?
9 Der Schaden im Garten wurde _____ (das Unwetter) verursacht.

F Put the words in the correct order, beginning with the underlined words. Pay particular attention to the correct position of the verb forms.

1 sollen | werden | die Nudeln | hätten | gesalzen

_____

2 vom Chefkoch | werden | nicht | hat | können | der Geschmack | überprüft

_____

3 das Fleisch | gestern | mariniert | musste | schon | werden

_____

4 wird | häufig | müssen | gemäht | während der Sommermonate | werden | der Rasen

_____

5 nicht | <u>die Suppe</u> | werden | gesalzen | darf | zu stark

_____

6 können | von dem Gartenbesitzer | hatten | gepflückt | werden | <u>die Äpfel</u> | nicht

_____

7 verhindert | eine größere Katastrophe | konnte | <u>zum Glück</u> | werden

_____

8 werden | im Ofen | gelassen | <u>der Auflauf</u> | so lange | darf | nicht

_____

9 <u>die Grillparty</u> | werden | soll | wegen des schlechten Wetters | abgesagt

_____

10 gedüngt | müssen | haben | werden | <u>die Rosen</u>

_____

 G **Some of these sentences are passive and some are active. Discover which is which by choosing the auxiliary verb that fits the meaning.**

1 Neue Rezepte werden/haben in dem bunten Kochbuch vorgestellt.

2 Spaghetti mit Tomatensauce haben/werden erst morgen wieder angeboten.

3 Sobald die Steaks gut mariniert sind, haben/werden sie auf den Grill gegeben.

4 Gestern haben/werden wir uns zwei Flaschen guten Wein gekauft.

5 Bier hat/wird in Österreich auch in Dosen verkauft.

6 Ein Spanferkel wird/hat über dem offenen Feuer zubereitet.

 In subordinate clauses (such as …, **weil** …, or …, **dass** …) the passive follows the normal rules of word order and the conjugated verb comes at the end, with the appropriate form of **werden** or **sein** last of all, as shown in the table 'How to form the passive': **Ich habe gehört, dass letzte Woche ein neues Restaurant in meinem Dorf eröffnet worden <u>ist</u>.** _(I have heard that a new restaurant was opened in my village last week.)_ **Leider musste uns der Kellner mitteilen, dass das Restaurant geschlossen <u>wird</u>.** _(Unfortunately, the waiter had to inform us that the restaurant is to be closed.)_

H **Complete the following sentences using only the words in brackets.**

1 Hast du schon gesehen, dass _____?
(wurde | unser | getrunken | Wein)

2 Stefan findet es toll, dass _____.
(können/Lebensmittel/auch online/werden/bestellt)

3 Robert hat gehört, dass _____.
(Schnitzel | werden | serviert)

4 Ich finde es nicht gut, dass _____.
(kein Trinkgeld | gegeben | oft | wird)

 Don't worry if you don't know every word in what you read. The important point is to understand the overall meaning. Concentrate on words you know – you can often work out the others from them. Also, look for part of unknown words that matches a word you <u>already</u> know, e.g. **verdeutlichen → deutlich.**

I Read the recipe for one of Germany's favourite salads. Then change it into the passive.

	Krautsalat selbst gemacht (Rezept für 4 Portionen)
	Man schneidet einen großen Krautkopf in kleine, dünne Streifen. Diese legt man
	dann in eine Schüssel. Salz und Pfeffer gibt man dann je nach Vorliebe zum Kraut.
	Man lässt diese Mischung nun an einem dunklen Ort. Am nächsten Tag überprüft man
	den Geschmack und salzt eventuell noch. (Mehr als einen Esslöffel Salz braucht man
	nicht für einen Kopf Kraut). Nun fügt man das Öl und den Essig hinzu. Erneut rührt
	man kräftig um. Je nach Region geben manche Deutsche auch noch Kümmel in den
	Krautsalat. Fertig!

Krautsalat selbst gemacht

Ein großer Krautkopf wird in kleine, dünne Streifen geschnitten.

_____

_____

_____

_____

📖 Reading

J Read this article about a gardener's busy week and answer the question:

	Ein Haus mit Garten – Oase für die Seele oder Arbeit ohne Ende?
	Sylvia Bucher ist leidenschaftliche Gärtnerin, doch ab und zu ärgert sie sich, wenn
	Freunde und Familie denken, die Gartenarbeit wäre nicht intensiv. "Willst du ein
	Leben lang glücklich sein, so lege einen Garten an" – so lautet ein bekanntes
	deutsches Sprichwort. Doch obwohl Sylvia ihren Garten liebt, ist er für sie nicht nur
	ein grüner Flecken Erde, in dem bunte Blumen gedeihen und wo man die Seele rasten
	lassen kann, er erfordert auch viel Arbeit.

Welchen Nachteil, einen Garten zu haben, nennt Sylvia?

_____

K Now read what she has to do on a regular basis and answer the questions.

	Um zu verdeutlichen, was in einer typischen Woche im Mai erledigt werden muss, hat Sylvia eine Liste der vielen Aufgaben eines Gärtners erstellt:
	• Die Zäune werden auf Schäden kontrolliert.
	• Das Gemüsebeet wird mit Erde gefüllt und die neuen Samen werden gesät.
	• Die Tomatenpflanzen werden untertags vom Glashaus ins Freie gestellt und werden aber am Abend wieder zurückgebracht, damit sie nicht vom Frost vernichtet werden.
	• Die Krautpflanzen werden mit einem Netz vor Schmetterlingen und ihren Raupen geschützt.
	• Die Zucchinipflanzen werden an einer warmen Stelle eingepflanzt.
	• Das leere Beet vom letzten Jahr wird hergerichtet und gedüngt.
	• Schnecken werden eingesammelt.
	• Kompost wird als Dünger auf die Beete gegeben. Die Blumen werden gegossen und geschnitten. Der Rasen wird geschnitten und gegossen. Und weil im Mai wirklich alles gut wächst, muss viel Unkraut gejätet werden.
	Manchmal bekommt Sylvia Hilfe von ihrem Mann, dann werden die großen Containerpflanzen von ihm auf den Balkon gebracht und mit dem großen, alten Schubkarren wird Sylvia beim Jäten unterstützt.
	Auch wenn diese Arbeiten manchmal nicht geschätzt werden, so sind sie doch sehr notwendig, wer will schon eine Grill-Feier in einem Garten feiern, wo Brennnesseln wuchern? Und es sind gerade die Feiern mit ihren Freunden, die Sylvia sehr freuen, da wird dann gebraten und gekocht, Steaks werden mariniert, Salat wird angemacht und wenn die letzte Wurst vom Grill verschwunden ist, holt Sylvias Mann seine Gitarre hervor und dann wird getanzt!

1 Warum bringt Sylvia die Tomatenpflanzen am Abend aus dem Garten in ein Gebäude?

_____

2 Wobei greift Sylvias Mann ihr unter die Arme?

_____

3 Was bereitet Sylvia besonders viel Freude?

_____

L At the end of the week, Sylvia has managed to do all the jobs. She can now tick them off her list. Please complete it for her, using the passive.

Die Zäune wurden auf Schäden kontrolliert.

_____

_____

_____

_____

_____

_____

_____

_____

_____

M Look at the text again and identify at least ten passives.

1 _____ 2 _____ 3 _____ 4 _____ 5 _____

6 _____ 7 _____ 8 _____ 9 _____ 10 _____

Vocabulary

N Find the words and phrases from the reading text that match these definitions/synonyms. Don't forget to also look up plurals, articles, irregular forms, etc. and to write down all new vocabulary for revision and memorization.

	Verbs	Definition/Synonyms
1		sich ausruhen
2		sicherstellen, dass alles passt
3		etwas voll machen
4		Pflanzensamen in oder auf die Erde geben
5		Pflanzen in die Erde geben
6		Pflanzen Wasser geben
7		ungewünschte Pflanzen entfernen
8		wenn Pflanzen ohne Kontrolle stark wachsen
9		etwas in der Pfanne, im Ofen oder auf dem Grill zubereiten

	Nouns	Definition/Synonyms
10		traditionelle, bekannte Aussage
11		Grenze, oft aus Holz
12		Fläche für Gemüse und Obst im Garten
13		frühes Stadium vieler Insekten
14		Pflanzennahrung
15		gepflegte Grasfläche

O Find the odd one out.

1   Blumenbeet | Gartenhaus | Komposthaufen | Konservendose
2   Senf | Konfitüre | Mayonnaise | Ketchup
3   Rippchen | Bauchfleisch | Zucchini | Würstchen
4   anbraten | garen | dünsten | verlieren
5   trocknen | eingießen | ausschenken | abzapfen
6   ausgraben | umtopfen | staubsaugen | einpflanzen

Writing

P Send an email to a friend with one of your favourite recipes – it might even be a recipe for a German speciality. Use complete sentences and try to use the passive. (80 to 100 words)

_____

_____

_____

_____

_____

_____

_____

_____

_____

_____

_____

_____

Self-check

Tick the box which matches your level of confidence.

1 = very confident; 2 = need more practice; 3 = not confident

Kreuze in der Tabelle an, wie sicher du dich fühlst.

1 = sehr sicher; 2 = brauche mehr Übung; 3 = eher unsicher

	1	2	3
Can recognize German passives.			
Can form simple passive sentences. (CEFR B1)			
Can use the passive in various tenses. (CEFR B2)			
Can understand fairly complicated texts and follow instructions such as recipes. (CEFR B2)			
Can understand the differences and similarities between the English and German ways of forming and using the passive.			
Can express and understand detailed ideas and texts about leisure activities such as gardening or cooking. (CEFR B2)			

For more information on the passive, refer to Complete German, Unit 23.

20 Der Klimawandel lässt sich vermeiden

Climate change can be avoided

In this unit you will learn how to:

✔ Talk about the environment and climate change.

✔ Replace passive constructions with alternative ones.

✔ Improve your writing by using different ways of expressing the same idea.

CEFR: Can express news and views effectively in writing, and relate to those of others (CEFR B2).

Meaning and usage

Alternatives to the passive

1 As you know, the passive form puts the emphasis on the action expressed by the verb rather than on the person doing the action. However, you can also achieve this by using other constructions than the passive, e.g. the impersonal pronoun **man** (*one*):

Man trennt seinen Müll in Deutschland. (*One separates one's waste/People separate their waste in Germany.*)

Passive: **In Deutschland wird Müll getrennt.** (*In Germany, waste is separated.*)

Unlike its English equivalent, this construction is quite common in German.

2 **Sich lassen** + a verb in the infinitive replaces *könnnen* + passive and therefore expresses a possibility:

Durch Recycling _lässt sich_ Abfall vermeiden. (*By recycling waste can be avoided.*)

Passive: **Durch Recycling kann Abfall vermieden werden.** (*By recycling waste can be avoided.*)

3 Instead of using the passive, you can also use reflexive verbs that describe an activity. They often express ability:

Der Ölteppich _beseitigt sich_ nicht leicht. (*The oil slick is not/cannot be easily removed.*)

Passive: **Der Ölteppich kann nicht leicht beseitigt werden.**
(*The oil slick cannot be easily removed.*)

4 In German, you often use reflexive verbs when English uses *to be* + adjective (e.g. **sich ärgern** – *to be annoyed;* **sich freuen** – *to be pleased/happy;* **sich schämen** – *to be ashamed*):

Die Umweltschützer _ärgerten sich_ über den vielen Müll am Strand. (*The environmentalists were annoyed by the amount of rubbish on the beach.*)

Meine Mutter _freut sich_ über die neue Solaranlage auf ihrem Dach. (*My mother is pleased with the new solar panels on her roof.*)

5 Constructions with **sein/bleiben/geben** + infinitive with **zu** denote an obligation:

Die Heizung _ist_ nachts _auszustellen_, um Strom zu sparen. (*The heating must be switched/is to be switched off at night in order to save energy.*)

Passive: **Die Heizung soll nachts ausgestellt werden, um Strom zu sparen.**

Wie erfolgreich die Maßnahme ist, _bleibt abzuwarten_. (*It remains to be seen how successful the measure will be.*)

Passive: **Wie erfolgreich die Maßnahme ist, muss abgewartet werden.**

Es _gibt_ noch vieles _zu verbessern_. (*There's still a lot of room/scope for improvement.*)

Passive: **Es muss noch vieles verbessert werden.** (*A lot must still be improved.*)

*Remember that the **zu** goes between the prefix and the stem when the verb is separable but in front of the verb if it isn't separable.*

6 There are also many set phrases that consist of a verb + a verbal noun (i.e. a noun that derives from a verb, e.g. **vergessen → die Vergessenheit**) and have a passive meaning. **Erfahren, erhalten, finden, gehen, gelangen, kommen, stehen** are often used as the verb in these constructions, but they then lose their basic meaning as it is the verbal noun that conveys it:

Die Verhandlungen über den Atomausstieg _kommen_ heute _zum Abschluss_. (*The negotiations over phasing out nuclear power will be concluded today.*)

Passive: **Die Verhandlungen über den Atomausstieg werden heute abgeschlossen.** (*The negotiations over phasing out nuclear power will be concluded today.*)

Die Belastung durch Autoabgase sollte nicht _in Vergessenheit geraten_. (*The pollution caused by exhaust fumes should not be forgotten.*)

Passive: **Die Belastung durch Autoabgase sollte nicht vergessen werden.** (*The pollution caused by exhaust fumes should not be forgotten.*)

Die Umweltgesetze haben _eine Vereinfachung erfahren_. (*The environment laws have been simplified.*)

Passive: **Die Umweltgesetze sind vereinfacht worden.** (*The environment laws have been simplified.*)

There is no rule about forming these set phrases, so simply watch out for them when reading and listening to German. They are a great way of expanding your vocabulary and improving your style.

7 Adjectives ending in **-bar**, **-lich**, or **-fähig** can replace the passive when used with **sein**. They are similar to English adjectives ending in *-able* and *-ible*:

Die Klimaziele _sind_ noch _ausbaufähig_.
(*The climate goals are still improvable/can still be improved.*)

Passive: **Die Klimaziele können noch ausgebaut werden.**
(*The climate goals are still improvable.*)

Viele Umweltkatastrophen _sind_ durch besseren Umweltschutz _vermeidbar_.
(*Many environmental catastrophes are avoidable/could be avoided through better protection of the environment.*)

Passive: **Viele Umweltkatastrophen können durch besseren Umweltschutz vermieden werden.** (*Many environmental catastrophes could be avoided through better protection of the environment.*)

A Read these sentences containing alternative constructions to the passive. Give the passive version. Use the same tense as in the examples given.

1 Die erneuerbaren Energien lassen sich noch weiter ausbauen.
_____

2 Man verzichtet in Zukunft in Deutschland auf Atomenergie.
_____

3 Die Einführung einer Ökosteuer steht nicht zur Diskussion.
_____

4 Der Verdacht des Umweltministeriums hat sich bestätigt.
_____

5 Der Atommüll ist absolut sicher zu lagern.
_____

6 Mancher Müll ist wiederverwertbar.
_____

How to form alternatives to the passive

1 The construction with **man** is very easy as you simply use **man** as the subject of the sentence:

_Man _verunreinigt__ unsere Flüsse durch giftiges Abwasser. (*Our rivers are being contaminated by poisonous waste water./People are contaminating our rivers with poisonous waste water.*)

2 As with the passive, **sich lassen** + verb in the infinitive only works with transitive verbs, i.e. those taking an accusative object. This object needs to be a thing and cannot be a person:

Durch Doppelglasfenster _lässt sich Strom sparen_.
(*With double-glazed windows a lot of energy can be saved.*)

3 You can use reflexive verbs instead of passive constructions with a number of transitive verbs:

Das Pfand auf Plastikflaschen _erhöht sich_ nicht jedes Jahr.
(*The deposit on plastic bottles is not being increased every year.*)

Beim Klimagipfel _fand sich_ kein Kompromiss.
(*At the climate summit no compromise was found.*)

Bear in mind, though, that not all transitive verbs can be turned into reflexive verbs. It is a good idea both to note and learn any you come across, and to check in a dictionary if you want to use a transitive verb reflexively in this way.

4 Adjectives ending in **-bar** (e.g. **vermeiden → vermeidbar**) or **-lich** (e.g. **bedrohen →
   bedrohlich**) are derived from verbs, whereas adjectives ending in **-fähig** are derived from
   verbal nouns (e.g. **entwickeln → die Entwicklung → entwicklungsfähig**):

   Passive: **Die Sauberkeit unseres Trinkwassers <u>kann</u> durch den Einsatz von Pestiziden in der
   Landwirtschaft <u>bedroht werden</u>.** (*The cleanliness of our drinking water can be threatened by the
   use of pesticides in farming.*)

   **Der Einsatz von Pestiziden in der Landwirtschaft <u>ist für</u> die Sauberkeit unseres
   Trinkwassers <u>bedrohlich</u>.** (*The use of pesticides in farming is a threat to the cleanliness of our
   drinking water.*)

*From the last example you can see that some of these adjectives might require a preposition (**für** in this instance). Make sure not to forget those. It is best to learn them when you come across an adjective of the kind just described.*

**B Read the text and look out for adjectives of the kind just explained. Say which verb or
   noun they come from.**

Alle Folgen der Umweltverschmutzung sind noch nicht vorhersehbar, deshalb ist es
besonders wichtig, dass wir vorsichtig mit der Natur umgehen. Das kann man erreichen,
indem man nur Produkte kauft, die wiederverwertbar sind, also recyclingfähig.
Heutzutage sind diese überall leicht erhältlich. Bei Putzmitteln sollte man darauf achten,
dass diese nur Substanzen erhalten, die biologisch abbaubar sind. So kann man schon
einen kleinen Beitrag zum Umweltschutz leisten.

	Adjective	Verb/Noun
1		
2		
3		
4		
5		

C Replace these passive constructions using sich lassen + **infinitive.**

1 Ein Tempolimit auf deutschen Autobahnen kann gegen den Willen der Bürger nicht durchgesetzt werden.

_____

2 Strafen gegen Umweltsünder können leicht verschärft werden.

_____

3 Wenn wir jetzt handeln, kann die Klimaerwärmung noch aufgehalten werden.

_____

4 Die Auswirkungen des Klimawandels konnten nicht abgesehen werden.

_____

D These passive constructions have been replaced by using reflexive verbs. However, the words got mixed up. Put them into the right order.

1 Die Konsequenzen der Erderwärmung können manchmal schwer erklärt werden.
   sich | schwer | manchmal | die Konsequenzen der Erderwärmung | erklären

_____

2 Seit einigen Jahren werden viele Bio-Produkte gut verkauft.
   viele Bio-Produkte | sich | gut | seit einigen Jahren | verkaufen

_____

3 In den 1980er Jahren wurde das Ozonloch durch die Benutzung von Haarspray vergrößert.
   vergrößerte | durch die Benutzung von Haarspray | das Ozonloch | sich | in den 1980er Jahren

_____

4 Kompromisse zwischen allen Ländern zur Rettung des Klimas werden nur schwer gefunden.
   zur Rettung des Klimas | sich | nur schwer | Kompromisse zwischen allen Ländern | finden

_____

E These passive constructions have been replaced by using _bleiben/sein/geben_ + infinitive with _zu_. However, the words got mixed up. Put them into the right order.

1 Der Gebrauch von Plastiktüten muss reduziert werden.
   zu | ist | der Gebrauch von Plastiktüten | reduzieren

_____

2 Fossile Energien können durch erneuerbare Energien ersetzt werden.
   durch erneuerbare Energien | sind | fossile Energien | ersetzen | zu

_____

3 Ob die Maßnahmen der Regierung ausreichen, muss erst noch festgestellt werden.
   ausreichen | ob | die Maßnahmen der Regierung | festzustellen | noch | bleibt

_____

4 In Sachen Klimaschutz muss noch viel getan werden.
   noch | zu | viel | tun | in Sachen Klimaschutz | ist

_____

F Replace these passive constructions using adjectives ending in *-bar, -lich* or *-fähig*. The adjectives are given in brackets.

1 Eierschalen können kompostiert werden. (kompostierbar)

2 Unsere Anstrengungen für den Klimaschutz können noch gesteigert werden. (steigerungsfähig)

3 Viele Folgen des Klimawandels können nicht gesehen werden. (sichtbar)

4 Plastiktüten können ersetzt werden. (ersetzbar)

G These passive constructions have been changed using an alternative covered in this unit, but somehow the words got mixed up. Put them in the correct order.

1 Der Traum von einer sauberen Welt wird vielleicht noch erfüllt werden.
erfüllt | vielleicht | der Traum von einer sauberen Welt | sich | noch

2 Es kann nicht geleugnet werden, dass Fliegen schädlich für die Umwelt ist.
sich | leugnen | lässt | es | nicht, dass Fliegen schädlich für die Umwelt ist

3 Der Atomausstieg wurde beschlossen.
den Atomausstieg | man | beschloss

4 Ob die neuen Umweltschutzgesetze erfolgreich sind, kann noch nicht abgeschätzt werden.
Ob die neuen Umweltschutzgesetze erfolgreich sind, | nicht | noch | lässt | abschätzen | sich

H Replace these passive constructions using an alternative covered in this unit. Sometimes more than one option is possible.

1 Menschen, die an der Klimaerwärmung zweifeln, muss die Meinung gesagt werden.

2 Die Sorge um das Wohl der Erde kann verstanden werden.

3 Ich hoffe, dass die Prognosen der Umweltschützer nicht bestätigt werden.

4 In Deutschland wird viel Ökostrom benutzt.

5 Die Folgen eines Tempolimits auf Autobahnen können noch nicht abgesehen werden.

6 Ein Ende des Klimawandels kann erreicht werden.

Vocabulary

I Replace these passives using a set phrase from the box

eine Änderung erfahren	Anerkennung finden	zur Diskussion stehen
zu einer Einigung gelangen	in Erfüllung gehen	Zustimmung erhalten

1 Über eine Laufzeitverlängerung für Atomkraftwerke wurde nicht diskutiert.

_____

2 Den Plänen der Umweltministerin wurde mit großer Mehrheit zugestimmt.

_____

3 Eine Einigung unter den Umweltministern wurde nicht erlangt.

_____

4 Nur wenige Wünsche der Umweltschutzorganisationen werden erfüllt.

_____

5 Die Mühen der Biobauern sind anerkannt worden.

_____

6 Die Klimaschutzziele werden verändert werden.

_____

J Find the odd one out.

1 Müll sparen | trennen | vermeiden
2 Strom sparen | verschwenden | verursachen
3 die Umwelt belasten | schützen | vertreiben
4 Trinkwasser verschmutzen | verunreinigen | verzichten

 Reading

K Read Elisa's letter to her friend telling her how environmentally aware her family is, and answer the question.

	Liebe Franziska,
	du hast in deinem letzten Brief gefragt, was wir für die Umwelt tun. Also, meine
	Familie ist sehr umweltbewusst. Meine Eltern engagierten sich schon als Studenten in
	der Anti-Atomkraft-Bewegung. Ihre Motivation dazu war die Atomkatastrophe in
	Tschernobyl, nach der sie der Partei "Die Grünen" beitraten und sich an
	Demonstrationen für den Ausstieg aus der Atomkraft beteiligten.

Welches Ereignis veranlasste Elisas Eltern sich für den Umweltschutz einzusetzen?

L   Now continue reading and answer the questions.

Aus diesem Grund benutzen wir seit Jahren nur Ökostrom, der aus erneuerbaren Quellen gewonnen wird. Als Deutschland sich nach einer weiteren Atomkatastrophe, nämlich der in Fukushima, für den Ausstieg aus der Atomkraft entschied, war das für sie einer der schönsten Tage ihres Lebens. Auch in allen anderen Bereichen des Lebens achten wir darauf, die Umwelt zu schützen. So verzichten wir auf ein Auto und fahren mit dem Fahrrad oder gehen zu Fuß. Bei weiteren Strecken nehmen wir die Bahn oder einen Bus, aber wir fliegen nie, weil das zu viel CO_2 ausstoßen würde. Wir kaufen nur Bio-Produkte aus der Region, damit keine Pestizide in das Grundwasser geraten und die Lebensmittel nicht von weither transportiert werden müssen. Von klein auf wurde mir beigebracht, dass wir die Heizung ausstellen sollen, wenn wir lüften, um keinen Strom zu verschwenden. Auch sonst versuchen wir, Strom zu sparen, denn nur so kann in Zukunft auf fossile Energie verzichtet werden. Natürlich recyceln wir auch so viel Müll wie möglich und verzichten auf Plastiktüten. Den Biomüll kompostieren wir im eigenen Garten. Wenn ich mit meinem Studium fertig bin und Geld verdiene, träume ich davon, mir einmal ein Passivhaus zu kaufen, weil so ein Haus nur sehr wenig Energie verbraucht.

Was machst du für den Umweltschutz?

Deine Elisa

1   Was war für Elisas Eltern eines der besten Ereignisse ihres Lebens?

2   Wie bewegt sich ihre Familie meistens fort?

3   Welche Vorteile haben Bio-Produkte aus der Region?

4   Was ist Elisas Traum?

Vocabulary

M Find the words in the text which are defined here.

	Description	Word
1	nukleare Energie	
2	Solarenergie, Windenergie, etc.	
3	etwas absichtlich nicht benutzen	
4	der Zug	
5	Giftstoffe	
6	um das zu tun, muss man das Fenster aufmachen	
7	Öl und Kohle	

N Complete the sentences with a word from the box.

> Einwegflasche   Energiesparlampe   genmanipuliert   gesundheitsgefährdend
> Laufzeitverlängerung   Meeresspiegel   Treibhausgase   Überfischung

1 Heute hat der Bundestag eine _____ für Atomkraftwerke beschlossen. Sie werden nun doch erst später abgestellt.

2 Der Einsatz von Pestiziden kann _____ sein.

3 Durch die _____ der Meere sterben einige Fischarten aus.

4 Das ist eine _____. Sie kann nicht recycelt werden.

5 Der Anstieg des _____ bedroht das Leben vieler Küstenbewohner.

6 _____ tragen zur Erderwärmung bei.

7 Diese _____ verbraucht weniger Strom.

8 Gegen den Anbau von _____ Gemüse gibt es in Deutschland viele Proteste.

Writing

O What is done in your country to protect the environment? And what do you do personally? Write a short description of your country's or your own initiatives to save the planet (about 120 words).

_____

_____

_____

_____

_____

_____

Self-check

Tick the box which matches your level of confidence.

    1 = very confident;   2 = need more practice;   3 = not confident

Kreuze in der Tabelle an, wie sicher du dich fühlst.

    1 = sehr sicher;   2 = brauche mehr Übung;   3 = eher unsicher

	1	2	3
Knows how to replace passive constructions with alternative constructions.			
Can express news and views effectively in writing, and relate to those of others. (CEFR B2)			
Can understand articles and reports concerned with contemporary problems in which the writers adopt particular stances or viewpoints. (CEFR B2)			

21 Wenn ich nur endlich gesund wäre!

If only I were finally well!

In this unit you will learn how to:

- ✓ Talk about hypothetical situations.
- ✓ Say that you find something hard to believe.
- ✓ Make a very polite request.

CEFR: Can understand medical information, such as words and expressions linked to common diseases and illnesses (CEFR B1); Can understand detailed medical information in fairly complicated texts (CEFR B2); Can write clear and detailed descriptions of hypothetical situations such as dreams (CEFR B2).

die **VERGANGENHEIT**	die **GEGENWART**	die **ZUKUNFT**
gestern, vorgestern, letzte Woche, usw.	*jetzt, heute, zurzeit, heutzutage, usw.*	*morgen, übermorgen, nächsten Monat, usw.*

Konjunktiv I:
Futur II:
Er meint, du werdest gelacht haben

Konjunktiv I: Futur I:
Er meint, du werdest lachen.

Konjunktiv I: *Er meint, du lachest.*
Konjunktiv II: *Du würdest lachen, wenn du den Witz hören würdest*

Konjunktiv I: *Er meinte, du habest gelacht.*
Konjunktiv II: *Du hättest gelacht, wenn du den Witz gehört hättest.*

Meaning and usage

Konjunktiv II

1 Sometimes, we need to talk about a situation that is hypothetical, or may possibly exist in the future. **Konjunktiv II** is used to express such unreal or hypothetical situations or future events that may or may not become reality. Like in English, these sentences often use **wenn** (*if*):

Wenn ich nicht krank <u>wäre</u>, <u>könnte</u> ich mir meine Medikamente selbst kaufen. (*If I weren't ill, I could buy my medication myself.*)

Wenn wir bessere ärztliche Versorgung garantieren _würden_, _wären_ viele Probleme gelöst.
(_If we could guarantee better medical care, many problems would be solved._)

 Don't forget that **wenn** _sends the conjugated verb to the end because it introduces a subordinate clause._

2 The past form of **Konjunktiv II** is what you use to express a hypothetical situation in the past; in other words, one that cannot now be changed:

Wenn ich nicht krank _gewesen wäre_, _hätte_ ich mir selbst meine Medikamente _gekauft_.
(_If I hadn't been ill, I would have bought my medicine myself._)

Wenn wir bessere ärztliche Versorgung _garantiert hätten_, _wären_ viele Probleme _gelöst worden_. (_If we had guaranteed better medical care, many problems would have been solved._)

3 You also use **Konjunktiv II** in questions when you find something hard to believe:

Würden Sie ihm damit wirklich helfen? (_Would you really help him with it?_)

Kämest du sie wirklich im Krankenhaus besuchen?
(_Would you really come to see her in hospital?_)

4 When wishing for something which is unlikely to come true or is unrealistic, you also often use **Konjunktiv II**:

Wenn meine Kinder doch nur wieder gesund _wären_! (_If only my children were healthy again!_)

Käme die Krankenschwester doch nur! (_If only the nurse would come!_)

 Note that sentences expressing wishes, like the two previous examples, either start with **wenn** _(if only), sending the conjugated verb to the end, or – if used without_ **wenn** _– have conjugated the verb at the beginning of the sentence, just like the imperative._

5 You also use **Konjunktiv II** when making polite requests:

Wären Sie bitte so lieb, mir die Krücken zu reichen? (_Would you please be so kind as to hand me the crutches?_)

Herr Doktor, _hätten_ Sie eine Minute Zeit für mich? (_Doctor, would you have a minute for me?_)

How to form Konjunktiv II

1 There are only two tenses for **Konjunktiv II**, one for the present and one for referring to the past. For the present, you take the imperfect tense stem of the verb in the indicative (= verbs not in the subjunctive mood) as its base. You then add the **Konjunktiv** endings (**-e, -est, -e, -en, -et, -en**) and in strong verbs you need an umlaut if the stem vowel is **a, o** or **u**:

	Konjunktiv II		Imperfect (Indicative)	
	Weak verb **heilen**	Strong verb **kommen**	Weak verb **heilen**	Strong verb **kommen**
ich	heilt-_e_	käm-_e_	heilte	kam
du	heilt-_est_	käm-_est_	heiltest	kamst
er/sie/es	heilt-_e_	käm-_e_	heilte	kam
wir	heilt-_en_	käm-_en_	heilten	kamen
ihr	heilt-_et_	käm-_et_	heiltet	kamt
Sie/sie	heilt-_en_	käm-_en_	heilten	kamen

2 Modal verbs behave just like strong verbs: they take an umlaut in **Konjunktiv II**.

However, there always has to be an exception to the rule: **wollen** *and* **sollen** *do not take an umlaut in* **Konjunktiv II**.

	Konjunktiv II		
	können	müssen	sollen
ich	könnt-_e_	müsst-_e_	sollt-_e_
du	könnt-_est_	müsst-_est_	sollt-_est_
er/sie/es	könnt-_e_	müsst-_e_	sollt-_e_
wir	könnt-_en_	müsst-_en_	sollt-_en_
ihr	könnt-_et_	müsst-_et_	sollt-_et_
Sie/sie	könnt-_en_	müsst-_en_	sollt-_en_

3 You will notice immediately that with weak verbs the **Konjunktiv II** forms in the present tense are exactly the same as the simple past indicative. To avoid the problem of ambiguity, these archaic **Konjunktiv II** forms are replaced by **würden** + infinitive in modern German:

Würde die Wunde meines Bruders schneller _heilen_, käme er zu deiner Feier in einer Woche. (*If my brother's wound healed faster, he would come to your party in a week's time.*)

Wenn er die Bandagen _verwenden würde_, hätte er weniger Schmerzen. (*If he used the bandages, he would have less pain.*)

The **würden** *we are talking about here is simply the* **Konjunktiv II** *form of* **werden***: The imperfect stem of* **werden** *is* **wurd-***; you then add an umlaut and the* **Konjunktiv II** *endings, and voilà, you have got the very versatile* **würde***!*

4 The present **Konjunktiv II** forms are slowly dying out. With the exception of very common verbs such as **gehen, haben, kommen, sein, tun, werden** and **wissen**, they are often only used in written and very formal German. In everyday life and spoken German, there is an overall tendency to use **würden** + infinitive instead:

Sie _wüssten_ von deiner Krankheit, wenn nicht immer alle so ein Geheimnis daraus machen würden. (_They would know about your disease if it weren't for everyone being so cagey about it._)

Rosa _ginge_ zum Arzt, aber sie möchte ihre Kinder nicht allein lassen. (_Rosa would go to the doctor's, but she does not want to leave her kids alone._)

5 There is only one past tense form in **Konjunktiv II**; it is formed with the auxiliary verbs **haben** and **sein** in their **Konjunktiv II** form and the past participle of the main verb:

ich	hätte + gemacht	wir	hätten + gemusst
	wäre + gelaufen		wären + getaucht
du	hättest + gedacht	ihr	hättet + genommen
	wärest + geschwommen		wäret + gerannt
er/sie/es	hätte + gefragt	sie/Sie	hätten + geschlafen
	wäre + gesprungen		wären + gegangen

Wenn meine kleine Schwester das Messer nicht _erreicht hätte_, _hätte_ sie sich nicht in den Finger _geschnitten_. (_If my little sister had not been able to reach the knife, she would not have cut her finger._)

Hätte man Penicillin schon früher _entdeckt_, so _hätten_ Ärzte schon vor Jahrhunderten viele Leben _gerettet_. (_Had penicillin been discovered much sooner, doctors would have saved many lives centuries ago._)

Wäre meine Mutter damals nicht bei so schlechter Gesundheit _gewesen_, _wäre_ sie nicht so früh in Pension _gegangen_. (_Had my mother not been in such bad health back then, she would not have retired so soon._)

Wenn Silvias Operation gut _verlaufen wäre_, _hätte_ sie nicht immer noch Schmerzen. (_Had Silvia's operation gone well, she would not still be suffering from pain._)

Those verbs that take a form of **sein** in the perfect take **wäre, wären**, etc. in the **Konjunktiv II**, and those that take **haben** use **hätten** in the **Konjunktiv II**.

Great news! There's nothing special to learn with regard to modal verbs and the past **Konjunktiv II**! As in the indicative, you have an auxiliary (the appropriate form of **hätten**) and the infinitive of the modal verb: **Hätte** ihr Großvater nicht zur normalen Gesundenuntersuchung gehen **müssen**, **hätten** die Ärzte den Tumor nie entdecken **können**. (Had it not been for her grandfather having to go for a regular check-up, the doctors could have never found the tumour.)

6 The passive integrates well into the **Konjunktiv II**. All its rules remain the same. You just replace the indicative form of **werden** with the corresponding form of **würden** for the present, and you use **wären** + past participle + **worden** for the past:

	Indicative	Konjunktiv II
Present	Die Frau wird geheilt.	Die Frau würde geheilt werden.
	Die Frau wurde geheilt.	
Past	Die Frau ist geheilt worden.	Die Frau wäre geheilt worden.
	Die Frau war geheilt worden.	

 As you can see, using the **Konjunktiv II** *forms correctly often depends on accurate umlaut positioning and pronunciation.*

A **Read the text and find all forms of the** Konjunktiv II **(including** würde + infinitive**). There are passives, modal verbs, etc.**

Der unerfüllbare Traum eines Arztes

Jahrelang habe ich Medizin studiert und behandle nun schon seit 20 Jahren Patienten in meiner Praxis. Doch oft wünsche ich mir, ich könnte wirklich allen Menschen helfen. Ich wünsche mir, dass ich ein allmächtiger Arzt wäre. Dann könnte ich alle Leute gegen schlimme Krankheiten impfen und es wäre einfacher, unruhige Kinder zu behandeln. Ich hätte immer genügend Medikamente und käme nie zu spät zu einem Unfall. Ich würde auch nie umsonst gerufen und würde nie mehr von der Krankenkasse mit Bürokratie-Aufgaben genervt. Ich wüsste über alle Krankheiten Bescheid und müsste nie etwas in einem Buch nachschlagen. Das wäre wunderschön!

Modal verbs	Passive voice	Other Konjunktiv II forms
könnte ... helfen		

B **Say what would you do in their place (an ihrer Stelle). There is a gap for each verb. Use the form with** würde + infinitive.

gehen	zubereiten	einholen	schonen	vertrauen	kaufen

1 An deiner Stelle _____ ich gesünderes Essen _____.

2 An seiner Stelle _____ seine Geschwister noch die Meinung eines anderen Arztes

_____.

3 An unserer Stelle _____ deine Großeltern den Ärzten mehr _____.

4 An ihrer Stelle _____ du wohl nicht mit einem Husten joggen _____.

5 An meiner Stelle _____ meine Mutter jetzt schon Taschentücher und Hustensaft _____.

6 An deiner Stelle _____ ich mich _____.

C **Choose the appropriate form of _wären_ or _hätten_.**

1 Dr Albers hätte/wäre heute oder morgen Zeit für Sie, was hätte/wäre Ihnen lieber?

2 Ich hätte/wäre heute einen Termin beim Zahnarzt gehabt, den habe ich aber leider vergessen.

3 Die Behandlung hätte/wäre gut funktioniert, wenn du auch die Medikamente genommen hättest/wärest.

4 Es hätte/wäre wirklich schön, mit dir feiern zu können, aber leider habe ich Fieber und liege im Bett.

5 Der Patient hätte/wäre sehr viel Blut verloren, wenn die Pfleger nicht so gut reagiert hätten/wären.

6 Franz hätte/wäre Medizin studiert, aber er hatte schlechte Noten im Gymnasium.

D **Choose the right verb to complete the mini-conversations.**

gäbe	würde	könnte	würde	wäre	wären	wäre	wüssten	hätten	würden

(1) _____ die Wunde noch bluten, wenn du den Verband abnähmest? –
Nein, aber ich habe Angst, dass die Narbe wieder aufreißen (2) _____. – Vielleicht (3) _____ es am besten, wenn du nochmal mit deinem Arzt sprichst! – Das denke ich nicht, der würde mir nur wieder einen neuen Verband geben und vielleicht
(4) _____ er mir auch Schmerzmittel. Ich bleibe einfach stur und tapfer.

(5) _____ Sie noch einen Wunsch? – Ja, (6) _____ Sie so lieb, mir noch etwas Tee zu bringen, sonst kann ich meine Tabletten nicht schlucken. Und (7) _____ Sie mir bitte den Polster richten, ich kann das leider selbst nicht. – Kein Problem, sonst noch etwas? – Ja, doch: (8) _____ Sie vielleicht, was es heute zum Essen gibt? Ein Schnitzel mit Kartoffelsalat (9) _____ einfach fantastisch und ich bin mir sicher, so ein Schnitzel (10) _____ mir helfen, wieder gesund zu werden!

E **Use the past Konjunktiv II to complete the sentences.**

messen	besuchen	umziehen	rufen	gehen	sein	einholen	operieren

1 Rosa _____ dich letzte Woche gerne im Krankenhaus _____, aber leider ging es ihr selbst nicht so gut.

2 Mein Bruder _____ gestern wirklich gern mit euch ins Theater _____, aber seine kleine Tochter hat die Grippe.

3 Wir _____ vor einem Jahr bereits _____, aber wir konnten kein Haus finden, das behindertengerecht ist.

4 Sein Vater _____ sein Fieber _____, wenn er einen Fiebermesser gefunden hätte.

5 Ich _____ einen Krankenwagen _____, aber mein Telefon funktionierte nicht.

6 Die Salbe _____ gut _____, nur war sie leider bereits abgelaufen.

7 Der Chirurg _____ den Patienten am Morgen _____, leider ist er für die Operation aber noch zu schwach gewesen.

8 Frau Oberhuber _____ gerne die Meinung des Facharztes _____, aber dieser Arzt behandelt nur Privatpatienten.

F **Complete the clauses using the Konjunktiv II passive form and then choose which second part makes sense.**

1 Wenn er als Kind damals nicht am Herzen _____ _____, (operiert werden)

   a so wären ihre Überlebenschancen sehr gering gewesen.

2 Wenn ich nicht _____ _____, (geimpft werden)

   b könnte er heute keinen Sport treiben und müsste Angst vor einem Herzanfall haben.

3 _____ Silvia nach ihrem Unfall nicht schnell vom Notarzt _____ (behandelt werden)

   c hätten uns die Ärzte dort nicht helfen können.

4 _____ du von uns nicht so oft _____ (besucht werden)

   d hätte ich wegen des kleinen Schnittes Wundstarrkrampf bekommen können.

5 _____ wir nicht ins Krankenhaus _____, (gebracht werden)

   e wäre dir sicher langweilig geworden.

G **Complete the sentences using the verbs in brackets. Rewrite the sentence, taking away or adding *wenn*. Don't forget that the sentence structure changes with *wenn*.**

1 a Wenn Robert nicht das Bett _____ (hüten müssen), dann _____ (können) er mit uns ins Kino gehen. (present)

   b _____

   _____

2 a _____ das Krankenhaus nach dem Erdbeben nicht so _____ _____ (überfüllt sein), so _____ die Ärzte mehr Menschenleben _____ (retten können). (past)

   b _____

   _____

3 a Die seltene Krankheit _____ damals nicht _____ (ausbrechen können), wenn die Hygienebedingungen besser _____ (sein). (past)

   b _____

   _____

4 a Wenn der Pfleger heute nicht so viel zu tun _____ (haben), dann _____ (bitten) wir ihn um ein langes, vertrauliches Gespräch. (present)

   b _____

   _____

5 a _____ es gestern nicht so stark _____ (schneien), dann _____ ich sicher nicht auf dem Eis _____ (ausrutschen) und _____ mich nicht _____ (verletzten). (past)

b _____

_____

6 a Ich _____ dir deine Medikamente von der Apotheke _____ (mitnehmen), _____ du mir nur _____ (sagen), dass sie abholbereit sind. (past)

b _____

_____

Vocabulary

H   Match the descriptions with the words and look up the article.

| Apotheke | Krankenkasse | Ohnmacht | Schnupfen |
| Sprechstunde | Übelkeit | Verband | Wartezimmer |

1   Dort kaufe ich meine Medikamente.

2   Eine Erkrankung der Atemwege, oft auch Erkältung genannt.

3   Die Zeit, zu der ein Arzt für eine Besprechung da ist und Behandlungen vornimmt.

4   Wenn man kurz bewusstlos ist.

5   Dort nimmt man Platz, wenn man einen Termin beim Arzt hat, aber noch nicht ins Sprechzimmer gehen kann.

6   Wenn einem unwohl ist und man sich übergeben muss.

7   Institution, die gegen die Kosten, die durch eine Krankheit entstehen, versichert.

8   Verwendet man zum Schutz einer Wunde.

Reading

I   Read this description of the German health system and answer the question.

DAS DEUTSCHE GESUNDHEITSSYSTEM

Wer in Deutschland krank wird, muss sich keine Sorgen machen, denn das deutsche Gesundheitssystem bietet Versorgung auf einem sehr hohen Niveau. Damit man aber in einem Krankenhaus nichts zahlen muss, hat man eine Krankenversicherung. Diese kann eine gesetzliche oder eine private sein. Je nachdem wie viel man verdient, zahlt man jeden Monat einen Betrag in die gesetzliche Krankenversicherung ein.

Wovon hängt es ab, wie hoch der Krankenversicherungsbeitrag ist?

_____

J Now read the rest of the text and answer the questions.

> Die meisten Bürger Deutschlands sind bei einer der gesetzlichen Krankenversicherungen, die auch Krankenkassen genannt werden, versichert. Einer von zehn Deutschen hat eine private Krankenversicherung. Auch hier zahlt man regelmäßig einen Beitrag, der aber höher ist als der Beitrag für die gesetzliche Versicherung, dafür bekommt man dann im Notfall auch zum Beispiel ein Einzelzimmer im Krankenhaus oder kann auch zu einem Privatarzt gehen.
>
> Auch wenn die Versicherungen die Behandlung zahlen, muss der Patient bei Medikamenten 10% der Kosten, aber maximal 10 Euro bezahlen. Wie viel die gesamte Behandlung kostet, das weiß der Patient nicht, denn die Abrechnung erfolgt direkt zwischen dem Arzt oder Krankenhaus und der Versicherung.
>
> Jeder Bürger hat eine kleine Plastikkarte im Format einer Kreditkarte. Das ist die elektronische Gesundheitskarte, die man bei einem Arztbesuch herzeigt. Dort sind persönliche Details gespeichert und auch wichtige Informationen zu Behandlungen im Notfall.

1 Wie viel Prozent der Deutschen haben eine private Krankenversicherung?

_____

2 Was sind die Vorteile einer privaten Krankenversicherung?

_____

3 Wie viel muss man maximal selbst bezahlen, wenn man zum Arzt geht und dann Medikamente kauft?

_____

4 Was muss man bei einem Arztbesuch dabeihaben?

_____

Vocabulary

K Fill the gaps with words from the text.

1 Stefanie macht sich solche _____ um ihre Tochter, die seit 3 Tagen im Krankenhaus ist.

2 Mein monatlicher _____ für die Krankenkasse beträgt 230 Euro.

3 Im _____ sollte man besser gleich den Krankenwagen unter der Nummer 112 rufen.

4 Lisas Großmutter war froh, privat versichert zu sein, da sie deswegen ein _____ im Krankenhaus bekam und sich in Ruhe erholen konnte.

5 Ich bin froh, heute nur die 10 Euro für die Rezeptgebühr bezahlt zu haben, denn die notwendigen _____ kosten weit über 400 Euro.

L Find the adjective which is the odd one out.

1 Krankheit: schwer | psychisch | ansteckend | laut
2 Gesundheit: angeschlagen | dick | gut | schlecht
3 Notfall: lebensbedrohlich | chirurgisch | standhaft | akut
4 Arzt: kurz | diensthabend | niedergelassen | praktisch
5 Verletzung: schwerwiegend | fein | lebensgefährlich | leicht
6 Schmerzen: unerträglich | chronisch | groß | holzig

Writing

M Think of the doctor's dream in A. What would you do with a billion Euros? Describe your ideas in about 100 words.

_____
_____
_____
_____
_____
_____
_____
_____

Self-check

Tick the box which matches your level of confidence.

1 = very confident;   2 = need more practice;   3 = not confident

Kreuze in der Tabelle an, wie sicher du dich fühlst.

1 = sehr sicher;   2 = brauche mehr Übung;   3 = eher unsicher

	1	2	3
Knows how to interpret sentences with Konjunktiv II and its various meanings.			
Construct polite sentences using Konjunktiv II.			
Can understand medical information, such as words and expressions linked to common diseases and illnesses. (CEFR B1)			
Can understand detailed medical information in fairly complicated texts. (CEFR B2)			
Can write clear and detailed descriptions of hypothetical situations such as dreams. (CEFR B2)			

22 Robert meint, sie gebe nur die Meinung anderer wieder

Robert thinks she only regurgitates the opinion of others

In this unit you will learn how to:

✓ Report what somebody has said while distancing yourself from it.

✓ Interpret nuanced media texts.

CEFR: Can scan texts for relevant information and understand detailed information about the media sector (CEFR B2); Can understand detailed texts about the world of media. (CEFR B2); Can write a clear and detailed text about the realm of media (CEFR B2).

die **VERGANGENHEIT**	die **GEGENWART**	die **ZUKUNFT**
gestern, vorgestern, letzte Woche, usw.	*jetzt, heute, zurzeit, heutzutage, usw.*	*morgen, übermorgen, nächsten Monat, usw.*

		Konjunktiv I: Futur II: *Er meint, du werdest gelacht haben*
	Konjunktiv I: Futur I: *Er meint, du werdest lachen.*	
	Konjunktiv I: *Er meint, du lachest.* **Konjunktiv II:** *Du würdest lachen, wenn du den Witz hören würdest*	
Konjunktiv I: *Er meinte, du habest gelacht.* **Konjunktiv II:** *Du hättest gelacht, wenn du den Witz gehört hättest.*		

Meaning and usage

Konjunktiv I and reported speech

1 Whereas the subjunctive is almost obsolete in English, in German you will still find **Konjunktiv I** in written language, especially in formal and literary contexts:

Die Studenten schrieben in ihren Aufsätzen, dass Deutsch eine schwere Sprache _sei_. (*The students wrote in their essays that German was a difficult language.*)

Er gab zu Protokoll, der Politiker _liege_ hier falsch.
(*He had it put on record that the politician was wrong.*)

2 As you can already see from the examples in 1, **Konjunktiv I** is what you use when you refer to what somebody else has said, thereby distancing yourself from it and making sure that everyone knows it was <u>not you</u> who said it. This is called reported speech:

Die Zeitung berichtet, der Bürgermeister _müsse_ sich mehr anstrengen und seine Arbeit gewissenhafter erledigen. (*The newspaper reports that the mayor has to put more effort in and do his job with more dedication.*)

Der Moderator berichtete, die Kanzlerin _habe_ dem Vorschlag noch nicht _zugestimmt_. (*The presenter reported that the chancellor had not yet agreed to the proposal.*)

If you have no desire to distance yourself from the message, you can of course also use the indicative to report exactly what somebody else has said, as if you were using their own words.

Meine Mutter sagte: „In der Boulevardpresse kann man keine ernsthaften Nachrichten finden."/Meine Mutter sagte, dass man in der Boulevardpresse keine ernsthaften Nachrichten finden kann. (*My mother said that you cannot find any serious news in the tabloids.*)

3 Sometimes, you may want to report a question someone has asked; you do this using the **Konjunktiv I**. In spoken language, the use of the **Konjunktiv I** gives such indirect questions an air of objectivity and formality, so you will hardly ever hear it in everyday conversations:

Formal: **Der Journalist fragte seinen Kollegen, ob er das Interview schon durchgeführt _habe_.** (*The journalist asked his colleague whether he had already conducted the interview.*)

Everyday language: **Meine Schwester will wissen, warum du die neue Seifenoper ohne sie _angeschaut hast_.** (*My sister wants to know why you watched the new soap opera without her.*)

How to form the Konjunktiv I

1 **Konjunktiv I** is based on the stem of the infinitive, to which you then add the subjunctive endings from **Konjunktiv II**: **-e, -est, -e, -en, -et, -en**, this includes modal verbs:

	Konjunktiv I			
ich	(hab<u>e</u>)	soll<u>e</u>	müss<u>e</u>	(werd<u>e</u>)
du	hab<u>est</u>	soll<u>est</u>	müss<u>est</u>	werd<u>est</u>
er/sie/es	hab<u>e</u>	soll<u>e</u>	müss<u>e</u>	werd<u>e</u>
wir	(hab<u>en</u>)	(soll<u>en</u>)	(müss<u>en</u>)	(werd<u>en</u>)
ihr	hab<u>et</u>	soll<u>et</u>	müss<u>et</u>	werd<u>et</u>
sie/Sie	(hab<u>en</u>)	(soll<u>en</u>)	(müss<u>en</u>)	(werd<u>en</u>)

2 As you can see from the table, many **Konjunktiv I** forms are identical to the indicative (in brackets). In order to make sure that there is no overlap and thus ambiguity about whether it is reported speech or not, you replace those with their **Konjunktiv II** form. If the verb form of the regular **Konjunktiv II** looks the same as the verb form of the imperfect tense, you use **würde** + infinitive:

Der Werbespot will mir weismachen, ich _hätte_ (instead of **habe**) **ein starkes Bedürfnis nach einem bestimmten Bier.** (*The commercial wants to make me think that I really had a strong need for a particular beer.*)

Der Autor des Zeitungsartikels meint, die Zuschauerquoten _müssten_ (instead of **müssen**) **das erweiterte Angebot der Sendungen reflektieren.** (*The author of the newspaper article thinks that the viewing figures must reflect the expanded range of programmes on offer.*)

Remember, the **Konjunktiv** *must never look like a regular tense form. But* **vertrottelte** *looks like the past tense form of* **vertrotteln**, *thus we use the escape route of* **würde**. *The same applies to* **beeinflussen**.

Der Soziologie-Professor kritisiert, dass die unkritische Haltung vieler Fernsehintendanten das Publikum _beeinflussen_ und auch _vertrotteln würde_ (*instead of* **beeinflusste** *and* **vertrottelte**). (*The sociology professor condemns the fact that the uncritical attitude of many Director Generals influences and also stupefies viewers.*)

3 As you will know by now, the verb **sein** is often irregular, but in the **Konjunktiv I** it is only irregular in the 1st and 3rd person singular:

ich _sei_	wir sei_en_
du sei_est_	ihr sei_et_
er/sie/es _sei_	sie/Sie sei_en_

4 Remember to change personal and possessive pronouns and information about location and time so that reported speech shows that it is not you speaking and that the statement is removed from the time and place where it was first said:

Der Auslandsreporter sagte: „Ich bin schon seit gestern hier."/Der Auslandsreporter sagte, dass _er_ schon seit _dem vorigen Tag dort_ sei. (*The foreign correspondent said that he had been there since the previous day.*)

Eine Sprecherin der Vereinten Nationen berichtete: „Ich bin entrüstet über die Menschenrechtsverletzungen hier in meiner Heimat Nordkorea."/Eine Sprecherin der Vereinten Nationen berichtete, dass _sie_ entrüstet über die Menschenrechtsverletzungen _dort_ in _ihrer_ Heimat Nordkorea sei. (*A spokesperson for the United Nations reported that she was outraged because of the violations of human rights there in her country of origin, North Korea.*)

A **Find the** Konjunktiv I **forms in the text. Write their indicative equivalent.**

> Der Bürgermeister von Hintertupfing gab in einem Interview mit der Lokalzeitung bekannt, dass er nicht vorhabe, dem Fernsehsender Der Deutsche eine Dreh-Erlaubnis für die neue Reality-Sendung zu geben. Er meinte, diese Sendung entspreche nicht seiner Vorstellung von gutem Fernsehen und er werde auch nicht vom Gegenteil überzeugt werden können. Die bei dem Interview ebenso anwesende Stellvertreterin zeigte sich empört und merkte an, dass der Bürgermeister mit einem Nein eine große Chance für Hintertupfing vergebe und so eine Möglichkeit wohl nie wiederkomme.

	Konjunktiv I	Indicative
1		
2		
3		
4		
5		

5 Just as with **Konjunktiv II**, there is only one form to express that something happened in the past. You take the **Konjunktiv I** form of **haben** or **sein** and the past participle of the verb:

Es wurde berichtet, der Minister _sei_ empört _gewesen_, weil sein Interview nicht ausgestrahlt worden war.
(*It was reported that the minister had been outraged, as his interview had not been aired.*)

Der Regisseur musste viel Kritik einstecken, weil sein Film die Gewalt _verherrlicht habe_.
(*The director had to accept a lot of criticism, as his film is said to have glorified violence.*)

6 The future form of **Konjunktiv I** uses the **Konjunktiv I** form of **werden** plus the infinitive:

In der Zeitung stand, die Steuerreform _werde_ nicht _kommen_. (*It said in the newspaper that the tax reform would not happen.*)

Es wird von vielen behauptet, der Minister _werde_ keine Interviews mehr _geben_. (*It is claimed by many people that the minister will not give interviews anymore.*)

7 You will have noticed from previous examples *that* whereas you need *that* in English to connect the reported speech element to the original sentence, you can use **dass** in German, but you do not have to. You just need to bear in mind that **dass** introduces a subordinating clause and thus sends the verb to the end; but the verb comes in second position, as in main clauses, if there is no **dass**.

Der Fernsehsender verlautbarte, es _werde_ in Zukunft immer Untertitel für Schwerhörige geben./Der Fernsehsender verlautbarte, _dass_ es in Zukunft immer Untertitel für Schwerhörige geben _werde_. (*The TV channel announced that in future there would always be subtitles for the hard of hearing.*)

8 You repeat the question word (**warum**, **wo**, etc.) in indirect questions and use **ob** as a conjunction in questions that can be answered with *yes/no*:

Der Intendant des ZDF wollte wissen, _ob_ die neuen Zuschauerzahlen schon in der Zeitung veröffentlicht seien. (*The Director General of the ZDF wanted to know whether the new viewing figures had already been published in the newspaper.*)

Ihr Mitbewohner fragte, _wann_ genau Paula für die Wohngemeinschaft die Fernsehgebühren bezahlt habe. (_Her flatmate asked when exactly Paula had paid the TV licence fee._)

 B   Identify which of the following sentences are direct speech (DS), reported speech (RS) or neither (X) Tick the appropriate box.

		DS	RS	X
1	Im Satellitenfernsehen gibt es viele unterhaltsame Sendungen, die für meine Mutter interessant und sehenswert sind.			
2	Er habe den Fernseher mit der Fernbedienung nicht ausschalten können, meinte mein Bruder als Entschuldigung.			
3	„Kannst du das Lokalradio mit deinem alten Gerät überhaupt rauschfrei empfangen?", fragte unsere Oma ihre Nachbarin.			
4	In dem neuen Report stand, Kinder würden sich zu viel mit dem Fernsehen und Computerspielen, nicht aber mit ihren Schulaufgaben, Zeitungen und Büchern beschäftigen.			
5	Oft würden Telenovelas den Zuschauern eine heile Welt oder extreme künstliche Probleme vorführen, wodurch es zu einem verzerrten Weltbild kommen könne, so der Medienwissenschaftler.			
6	Soziale Medien ständen oft im Mittelpunkt pädagogischer Kritik, weil sie Auswirkungen auf das Verhalten von Kindern hätten und in Extremfällen auch zu Verdummung und Einsamkeit führen könnten, steht in einem heute publizierten Artikel.			
7	„Was, schon wieder eine Wiederholung? Das ist sicher nicht gut für die Einschaltquoten!", beschwerte sich der Fernsehdirektor des kleinen Privatsenders.			
8	Konsumenten werden von vielen Experten davor gewarnt, dass viele Internet-Plattformen nicht nur ein Zerrbild der Realität entwerfen, sondern auch private Daten speichern und verkaufen.			

C   The following sentences are all in reported speech. Put them back into direct speech.

1   Der Regisseur sagte, die Freude über den Erfolg des Filmes sei groß.

_____

2   Die berühmten Schauspieler berichteten, viele Karrieren seien durch die Zusammenarbeit mit tollen Menschen beeinflusst worden.

_____

3   Der Fernsehmoderator beschwerte sich, dass es nicht genügend Zeit für das Interview gegeben habe.

_____

4 Viele Komparsen des letzten Spielfilms meinten, die Gagen seien zu niedrig gewesen.

_____

5 Der Zukunftsforscher berichtete in einem Online-Interview, dass Zeitungen auch in Zukunft eine Rolle spielen würden.

_____

6 In einem Podcast des ZDF fragte der Reporter den Hollywood-Star, ob ein Ende der Serie in nächster Zukunft geplant sei.

_____

> 🍎 Don't forget that **dass** is optional, but if you use it, it sends the verb to the end.

D **Put the statements into reported speech, taking extra care to screen the sentences for personal pronouns, possessive pronouns and adverbs of time that need to change.**

1 Lisa: „Mein Freund hat mir das gestern einseitig geschildert."
Lisa sagte, _____.

2 Frank: „Morgen stehen sicher wieder viele reißerische Berichte in der Boulevardpresse."
Frank sagte, _____.

3 Olivia: „Ich bevorzuge sachliche und informative Sendungen im Fernsehen."
Olivia sagte, _____.

4 Laurenz: „In den Lokalnachrichten haben sie letzte Woche von der Ski-WM berichtet."
Laurenz sagte, _____.

5 Theresa: „Meine Partei wird die Wahl wohl nicht gewinnen."
Theresa sagte, _____.

6 Klaus: „Mein Leserbrief wird morgen in der Zeitung abgedruckt."
Klaus sagte, _____.

7 Martha: „Ich informiere mich über aktuelle Ereignisse immer in der Zeitung."
Martha sagte, _____.

8 Adrian und Laura: „Letztes Jahr waren wir noch beim Ersten Deutschen Fernsehen angestellt."
Adrian und Laura sagten, _____.

E **Change the direct speech into reported speech.**

1 Der Finanzminister sagte im Radiointerview: „Ich will die Steuern senken."

_____

2 Peter denkt: „Dieser Zeitung kann man nicht trauen."

_____

3 Bei der Aufzeichnung seines Interviews für die Mittagsnachrichten sagte der Medienforscher: „Medien sind das wichtigste Werkzeug der Politiker."

_____

4 Nach der letzten Folge der Lindenstraße sagte der Hauptdarsteller: „Ich bin froh, nun ein neues Kapitel in meinem Leben anfangen zu können."

_____

5 Roberts Vater meinte gestern: „Ich wechsle immer den Sender, weil ich Werbung hasse."

_____

6 Die Diebe sagten aus: „Wir haben nur kopiert, was wir in einem Film gesehen haben."

_____

F Change these direct questions into indirect ones, using _ob_ for yes/no questions and the question word for all others.

1 Der Radio-DJ fragte den Popstar: „Welches Album ist Ihr bestes?"

_____

2 Das Model fragte den Kameramann: „Wie viele Aufnahmen wollen Sie noch machen?"

_____

3 Die Papparazzi wollten vom Chauffeur der Prinzessin wissen: „Wann kommt die Prinzessin aus dem Hotel?"

_____

4 Felix' Cousine fragt ihn jeden Morgen: „Ist die Zeitung schon da?"

_____

5 Der Autor stellte in einem Leitartikel in der Frankfurter Allgemeinen Zeitung die Frage: „Gibt es für Bücher noch eine Zukunft?"

_____

6 Der Sänger fragte die Zuhörer live im Radio: „Warum kaufen Sie meine Musik nicht online?"

_____

7 Der Politiker wurde vom Reporter gefragt: „Was tut ihre Partei für den Schutz der Pressefreiheit?"

_____

8 Der Regisseur möchte vom Produzenten wissen: „Wann werden wir mit dem Drehen des Filmes beginnen können?"

_____

G _Sagen_ and _fragen_ are the most obvious question and reporting verbs. Many more have been used in the unit so far. Find and list them.

H Look at this interview with a local Austrian politician. Put both what the journalist and what the reporter said into reported speech.

Reporter:

1 „Welche Pläne verfolgt Ihre Partei im Bereich Umweltschutz?"

_____

Politiker:

2 „Unsere Partei will den Umweltschutz zur Priorität machen und wir werden nach der Wahl mehr Geld in diesem Bereich investieren."

Reporter:

3 „Denken Sie bei Ihren Plänen auch an von Armut betroffene Menschen?"

_____

Politiker:

4 „Wir sind eine Partei, die besonders für Arme immer ein offenes Ohr hat."

_____

Reporter:

5 „Soll das Internet, ohne das man in der mobilen Welt fast nicht mehr leben kann, für alle gratis zugänglich sein?"

_____

Politiker:

6 „Das ist uns ein sehr großes Anliegen. Wir verhandeln bereits mit der Telekom."

_____

Reporter:

7 „Wird die Kulturförderung auch in den kommenden Jahren in Ihrer Partei eine große Rolle spielen?"

_____

Politiker:

8 „Theater, Kino und Museen sind ein wichtiger Teil unserer Identität und werden deswegen auch weiterhin von uns gefördert werden."

_____

Vocabulary

I Find the word that fits both sentences. There are two extra words.

Auflage	Berichterstattung	Enthüllungen	Ereignis	Journalistin
Privatsphäre	Sendung	Verleumdung	Zeitung	Zensur

1   Die tägliche, sehr beliebte _____ heißt Lindenstraße.

   Die _____ wird erst nächste Woche wiederholt.

2   Die erste _____ dieser Buchreihe erschien 1922.

   Eine sechste, neu bearbeitete und erweiterte _____ wird nächstes Jahr zu kaufen sein.

3   Franks Gattin arbeitet als _____ beim deutschen Rundfunk.

   Von einer _____ wird oft verlangt, dass sie Fremdsprachen sprechen kann.

4   Der Tod der Prinzessin war ein trauriges historisches _____.

   Das Konzert war ein _____ und wurde von den Medien einem noch größeren Publikum zugeführt.

5   Die _____ war während des Jugoslawienkrieges durch Kriegshandlungen oft unmöglich.

   Viele Fernsehkanäle sind stolz auf ihre kritische und unabhängige _____.

6   Besonders mit zweifelhaften _____ und dubiosen Rätseln möchte die Boulevardpresse ihre Leserschaft erhalten.

   Es ist den Medien zu verdanken, dass wichtige _____ wie die des Watergate Skandals stattgefunden haben.

7   Ein freier Staat zeichnet sich auch dadurch aus, dass es keinerlei _____ gibt.

   Die _____ der Presse ist einer Amputation der Meinungsfreiheit gleichzusetzen.

8   Leider gibt es immer wieder Fälle vor Gericht, weil es zu einer _____ in der Presse gekommen ist.

   Eine _____ kann beim Betroffenen schwerwiegende psychologische Probleme auslösen.

Reading

J Read the beginning of this report about the educational duty of publicly funded broadcasting and answer the question in German.

ÜBER OBJEKTIVITÄT UND BILDUNGSAUFTRAG IM TV: EIN INTERVIEW

Besonders der Bildungsauftrag der öffentlich-rechtlichen Sender stellt diese seit Jahren vor eine Herausforderung und seine Einhaltung wird oft angezweifelt. Der Generalintendant des öffentlich-rechtlichen Fernsehens gab in einem Interview mit der größten Tageszeitung des Landes bekannt, dass er auch in seiner neuen Amtszeit den Bildungsauftrag nicht vergessen werde und einen speziellen Sender ins Leben rufen wolle, der besonders lehrreiche und informative Sendungen ausstrahlen werde.

Wie ließ der Generalintendant die Bürger wissen, dass es einen neuen Sender geben wird?

_____

K Now read the rest of the text and answer in German the questions which follow.

Kulturellen Themen sei im Programm dieses Senders auch viel Platz gewidmet, betonte er. Theater, Kunst und Kulturbewusstsein würden Basis der Individualität ausmachen und es sei ihm ein besonderes Anliegen, sie nicht an den Rand zu drängen. Auf den Vorwurf, die politische Bildung links liegen gelassen zu haben, reagierte der Generaldirektor schon fast wütend und meinte, die Politik selbst ließe es nicht zu, nicht beachtet zu werden. Es müsse fast schon darauf geachtet werden, dass politische Nachrichten und Berichterstattungen nicht zu viel Raum einnähmen. Angesprochen auf den Vorwurf, nicht immer ganz objektiv zu berichten, antwortete er gekonnt mit dem Hinweis, dass die Bürger des Landes doch sofort sähen, wenn man ihnen eine einseitige Sicht der Dinge vermitteln würde. Absolute Unabhängigkeit von den politischen Parteien und das Sicherstellen des Grundrechtes der Pressefreiheit seien seiner Meinung nach wichtiger als ein Einhalten des Bildungsauftrages bis zum letzten Paragraphen. Schließlich freue sich der Zuschauer auch über schnulzige Telenovelas und Science-Fiction-Filme und habe nicht immer nur Lust auf Dokumentationen und Bildungsfernsehen. Er freue sich auf jeden Fall über den neuen Sender, der einige Lücken in der Erfüllung des Bildungsauftrages füllen werde, und mit dem Verweis, dass dieser Sender am 2. Mai sein Programm starten werde, beendete der Generaldirektor das Interview.

---

1 Worauf – so der Generaldirektor – ist die Individualität gebaut?

_____

2 Warum wurde der Generaldirektor etwas verärgert?

_____

3 Worauf müsse man besonders bei der Politikberichterstattung achten?

_____

4 Was sei wichtiger als der Bildungsauftrag?

_____

Not every sentence in reported speech has to be introduced with **er/sie sagte**, etc. Especially when a longer utterance is presented in reported speech, the use of **Konjunktiv** makes it clear that it is still reported speech, and stylistically it is much better to omit a constant **er/sie sagte**.

L Find all verbs in the Konjunktiv **in the text, except those using** _würden_ + infinitive for reported speech.

1		6		11	
2		7		12	
3		8		13	
4		9		14	
5		10		15	

Vocabulary

M Find the words from the reading text.

1	Den haben Schulen, das öffentlich-rechtliche Fernsehen und das Theater.	S U G I B L U T N D A A F R G (der)	
2	Etwas ist so beschaffen, dass sich daraus viel lernen lässt.	C H L H R E R E I (adj.)	
3	Eine Angelegenheit, die wirklich wichtig ist, die einem am Herzen liegt.	I L A N E G N E (das)	
4	Eine Mitteilung, die Neuigkeiten enthält.	R C A N H I H C T (die)	
5	Die Eigenschaft, ohne den Einfluss oder die Erlaubnis eines Anderen etwas machen zu können.	N E N A U B H Ä G G I K I T (die)	
6	Das Grundrecht der gedruckten Medien, frei und unabhängig Informationen zu beschaffen und zu verbreiten.	S R P E S E H T E I E I F R (die)	
7	Diese Eigenschaft hat ein sehr kitschiges, romantisches Lied.	N L U S H C Z G I (adj.)	

N Choose the correct verb to complete the sentences.

1 Es wird denn Medien oft vorgeworfen, dass sie ihre Macht _____
(ausbrechen/ausnutzen/ausdenken).

2 Der große Konzern möchte gerne eine eigene Zeitung für seine Mitarbeiter
_____ (herausgeben/herauskommen/herausstellen).

3 Magazine zeichnen sich auch dadurch aus, dass sie normalerweise monatlich oder
wöchentlich _____ (erscheinen/erhöhen/erkennen).

4 Es gibt Shows, bei denen einfache Bürger ihr Talent _____ (vorgeben/
vorzeigen/vorsprechen).

5 Viele Eltern wollen _____ (verdummen/vermachen/verhindern), dass ihre
Kinder unbeschränkt im Internet surfen können.

6 Sendungen im Fernsehen können Kinder _____ (beeinflussen/belüften/
belangen).

7 Das _____ (Einschalten/Ausschalten/Umschalten) zwischen den Sendern
erfolgt meistens während der Werbeeinschaltungen.

8 Die Programme im Radio sollen nicht nur_____ (unterhalten/unternehmen/
unterkommen), sondern auch der Bildung dienen, so steht es im Bildungsauftrag der
öffentlich-rechtlichen Sender.

Writing

O **In what ways do you use the media? Reflect on your own media consumption and write
a blog entry of about 100 words on how the media influences your daily life and the
goings-on in your country.**

_____

_____

_____

_____

_____

_____

_____

_____

_____

_____

_____

_____

Self-check

Tick the box which matches your level of confidence.

    1 = very confident;   2 = need more practice;   3 = not confident

Kreuze in der Tabelle an, wie sicher du dich fühlst.

    1 = sehr sicher;   2 = brauche mehr Übung;   3 = eher unsicher

	1	2	3
Know how to tell the difference between Konjunktiv I and indicative.			
Use reported speech to make it clear that something is reported rather than my own utterance.			
Can scan texts for relevant information and understand detailed information about the media sector. (CEFR B2)			
Can understand detailed texts about the world of media. (CEFR B2)			
Can write a clear and detailed text about the realm of media. (CEFR B2)			

Unit 1

A

	Plural	Singular
1	die Millionen	die Million
2	die Einwohner	der Einwohner/die Einwohnerin
3	die Städte	die Stadt
4	die Bürger	der Bürger/die Bürgerin
5	die Touristen	der Tourist/die Touristin
6	die Sehenswürdigkeiten	die Sehenswürdigkeit
7	die Flughäfen	der Flughafen
8	die Bahnhöfe	der Bahnhof
9	die Menschen	der Mensch
10	die Hotels	das Hotel
11	die Cafés	das Café
12	die Restaurants	das Restaurant

B

1 Besucher 2 Flüsse 3 Ausflugsschiffe 4 Highlights 5 Museen 6 Theater 7 Kinos 8 Discos 9 Universitäten 10 Firmen 11 Arbeitsplätze 12 Studenten

C

2 add -e with umlaut 3 add -e 4 add -s 5 special case 6 no change 7 add -s 8 add -s 9 add -en 10 special case 11 add –e with umlaut 12 add -en

D

1 die beste 2 einen 3 viele Fotos 4 große 5 die (pl.)/den (sg.) 6 das neue 7 alte Kirchen 8 die

E

1 diesen 2 Herzlichen 3 den 4 den 5 meinen 6 die überfüllten 7 eine ganze 8 Gute

F

Das Messegelände wird für eine internationale Buchmesse genutzt.

G

1 Die Fachwerkhäuser sind nicht neu.

2 Es befinden sich der größte deutsche Flughafen und ein wichtiger Umsteigebahnhof in dieser Stadt. Die Stadt verfügt daher über eine gute Verkehrsanbindung.

3 Ja, es gibt eine andere Stadt mit dem gleichen Namen, deshalb steht der Name des Flusses, an dem diese Stadt liegt, in Klammern hinter der Stadt.

4 Frankfurt (Main)

H

1 riesig **2** alt **3** berühmt **4** breit

I

1 das Hochhaus (die Hochhäuser)

2 das Finanzzentrum (die Finanzzentren)

3 das Messegelände (die Messegelände)

4 der Schriftsteller (die Schriftsteller)

J

1 Bus **2** Gaststätte **3** Straße **4** Rathaus **5** sehen **6** breit **7** Platz **8** Museum

Unit 2

A

2 des schlechten Wetters **3** der Arbeit **4** Stefans **5** Roberts **6** Stefans **7** ihrer Schmerzen **8** ihrer Erziehungserfahrung

B

1 des Paar(e)s **2** seiner Schwester **3** des Junggesellen **4** ihres Mannes **5** deines Stiefbruders **6** der Verlobten

C

1 er es es **2** es es er **3** er er er **4** er es s **5** er **6** es es **7** er es s er er **8** er

D

1 seinem Onkel **2** seinem Onkel Robert **3** der schweren Gartenarbeit **4** beim Essen **5** Roberts Enkelkindern **6** letztem Jahr **7** ihrem Ehemann **8** der Gartenarbeit **9** ihrer Verwandtschaft **10** ihren Nichten und Neffen **11** dem Nachbarort **12** der Kinderbetreuung

E

1 aus **2** zu/mit **3** nach **4** bei **5** außer **6** bei/mit **7** nach **8** mit **9** nach **10** mit

F

1 mit meiner Schwägerin **2** von meinem Neffen **3** zum Tisch **4** außer meiner Großmutter **5** mit ihrem Verlobten **6** zur Universität **7** seit einer Stunde

G

1 folgen/gehorchen/vertrauen **2** gehört **3** dankt **4** hilft/dient/nützt **5** droht/imponiert **6** begegnet/folgt **7** imponiert **8** gratulieren **9** ähnelt/gleicht **10** passt

H

1 Großvater **2** Cousine **3** Nachfahren **4** Schwiegervater **5** Schwager **6** Geschwister **7** Stiefkind

I

Singular	Plural	Singular	Plural
der Vater	die Väter	der Bruder	die Brüder
die Mutter	die Mütter	die Schwester	die Schwestern
die Tochter	die Töchter	das Kind	die Kinder
die Tante	die Tanten	der Partner	die Partner
der Ehemann	die Ehemänner	die Beziehung	die Beziehungen
die Ehe	die Ehen	die Partnerschaft	die Partnerschaften

J

1 Cousine **2** Nichte **3** Witwer **4** Kleinfamilie

K

1 Rosemaries Mann ist Apotheker. **2** Eleonores Söhne wohnen in München. **3** Peters Schwester studiert in Stuttgart. **4** Franziska und Stefanie werden morgen über die Hochzeitsvorbereitungen sprechen.

L

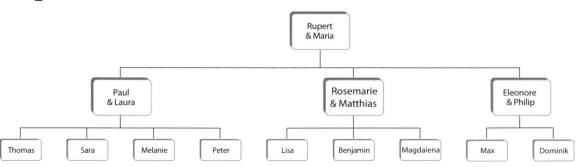

M

Name	Relation to Peter	Relation to Stefanie	Sentence
Rupert	Grandfather/Großvater	X	Rupert ist Peters Großvater. Rupert ist der Großvater von Peter.
Sara	Sister/Schwester	Sister-in-Law/Schwägerin	Sara ist Peters Schwester. Sara ist die Schwester von Peter. Sara ist Stefanies Schwägerin. Sara ist die Schwägerin von Stefanie.
Rosemarie	Aunt/Tante	X	Rosemarie ist Peters Tante. Rosemarie ist die Tante von Peter.
Paul	Father/Vater	Father-in-Law/Schwiegervater	Paul ist Peters Vater. Paul ist der Vater von Peter. Paul ist Stefanies Schwiegervater. Paul ist der Schwiegervater von Stefanie.
Laura	Mother/Mutter	Mother-in-Law/Schwiegermutter	Laura ist Peters Mutter. Laura ist die Mutter von Peter. Laura ist Stefanies Schwiegermutter. Laura ist die Schwiegermutter von Stefanie.
Lisa	Cousin/Cousine	X	Lisa ist Peters Cousine. Lisa ist die Cousine von Peter.
Maria	Grandmother/Großmutter	X	Maria ist Peters Großmutter. Maria ist die Großmutter von Peter.
Thomas	Brother/Bruder	Brother-in-Law/Schwager	Thomas ist Peters Bruder. Thomas ist der Bruder von Peter. Thomas ist Stefanies Schwager. Thomas ist der Schwager von Stefanie.
Benjamin	Cousin/Cousin	X	Benjamin ist Peters Cousin. Benjamin ist der Cousin von Peter.

N

1 bis zur Hochzeit – dative – preposition *zu*

2 in deiner letzten Email – dative – preposition *in*

3 Peters Familie – genitive – possession

4 von Paul, Rosemarie und Eleonore – dative – preposition *von*

5 von Peter – dative – preposition *von*

6 im gleichen Ort – dative – preposition *im*

7 vom Haus der Großeltern – dative – preposition *vom*

8 der Großeltern – genitive – possession

9 mit ihrem Mann Philip – dative – preposition *mit*

10 im Nachbarort - dative - preposition *im*

11 an der Uni -dative- preposition *an*

12 in München - dative - preposition *in*

13 Rosemaries Kinder - genitive - possession

14 Peters Familie - genitive - possession

15 in Stuttgart - dative – preposition *in*

16 zur Hochzeit – dative – preposition *zu*

17 zu meinen Hochzeitsvorbereitungen – dative – preposition *zu*

Unit 3

A

2 der neuen Damenabteilung: Feminine, Dative, Singular

3 des größten Einkaufszentrums: Neuter, Genitive, Singular

4 der dunkelblaue Hosenanzug: Masculine, Nominative, Singular

5 die violette Bluse: Feminine, Nominative, Singular

6 dem karierten Kostüm: Neuter, Dative, Singular

7 den grauen Rock: Masculine, Accusative, Singular

8 den schwarzen, kurzen Rock: Masculine, Accusative, Singular

B

1 neuen 2 gestreiften 3 besseren 4 komplettes 5 bequemen 6 schwere 7 modernen
8 maßgeschneidertes 9 schlichtes 10 gute 11 dunkelbraune 12 gepunktete

C

2 Kostüm 3 Rock 4 Bluse 5 anziehen 6 schlicht 7 bequem 8 aussuchen 9 Umkleidekabine

D

1 schönste 2 älteren 3 wärmsten 4 lieber 5 kürzer 6 teuersten 7 kratziger; billigeren
8 besser 9 preiswertesten

E

1 Das Schönste 2 in markantem Grün 3 in kräftigem Gelb 4 Altes

F

1 Verlobte   **2** Illustrierten   **3** Reisende   **4** Arbeitslose   **5** Gefangenen

G

Zum Beispiel: Badehose; Socken; Pullover; Britische Pfund

H

1 die Krawatte   **2** die Turnschuhe   **3** die Schnürsenkel   **4** der Anzug; der Smoking   **5** die Unterwäsche   **6** der Wollschal   **7** die Handschuhe   **8** der Regenschirm

Unit 4

A

	Personal pronoun	Noun
1	sie	Petra und ihre Freundinnen
2	sie	Monika
3	sie	Wolle und Stricknadeln
4	er	Jennifers Mann
5	er	Jennifers Mann
6	ihnen	den Frauen

B

1 Sie   **2** ihnen   **3** Er/ihn   **4** euch   **5** Sie   **6** uns   **7** dir/ihr   **8** mich   **9** ihm   **10** Ihnen   **11** sie   **12** es

C

	Possessive pronoun	Noun	Reason for ending
1	Meine	Schwester Monika	Schwester is feminine and in the nominative
2	mein	Bruder Michael	Bruder is masculine and in the nominative
3	ihren	Freunden	Freunden is plural and after mit dative is required
4	ihrer	Freundin	Freundin is feminine and the person you are telling something to takes the dative
5	seinem	Freund	Freund is masculine and the person you are telling something to takes the dative

D

1 e 2 es 3 en 4 em 5 e/X 6 re 7 em 8 e

E

2 ihre 3 sein(e)s 4 unsere 5 unserer

F

1 Zeitungspapier 2 häkeln 3 Bleistift 4 Tacker 5 basteln 6 Pinsel 7 Spitzer

G

Die Kinder basteln für den Adventsbasar.

H

1 Die Weihnachtssterne der 5b bestehen aus Stroh.

2 Die Schüler dekorieren die Lebkuchenhäuser mit Gummibärchen und anderen Süßigkeiten.

3 Sie schneiden viele Tannenbäume für die Weihnachtskarten aus grünem Tonpapier aus.

4 Aus Ton werden Vasen hergestellt.

I

	Description	Word
1	braucht man, um etwas aufzuhängen	Faden
2	ein Gebäude, das man essen kann	Lebkuchenhaus
3	kann den Klebstift ersetzen	Zuckerguss
4	macht das Ausschneiden einfacher	Schablone
5	dort leben normalerweise Tiere	Stall
6	Maria, Josef, Jesus und weitere Figuren	Krippenfiguren

J

1 töpfern 2 Ofen 3 schnitzen 4 Gummibärchen

K

1 Schere 2 Wasserfarben 3 Holz 4 Klebstift 5 Bleistift 6 Ton

Unit 5

A

	Conjugated form	Infinitive
1	Andreas' Wecker klingelt	klingeln
2	es dauert	dauern
3	er steht auf	aufstehen
4	er duscht	duschen
5	er wäscht sich	sich waschen
6	er zieht sich an	sich anziehen
7	er geht	gehen
8	Andreas frühstückt	frühstücken
9	er liest	lesen
10	seine Mutter geht	gehen
11	seine Eltern sind	sein
12	Andreas' Vater lebt	leben
13	Andreas sieht	sehen

B

1 putzt 2 fährt 3 regnet 4 nimmt 5 ist 6 scheint 7 wird 8 beginnt 9 trifft 10 gehen
11 läuft 12 isst

C

1 gibst 2 empfiehlt 3 nieselt 4 weiß 5 kauft 6 bläst 7 grüßt 8 antwortet 9 hat 10 vergisst

D

1 waschen 2 anziehen 3 schminken

E

1 sich mir 2 euch 3 dich 4 sich 5 dir 6 dir 7 uns 8 mich 9 mich 10 sich

F

Nach der Wettervorhersage kommt ein Bericht über die wichtigsten Ereignisse des Tages.

G

1 Die Höchsttemperatur in den Bergen ist 2 Grad.

2 Schnee gibt es in Höhenlagen von über 1000 m.

3 Das Wetter wird am Samstag und Sonntag Niederschläge bringen.

4 Er rät den Zuhörern, warme und regenfeste Kleidung anzuziehen.

H

1 sich auflöst **2** sich durchsetzt **3** sich nähert **4** sich entwickeln **5** sich anziehen

I

1 Wetterbericht **2** Tal **3** Vormittag **4** Gefrierpunkt **5** Tief **6** Regenschauer **7** Wochenende **8** Niederschlag

J

1 Süden **2** Nachmittag, Nacht **3** Herbst **4** Stunde, Monat

Unit 6

A

2 wir erreichten **3** es passierte **4** ich entspannte mich **5** du ruhtest dich aus

B

With haben	Reason?	With sein	Reason?
beginnen	transitive verb	aufstehen	change in state
essen	transitive verb	einschlafen	change in state
helfen	intransitive verb (not expressing movement or change in state)	entstehen	change in state
kaufen	transitive verb	rennen	movement
kochen	transitive verb	schwimmen	movement
sich beschäftigen	reflexive verb	stehen	in South Germany & Austria
sich entspannen	reflexive verb		
stehen	intransitive verb (not expressing movement or change in state)		
vertrauen	intransitive verb (not expressing movement or change in state)		

C

Infinitive	3rd person singular imperfect	Past participle	Translation
brechen	brach	gebrochen	to break
fließen	floss	geflossen	to flow
gelingen	gelang	gelungen	to succeed
gleichen	glich	geglichen	to resemble
halten	hielt	gehalten	to hold, to stop
laden	lud	geladen	to load
leihen	lieh	geliehen	to lend
schweigen	schwieg	geschwiegen	to be silent
sterben	starb	gestorben	to die
stinken	stank	gestunken	to stink
treten	trat	getreten	to kick
verlieren	verlor	verloren	to loose
weichen	wich	gewichen	to give way
wiegen	wog	gewogen	to weigh

D

1 kamen   2 fuhren   3 hatte   4 warteten   5 war   6 kaufte   7 las   8 ging   9 freute   10 nahmen
11 parkte   12 kostete

E

Vor unserer Abreise sind unsere Nachbarn noch zu uns zu Besuch gekommen. Glücklicherweise hatten wir schon alles gepackt! Am nächsten Morgen sind wir mit dem Zug zum Flughafen gefahren. Aber leider hat unser Flug Verspätung gehabt. Deshalb haben wir mehrere Stunden am Flughafen gewartet. Das ist aber gar nicht so schlimm gewesen, denn meine Mutter hat uns Süßigkeiten gekauft und ich habe in meinem Buch weitergelesen. Dann ist es endlich losgegangen! Ich habe mich so sehr auf die Ferien gefreut. Nachdem wir in Griechenland gelandet waren, haben wir uns ein Taxi zum Hotel genommen. Der Taxifahrer hat direkt vor dem Hotel geparkt und die Fahrt hat nur 12 Euro gekostet. Wir waren endlich da und der Urlaub konnte beginnen.

F

1 Yesterday   2 Last week   3 Three years ago   4 Earlier   5 At that time/Back then   6 In the past

G

Daniels Familie verbrachte den Urlaub am Bodensee, weil sein Vater Angst vorm Fliegen hat und seine Großmutter dort in der Nähe lebt.

H

1 Daniel schläft in einem Einzelzimmer ohne Dusche und ohne Balkon.

2 Das Zimmer, in dem Daniels Eltern mit seiner Schwester übernachten, verfügt über eine Dusche sowie einen Balkon und Seeblick.

3 Beide Zimmer befinden sich im zweiten Stock.

4 Die Familie kann im Restaurant oder auf der Terrasse frühstücken.

5 Daniels Vater bittet die Rezeptionistin um einen Stadtplan und die Empfehlung eines Restaurants.

I

1 Reservierung **2** Stau **3** Doppelzimmer **4** Stock **5** Aussicht **6** Gepäck **7** Stadtplan

J

1 Touristeninformation **2** Stadtführung **3** Sehenswürdigkeiten **4** baden; liegen
5 Abenteuerurlaub; erleben **6** Vollpension; Halbpension **7** Anreisetag **8** Mitbringsel

K

1 – i **2** – d **3** – g **4** – a **5** – b **6** – e **7** – c **8** – h **9** – j **10** – f

Unit 7

A

Separable	Inseparable
einkaufen	besuchen
anlocken	unterdrücken
zurückhalten	besitzen
wiederkommen	
ansparen	

B

2 Er ordnet die Waren ein.

3 Er steht für die Kunden bereit.

4 Er füllt die Garantiescheine aus.

5 Er packt die Lieferung aus.

6 Er räumt das Geschäft auf.

C

2 Er hat die Waren eingeordnet.   **3** Er hat/ist für die Kunden bereitgestanden.   **4** Er hat die Garantiescheine ausgefüllt.   **5** Er hat die Lieferung ausgepackt.   **6** Er hat das Geschäft aufgeräumt.

D

1 bestohlen   **2** empfahl   **3** entschieden; erledigte   **4** gewann   **5** verhindert   **6** vergessen
7 verstand   **8** entlaufen

E

	Verb	Separable/Inseparable prefix?	Meaning
1	aussuchen	separable	to choose
2	ausfüllen	separable	to fill in/out
3	bestellen	inseparable	to order
4	bereitstellen	separable	to provide
5	bezahlen	inseparable	to pay
6	verkaufen	inseparable	to sell
7	verschicken	inseparable	to send (by post)
8	zurückkommen	separable	to come back

1 Der Designer suchte sich gestern einen neuen Computer aus.

2 Im Arbeitsamt füllt der Arbeitslose viele Formulare aus.

3 Mein Vater bestellte letzte Woche zum ersten Mal bei einem Versandhandel im Internet.

4 Der Verkäufer stellt die gekauften Produkte für die Kunden bereit.

5 Meine Waren bezahle ich immer mit der Kreditkarte.

6 Dieses Geschäft verkauft seine innovativen Produkte vor allem nach Australien.

7 Der Großhändler verschickt seine Ware gut verpackt mit der Post.

8 Rosas Vater kommt normalerweise um diese Zeit vom Großeinkauf für die Familie zurück.

F

1 Herrenmodegeschäft **2** Bäckerei **3** Obsthändler **4** Bank **5** Drogerie **6** Baumarkt **7** Apotheke
8 Lebensmittelladen **9** Elektro-Fachmarkt **10** Musikfachgeschäft

G

2 Was hältst du von diesem Badezimmerreiniger? Diesen Badezimmerreiniger nehme ich nicht, der ist mir zu umweltschädlich.

3 Was hältst du von diesem Einkaufskorb? Diesen Einkaufskorb nehme ich nicht, der ist mir zu unpraktisch.

4 Was hältst du von dieser Einkaufstüte? Diese Einkaufstüte nehme ich nicht, die ist mir zu groß.

5 Was hältst du von dieser Salamipizza? Diese Salamipizza nehme ich nicht, die ist mir zu ungesund.

6 Was hältst du von dieser Konservendose? Diese Konservendose nehme ich nicht, die ist mir zu schwer.

7 Was hältst du von diesem Grapefruitsaft? Diesen Grapefruitsaft nehme ich nicht, der ist mir zu sauer.

8 Was hältst du von diesem Reinigungsmittel? Dieses Reinigungsmittel nehme ich nicht, das ist mir zu aggressiv.

H

2 die, die **3** dem **4** der **5** dem **6** das **7** der **8** das

I

1 die Ratte **2** das Meerschweinchen **3** der Hund **4** der Wellensittich **5** der Papagei **6** das Kaninchen **7** der Kanarienvogel **8** der Hamster

J

Die Kaninchen mögen ihr Gehege lieber als einen Käfig, da sie darin mehr Auslauf bekommen.

K

1 Frau Becher konnte schon viele Preise für ihren Nachwuchs an Zierfischen gewinnen.

2 Die Schlangen und Spinnen leben bei Frau Becher in speziellen Terrarien.

3 Die Vogelspinnen bekamen im letzten Jahr Nachwuchs.

4 Frau Becher nennt als Grund für den Erfolg in der Vogelspinnenzucht besseres Futter und ein größeres, artgerechtes Terrarium.

5 Sissi ist Frau Bechers Lieblingshaustier, da sie kommt, wenn man sie ruft, und da sie Ruhe und Zufriedenheit ausstrahlt, wie es nur eine Katze kann.

L

	Separable prefix	Inseparable prefix
1	heimkommen	begrüßen
2	ankuscheln	vergnügen
3	hergeben	gefallen
4	anschauen	bekommen
5	ausstrahlen	verkaufen
6		gewinnen
7		beherbergen
8		besitzen
9		bereiten
10		gelingen

Unit 8

A

Er bestellte ein Glas Wasser.

B

Ein Zwei-Gänge-Menü reicht mir.

C

1 Zur   2 Am   3 im   4 zum   5 Vom   6 ins

D

1 Der das   2 den   3 Das   4 Dem   5 den   6 ins   7 das der   8 Der die

E

1 eine/keine   2 einen ein/keinen kein   3 keine   4 einen/keinen   5 keine   6 einem   7 keine   8 eine

F

Ich bin satt.

G

Meine Mutter ist/war ...

H

1 x   2 ein   3 Der   4 x   5 x   6 Die   7 x   8 x   9 eine   10 ein   11 x   12 Die

I

1 haben **2** no verb **3** nehmen **4** haben können

J

1 Ein Kännchen Kaffee bitte!

2 Ich hätte gerne eine Portion Pommes frites.

3 Ich nehme ein Stück Schwarzwälder Kirschtorte.

4 Könnte ich eine Weißweinschorle haben?

K

Speise Vorspeisen Salat frites filet Gemischtes Kellner alkoholfreien

L

Frau Hermann hat ihre Familie zum Essen eingeladen, um ihren 80. Geburtstag zu feiern.

M

1 Frau Hermann hat als Dessert Rote Grütze mit Vanillesauce gegessen.

2 Frau Hermann will keinen Espresso trinken, weil sie befürchtet, dass sie dann nicht schlafen kann.

3 Bei Frau Hermanns Geburtstagsessen sind 3 Kinder dabei.

4 Frau Hermann bezahlt die Rechnung.

N

1 Ich habe mehr bestellt als ich tatsächlich essen konnte. Man nutzt diese Phrase, wenn man sich zu viel genommen hat und dann nicht aufessen kann.

2 Zum Wohl!/Prost!/Cheers! Man nutzt diese Phrase zum Anstoßen.

3 Sie können das restliche Geld behalten. Man nutzt diese Phrase, um dem Kellner mitzuteilen, dass er das Restgeld als Trinkgeld behalten kann.

O

1 – f **2** – e **3** – a **4** – g **5** – c **6** – h **7** – d **8** – b

P

1 überbacken **2** durch **3** scharf **4** probieren **5** Lieblingsgericht **6** Beilage **7** vertragen
8 pfeffern **9** Trinkgeld **10** empfehlen

Unit 9

A

1 – b 2 – i 3 – d 4 – f 5 – a 6 – e

B

1 kann 2 darfst/kannst/sollst 3 muss/soll 4 mag/möchte/soll/will 5 dürfen/können/möchten/sollen/wollen 6 mag/muss/soll/will 7 müssen/sollen

C

2 Nein, ich musste Einkäufe erledigen. 3 Nein, ich muss staubsaugen und Treppen putzen.
4 Man musste gute Manieren haben. 5 Man muss Respekt vor den Älteren haben.

D

1 muss – necessity/obligation; soll – obligation/necessity; kann – ability; darf – permission; will – desire 2 sollte – obligation; wollte – wish/desire; konnte – ability; durfte – permission 3 solltest – recommendation; willst – intention; kannst – possibility 4 muss – logical deduction; kann – possibility; soll – rumour or report; will – claim

E

1 Wir müssen die Kinder nicht trösten 2 Laurenz darf nicht ins Kino gehen 3 Er muss die Partnerin häufig wechseln 4 Der Bräutigam wollte bei seiner Hochzeit letztes Jahr einen guten Eindruck machen 5 Der Richter soll seine Frau über Jahre betrogen haben

F

Positive eigenschaften	Negative eigenschaften
großzügig	geizig
lebensfroh	scheu
verständnisvoll	wankelmütig
ehrlich	vulgär
sensibel	boshaft
zuverlässig	verschlossen
kontaktfreudig	unverschämt
unternehmungslustig	reizbar
bescheiden	verklemmt
treu	arrogant
geduldig	verantwortungslos

G

großzügig – geizig; kontaktfreudig – scheu; zuverlässig – wankelmütig/ verantwortungslos; bescheiden – unverschämt;

H

1 schämen **2** entmutigen **3** Sorgen machen **4** deprimiert/entmutigt **5** Mut verlieren **6** Gedankenlosigkeit **7** bitten **8** geduldig **9** Klatschtante **10** Ansprüche

I

1 Angst **2** Ärger **3** Freude **4** Trauer **5** Aufregung **6** Wut

J

kann, wollen, will, muss, möchte, konnte, wollte, sollte, kannst, muss

K

1 schief gehen **2** empfinden **3** Verzweiflung **4** Aufregung **5** Rat **6** antriebslos

Unit 10
A

	Position 1	Position 2/ conjugated verb	Position 3	Position 4	Participle/ infinitive
1	Der Elternabend	hat	den Lehrern	die Probleme	verdeutlicht.
2	Der Abiturient	erledigte	alle Klausuren.		
3	Die Schüler	leiden	unter dem Leistungsdruck.		
4	Der Streber	machte	kurze Notizen.		
5	Dem Legastheniker	hatte	der Lehrer	geeignete Übungen	gegeben.
6	Der Professor	hatte	den Studenten		geantwortet.
7	Ich	muss	dem Lehrer	meine Hausaufgaben	zeigen.
8	Mit dieser Lernstrategie	konnte	ich	meine Noten	verbessern.

B

2 Mit der Grundschule beginnt die allgemeine Schulpflicht.

3 In Hessen besuchte mein Sohn ein Gymnasium.

4 Die Hauptfächer unterrichtet Professor Meiler gern.

5 Für eine gute Endnote lernte der Student sehr intensiv.

6 2014 war Robertas Sohn in Mathematik leider durchgefallen.

7 Zum Glück bestand der Internatsschüler seine Abschlussprüfung.

C

2 Gestern beschäftigte sich der Lehrer mit den Abschlussarbeiten. / Gestern beschäftigte der Lehrer sich mit den Abschlussarbeiten.

3 Bei der Lehrerkonferenz beschlossen die Lehrer einen neuen Unterrichtsplan.

4 Franziskas Vater hatte in der Abendschule sein Abitur nachgeholt. / Franziskas Vater hatte sein Abitur in der Abendschule nachgeholt.

5 Glücklicherweise gab sie ihm in der wichtigen Prüfung eine gute Note. / Glücklicherweise gab sie ihm eine gute Note in der wichtigen Prüfung.

6 In ländlichen Regionen sind sinkende Schülerzahlen problematisch für viele Schuldirektoren. / In ländlichen Regionen sind sinkende Schülerzahlen für viele Schuldirektoren problematisch. / In ländlichen Regionen sind für viele Schuldirektoren sinkende Schülerzahlen problematisch.

7 An deutschen und österreichischen Universitäten berechtigt das Abitur zum Studium.

8 Ihn beriet der Schulpsychologe mit viel Engagement.

D

2 Der Schuldirektor zeigte sie ihnen.

3 Die Schulklassen hören ihnen aufmerksam zu.

4 Meine Eltern schenkten sie ihr am ersten Schultag.

5 Die Prüfer gaben sie ihnen zurück.

6 Die Erklärungen im Übungsbuch beschreiben sie ihnen gut.

7 Stefans Kollege leiht es ihm immer.

8 Rosas Lehrer schrieb sie mit ihr an die Tafel.

E

	Question word/position 1	Position 2	Rest of sentence
1	Möchten	Sie	die Bücher für die Oberstufe oder für die Unterstufe?
2	Liege	ich	da falsch?
3	Haben	wir	noch einige Bücher vom letzten Schuljahr übrig?
4	Wohin	sollen	wir diese geben?
5	Wie viele Schüler	sind	dieses Jahr sitzengeblieben und werden deswegen ihre Bücher behalten?
6	Wissen	Sie	das?
7	Welche Fächer	haben	diesen Schülern denn Probleme bereitet?
8	Werden	diese Schüler	eine Nachprüfung bekommen?

F

	Word	Definition	Example sentence
1	Unterstufe	Die ersten Klassen in der Realschule und den Gymnasien.	In der Unterstufe war Mathematik mein Lieblingsfach.
2	Hauptfach	Wichtiger Unterrichtsgegenstand, der für alle Schultypen verpflichtend ist.	Von allen Hauptfächern (dative plural!) war mir Deutsch immer am liebsten.
3	Nachprüfung	Letzte Chance bei positivem Ergebnis doch in die höhere Klasse gehen zu dürfen.	Die Nachprüfung war schwer, aber ich habe sie bestanden!
4	Notendurchschnitt	Ergibt sich aus dem Mittelwert aller Schulnoten	In der 8. Klasse bekam sie einen Notendurchschnitt von 1,4.

G

2 Wo befindet sich das geisteswissenschaftliche Institut?

3 Worüber sprach der Klassenvorstand beim Elternabend?

4 Wer bestand letzte Woche die Aufnahmeprüfung für das Medizinstudium?

5 Wessen Zeugnis war nicht zufriedenstellend?

6 Was ist sehr viel wert?

7 Wofür bewerben sich viele Schulabgänger jedes Jahr?

8 Wem bietet die Berufsschule jedes Jahr eine berufsspezifische Ausbildung?

9 Womit fesselte die neue Lehrerin die Schüler?

H

Die Kinder sind 6 Jahre alt, wenn sie in die Volksschule kommen.

I

1 Fächer wie Latein oder geometrisches Zeichnen sind nicht an allen Schulen Unterrichtsgegenstand.

2 8 Jahre Unterricht liegen vor der regulären Matura

3 Jemandem, der gerne einmal einen kleinen Laden führen möchte, würde ich eine berufsbildende Schule wie die Handelsakademie empfehlen.

J

	Word	Article
2	In Deutschland auch Sekundarstufe 2 genannt, bezeichnet die Oberstufe die Schuljahre vor dem Abitur/ der Matura.	die/feminine
3	Synonyme für umfassend sind: vielseitig, reichhaltig oder viele Teile enthaltend;	x
4	„Juhu!", ruft Peter, denn heute stehen nur Mathematik, Musik und Biologie auf seinem Stundenplan.	der/masculine
5	Weil sich meine Tochter sehr für moderne Kunst interessiert, ist geometrisches Zeichnen (2 words) ihr Lieblingsfach.	das/neuter
6	Wenn man das Abitur in Deutschland positiv abschließt, darf man an der Uni studieren.	das/neuter
7	Als Maturant wird in Österreich ein Schüler bezeichnet, der seine Reifeprüfung gerade abschließt oder bereits abgeschlossen hat.	der/masculine

K

1 ein großes Wissen besitzen/haben

Sein Großvater hatte im Bereich Geschichte ein sehr großes Wissen besessen/gehabt. Leider starb er vor 3 Wochen.

2 sich auf etwas (z.B.: Prüfung) vorbereiten

Mit hartem Training bereitet er sich gerade auf den Triathlon vor.

3 sich (nicht) lohnen

Ach, lass es doch, das lohnt sich nicht!

4 jemanden fair behandeln

Es ist wichtig, dass die Lehrer die Schüler fair behandeln.

5 hohe Ansprüche haben/besitzen

Mein Lateinlehrer hat/besitzt immer sehr hohe Ansprüche.

6 den Horizont erweitern

Mein Erasmusstudium im Jahr 2014 hat definitiv meinen Horizont erweitert.

Unit 11

A

1 niemals/nie **2** kaum **3** keine **4** kaum **5** niemals/nie **6** kaum **7** kein

B

		Single element negated	Negation affects entire sentence
1	Viele konservative Deutsche mögen das Oktoberfest nicht.		x
2	Bayern trinken nicht Pils besonders gerne sondern Weißbier.	x	
3	Einige Deutsche sind mit ihrer Regierung nicht zufrieden.		x
4	Nicht Lederhosen sondern Dirndln sind die traditionelle Kleidung von Mädchen im Alpenraum.	x	
5	Meinen Gästen aus Berlin schmeckt unser Schnaps nicht.		x
6	Die Touristen verstehen einige Traditionen nicht.		x

C

1 Nein, in diesem Gasthaus kann man keine guten regionalen Gerichte genießen. / Nein, in diesem Gasthaus kann man nicht gute regionale Gerichte genießen. / Nein, in diesem Gasthaus kann man gute regionale Gerichte nicht genießen.

2 Nein, das Interesse der Touristen an deutschen Bräuchen ist nicht groß.

3 Nein, deutsche Städte haben keinen Charme.

4 Nein, die Deutschen kümmern sich nicht gern um ihre Häuser und Gärten.

5 Nein, traditionelle Feste sind für die meisten Österreicher nicht wichtig.

6 Nein, die meisten Schweizer besinnen sich nicht auf ihren Ursprung.

7 Nein, in Österreich gibt es keine schönen Gebiete zum Urlaub machen.

8 Nein, Volksfeste wie etwa ein Jahrmarkt machen den Kindern keinen Spaß. / Nein, Volksfeste wie etwa ein Jahrmarkt machen den Kindern nicht Spaß.

D

Es gibt kein____	Es gibt kaum...	Es gibt ...
Es gibt keine Wüsten.	Es gibt kaum Städte über 1,4 Millionen Einwohner	Es gibt Jahrmärkte.
Es gibt keine Palmenstrände.	.	Es gibt weltbekannte Volksfeste.
Es gibt keine Gebirge über 5000m Seehöhe.		Es gibt bedeutende Wirtschaftszentren.
Es gibt keine Diktatur.		Es gibt biologische Landwirtschaft.
Es gibt keine Taifune.		Es gibt Weihnachtsmärkte.

E

2 Doch, wir hatten vor der ersten Reise nach Deutschland große Vorfreude.

3 Doch, die Alpen in der Schweiz haben ihnen sehr gut gefallen.

4 Doch, diese Bräuche sind weltweit bekannt.

5 Doch, der Karneval spielt in Deutschland eine bedeutende Rolle.

6 Doch, viele Menschen in Österreich verstecken Eier zu Ostern. / Doch, viele Menschen in Österreich verstecken zu Ostern Eier.

7 Doch, man verkleidet sich in der Schweiz im Fasching.

8 Doch, in dieser Stadt findet ein Festival statt.

9 Doch, es gibt eine aktive Kulturszene in Wien.

10 Doch, wir glauben an eine Zukunft lokaler Traditionen.

F

1 Silvester **2** Karneval **3** Advent **4** Ostern **5** Weihnachten **6** Erntedankfest

G

1 um einen Sekt **2** einer Gabel **3** über dem Berg **4** mit einem Blumentopf **5** sich mit dem Teebeutel **6** hinter dem Haus **7** eine Ansichtskarte **8** mit einem Taschenrechner **9** mit der Jacke **10** die Nachbarn zum Abendessen

H

2 Hans gratulierte nicht seinem Sohn zur bestandenen Bergführer-Prüfung, sondern seiner Tochter.

3 Zu Weihnachten schmücken wir die Wohnung nicht mit silbernen Sternen, sondern mit goldenen Sternen.

4 Letzte Woche hatten wir unsere Nachbarn nicht zum Mittagessen eingeladen, sondern zum Abendessen.

5 Über die lokalen Traditionen unterhielten sich die Touristen nicht mit dem Museumsdirektor, sondern mit dem Fremdenführer.

6 Während meines Studiums im Ausland vermisste ich nicht meine Wohnung, sondern meine Heimat.

7 Gestern besuchte Ricarda ihren Freund nicht im Allgäu, sondern in Thüringen.

8 Die Volkstanzgruppe wünscht sich von Herzen nicht einen Sieg beim lokalen Wettbewerb, sondern beim internationalen Wettbewerb.

9 Zum Weihnachtsfest gehört in Österreich nicht eine geschmückte Palme, sondern ein geschmückter Weihnachtsbaum.

10 Franz half nicht das Brauchtumsfestival vorzubereiten, sondern das Hard-Rock-Festival.

I

Die Bauern geben ihre Tiere im Spätfrühling auf die Alm.

J

1 Die Bauern stellen würzigen Bergkäse auf den Almen her.

2 Die Miss Lenk ist die schönste Kuh.

3 Ursprünglich feierte man mit dem Älplerfest, dass das Vieh gesund von den hohen Weiden ins Tal zurückgekommen war.

K

	Article	Wanted word	Definition	Example sentence
1	das	Gebirge	zusammenhängende Gruppe von Bergen	St Anton ist ein Ort hoch im Gebirge.
2	die	Quelle	der Ursprung von etwas	Aus dieser Quelle kommt das berühmte Mineralwasser der Schweizer Alpen.
3	der	Schutz	Hält eine Gefahr ab.	Als das starke Gewitter kam, suchte ich Schutz in einem alten Stall.
4	die	Tradition	Wird von Generation zu Generation weitergegeben.	Viele Traditionen der Alpenländer sind schon viele hundert Jahre alt.
5	die	Weide	Eine große grüne Fläche, auf der Tiere wie z.B. Kühe oder Schafe stehen.	Heidi geht mit den Kühen auf die Weide hinter dem Haus.

Unit 12

A

2 Du sollst regelmäßig deine Hausaufgaben machen.

3 Könntest du bitte nicht so viel Fernsehen schauen./Du sollst nicht so viel Fernsehen schauen.

4 Könntest du bitte deiner Schwester helfen./Du sollst deiner Schwester helfen.

5 Du sollst jetzt schlafen gehen.

B

2 Tragen Sie den Farbeimer zum Auto!

3 Packen Sie das restliche Malerwerkzeug ein!

4 Fahren Sie zum Kunden!

5 Packen Sie alles aus!

6 Legen Sie den Boden mit Folie aus!

7 Ziehen Sie die Nägel aus der Wand!

8 Montieren Sie die Lichtschalter ab!

9 Reißen Sie die alte Tapete ab!

10 Fahren Sie zurück zur Werkstatt!

C

1 Wasch die Pinsel aus!

2 Trag den Farbeimer zum Auto!

3 Pack das restliche Malerwerkzeug ein!

4 Fahr zum Kunden!

5 Pack alles aus!

6 Leg den Boden mit Folie aus!

7 Zieh die Nägel aus der Wand!

8 Montier die Lichtschalter ab!

9 Reiß die alte Tapete ab!

10 Fahr zurück zur Werkstatt!

D

1 die Zange 2 die Bohrmaschine 3 der Hammer 4 der Schraubenzieher 5 die Schere 6 der Nagel
7 die Säge 8 die Schraube

E

1 Sägt die Zweige vom Baum ab!

2 Stellt das Gerät nachher wieder aus!

3 Bohrt nicht zu große Löcher in die Wand!

4 Seid mit der Säge vorsichtig!

5 Setzt den Filter schon mal in den Trichter ein!

6 Passt mit der Steckdose auf!

7 Zieht den Stecker vorher raus!

8 Kontrolliert den Strom vorher!

9 Fasst die Glühbirne nicht an, die ist sehr heiß!

10 Drückt den Schalter erst hinunter, wenn der Stecker steckt!

F

1 Wechsle bitte die Glühbirne aus!

2 Hängt die Bilder auf!

3 Zieh die Schrauben fest!

4 Bauen Sie das Bett zusammen!

5 Lest die Anleitung vor!

6 Reparieren Sie die Heizung!

7 Bringen Sie den Spiegel schon an!

G

1 First **2** Then **3** After that **4** Following that **5** Following that **6** Before that **7** Finally **8** Last of all

H

1 Packt zuerst die einzelnen Möbelteile aus!

2 Michael, lies die Anleitung vor!

3 Veronika, überprüfe, dass keine Schrauben fehlen!

4 Baut gemeinsam die ersten Teile zusammen!

5 Bringt im Anschluss daran die Türen an!

6 Angelika, schraube aber zunächst die Kleiderstange fest!

7 Michael, zieh noch einmal alle Schrauben fest!

8 Veronika, hänge die Kleider in den neuen Schrank!

I

eine Espressomaschine

J

1 Die elektrischen Teile des Geräts dürfen nicht in Wasser getaucht werden.

2 Das Gerät kann maximal 4 Tassen Espresso kochen.

3 Wenn man das Pulver nicht vom Rand des Filters entfernt, lässt sich das Gerät nicht schließen.

4 Um das Gerät einzuschalten, muss man den Ein-/Ausschalter hinunterdrücken.

5 Die Kontrolllampe zeigt an, ob das Gerät noch läuft.

6 Wenn man das Gerät nicht am Griff anfasst, verbrennt man sich.

K

1 der Gebrauch **2** die Markierung **3** je nachdem **4** fest **5** komplett **6** gefüllt **7** achtgeben **8** erlöschen

Unit 13
A

1 Weil er ein sehr guter Arbeiter ist, bot ihm der Vorgesetzte eine bessere Stelle an.

2 Obwohl er nur halbtags arbeitet, verdient Roberts Vater viel Geld.

3 Ob intellektuell fordernde Berufe Alzheimer vorbeugen, versuchte der Professor zu erforschen.

4 Da alle Bewerber eine gute Ausbildung hatten, war langjährige Berufserfahrung der wichtigste Faktor.

B

Orte, an Denen Man Arbeitet	Menschen, Die Arbeiten; Jobbezeichnungen	Zu der Zeit Arbeitet Man Nicht	Verben, Die Sich Suf Die Arbeitswelt Beziehen
die Werkstatt	der/die Abteilungsleiter/in	der Krankenstand	befördern
der Betrieb	der/die Angestellte	der Urlaub	kündigen
die Firma	der/die Vorarbeiter/in	die Freizeit	verdienen
das Büro	der Lehrling	die Arbeitslosigkeit	erledigen
das Werk	der/die Elektriker/in	die Ferien	entlassen
der Schreibtisch	der/die Mechaniker/in	die Pause	einstellen
der Arbeitsplatz	der/die Kellner/in	der Ruhestand	
die Abteilung	der/die Beamte		

1 verdient   **2** befördere   **3** entlassen; erledigt   **4** gekündigt   **5** einstellen

C

1 Angestellte/ Beamte; Ruhestand   **2** Freizeit   **3** Elektriker   **4** befördert   **5** Betrieb/Werk; Büro/ Betrieb

D

2 Der Lehrling konnte keine Stelle finden, weil er ein schlechtes Arbeitszeugnis hat.

3 Der Lehrling konnte keine Stelle finden, weil er einen Lebenslauf mit Lücken hat.

4 Der Lehrling konnte keine Stelle finden, weil er oft zu spät kommt.

5 Der Lehrling konnte keine Stelle finden, weil er nicht verlässlich ist.

6 Der Lehrling konnte keine Stelle finden, weil er sich nicht ordentlich kleidet.

7 Der Lehrling konnte keine Stelle finden, weil er die Schule mit schlechten Noten abgeschlossen hat.

E

2 Er hat keinen Lebenslauf abgegeben, weil/da er ihn vergessen hat.

3 Er möchte Elektriker werden, weil/da er gerne mit elektrischen Maschinen arbeitet.

4 Die Kollegin ist nicht da, weil/da sie noch im Bus sitzt.

5 Sein Bruder kann den Leistungsdruck nicht aushalten, weil/da er zu viel Stress in der Familie hat.

6 In dieser Firma ist Mobbing ein großes Problem, weil/da es keinen guten Chef gibt.

7 Ich kann nicht mehr verdienen, weil/da mein Lohnniveau so im Arbeitsvertrag steht.

F

1 während/obwohl **2** bis **3** seit/obwohl **4** dass **5** obwohl **6** ob **7** damit

G

1 Der Gewerkschaftsvertreter sah, dass die Sache hoffnungslos war.

2 Du befürchtest, dass dein Sohn dieses Jahr seinen Job verlieren wird.

3 Es ist schade, dass wir erst übernächstes Jahr in Pension gehen können.

4 Der Personalchef hatte den Eindruck, dass die Firma zu wenige Personen einstellt.

5 Ich vermute, dass das Arbeitsklima nicht besser wird.

6 Der Boss möchte, dass wir ihm gut zuhören.

H

Sie brauchen eventuell ein Visum.

Es ist einfacher für einen Norweger in Deutschland zu arbeiten als für einen Russen, weil/da Norwegen zu Europa gehört.

Es ist jetzt leichter, eine Arbeitserlaubnis zu bekommen, weil/da es die neue „EU Blue Card Germany" gibt.

I

1 Es ist wichtig, ein gutes Netzwerk in Deutschland zu haben, weil/da persönliche Kontakte zu Firmen sehr bei der Arbeitssuche helfen.

2 Bei einer Bewerbung sollte man auch angeben, dass man Deutsch spricht, weil/da die potentiellen Vorgesetzten dadurch sehen, dass man sich auch sprachlich gut integrieren kann.

J

1 <u>Wenn</u> Sie aus einem Land der EU, aus Island, Liechtenstein, Norwegen oder der Schweiz <u>kommen</u>, …

2 …, <u>weil</u> es europaweite Vereinbarungen <u>gibt</u>.

3 …, <u>da</u> ihre Berufe sehr gefragt <u>sind</u>.

4 <u>Bevor</u> es die neue „EU Blue Card Germany" <u>gab</u>, …

5 <u>Ob</u> ihre Qualifikationen zu den angebotenen Stellen <u>passen</u>, …

6 ..., <u>während</u> gedruckte Stellenangebote in Zeitungen immer mehr <u>verschwinden</u>.

7 ..., <u>obwohl</u> viele große Betriebe Englisch als Handelssprache <u>verwenden</u>.

8 ..., <u>damit</u> Ihre potentiellen Vorgesetzten gleich <u>sehen</u>, ...

9 ..., <u>dass</u> Sie sich auch sprachlich gut integrieren <u>können</u>.

K

1 die Vereinbarung (agreement) 2 das Visum (visa) 3 der Ingenieur (engineer) 4 die Forschung (research) 5 die Fachkraft (professional/skilled worker) 6 die Anerkennung (recognition) 7 das Stellenangebot (vacancy) 8 die Bewerbung (application)

Unit 14

A

	First clause				Conjunction	Second clause				
	Pos. 1	Pos. 2	Pos. 3	Pos. 4		Pos. 1	Pos. 2	Pos. 3	Pos. 4	Pos. 5
1	Das Konzert	gefiel	meiner Mutter,		aber	sie	fand	die Oper	nicht	überzeugend.
2	Der Regisseur	arbeitete	nicht	mit dem berühmten Schauspieler,	sondern	er	engagierte	neue Talente.		
3	Im Theater	können	Künstler	arbeiten	und	sie	können	mit anderen	neue Ideen	besprechen.
4	Fritz	kam	zu spät	ins Kino,	denn	sein Bus	hatte	eine Panne.		
5	Manche Autoren	schreiben	in einem Büro		oder	sie	gehen	in ein Café.		
6	Marilyn Monroe	war	in Amerika	berühmt	und	sie	hatte	auch	in der Schweiz	viele Fans.

B

1 Das Kammerorchester erscheint um 18 Uhr zur Probe und der Chor kommt um 19 Uhr.

2 Die Kapelle besteht aus 20 Musikern und es gehört auch eine Dirigentin dazu.

3 Die Oper beginnt mit einer wunderbaren Ouvertüre und endet mit einer besonders schönen Arie.

4 Der Straßenmusikant spielt vom Blatt und kann auch nach Gehör spielen.

5 Meine Großeltern gehen gerne ins Konzert und meine Eltern gehen gerne mit ihnen mit.

C

1 Klara möchte in einer Band spielen, denn sie liebt das Musizieren und Singen.

2 Der Maler stellte heute kein Ölgemälde fertig, aber skizziert sein nächstes Aquarell./Der Maler stellte heute kein Ölgemälde fertig, sondern skizziert sein nächstes Aquarell.

3 Im Vordergrund sieht man einen Baum und im Hintergrund sieht man einen See./Im Vordergrund sieht man einen Baum, aber im Hintergrund sieht man einen See.

4 Das Kunstwerk ist sehr schön, aber meine Familie kann es sich nicht leisten.

5 Diese Skulptur stellt einen Dirigenten dar oder einen alten Mann mit Stock.

6 Das Theaterstück war ein Erfolg, denn alle Besucher waren zufrieden.

7 Herbert spielt heute die erste Geige, aber er hat sie daheim vergessen.

8 Gestern kam ich zu spät zum Konzert, denn ich hatte meinen Bus verpasst.

9 Dieser Film ist gar nicht kitschig, sondern eine sehr schöne Liebesgeschichte.

D

	First clause				Conjunction	Second clause			
	Pos. 1	Pos. 2	Pos. 3	Pos. 4		Pos. 2	Pos. 3	Pos. 4	Pos. 5
1	Zuerst	gehen	wir	zum Abendessen,	dann	treffen	wir	meine Mutter	im Theater.
2	Der Musiker	kam	gerade	aus dem Haus,	da	begann	der Regen.		
3	Lisa	war	nicht	gesund,	trotzdem	begleitete	sie	uns	in die Bar.
4	Der Dirigent	kam	zu spät		deswegen	begann	das Orchester	ohne ihn.	
5	Ich	möchte	einen Kultururlaub	machen,	daher	fahre	ich	nach Wien.	
6	Deutchland	ist	bekannt	für seine Festivals,	also	findet	ihr	sicherlich	ein tolles Festival.

E

1 Der Kritiker analysierte das Stück sehr subjektiv, trotzdem stimme ich ihm zu.

2 Der Rockmusiker kann acht Instrumente spielen, deswegen/folglich hat er wenig Zeit mit allen Instrumenten zu üben.

3 Das Theater hat Betriebsurlaub, deswegen/folglich müssen wir uns etwas Anderes für das Abendprogramm überlegen.

4 Ich hab den letzten Spielfilm mit dem Oscar-Preisträger noch gar nicht gesehen, inzwischen ist der neue Film schon herausgekommen.

5 Die künstlerische Freiheit ist wichtig, allerdings wird sie oft bedroht.

6 Wir hatten kaum unsere Plätze gefunden, da begann das Konzert.

7 Im März ging Annette zu einem Konzert der größten irischen Pop-Band, dann besuchte sie das Konzert der berühmtesten deutschen Heavy-Metal-Gruppe im April.

F

1 Beifall   **2** Orchester   **3** Regisseur   **4** Chor   **5** Konzert   **6** Komponist

G

Am Donnerstagabend kann man sich den besten deutschen Film des Jahres ansehen.

H

1 Am Freitagabend können die Festivalbesucher verschiedene Tänze ausprobieren.

2 Beim Mitternachtsessen gibt es einzigartige Gerichte aus allen Ecken Deutschlands.

3 Am Sonntag hat man noch eine letzte Chance auf einen Tanzkurs.

4 Typischerweise gibt es ab April keine Tickets mehr.

I

1 Wenn man im <u>Mittelpunkt</u> steht, dann steht man im Zentrum des Interesses.

2 Viele Leute wollen dem <u>Alltag</u> entkommen und die Routine ihres täglichen Lebens hinter sich lassen.

3 Auf einer <u>Leinwand</u> zeigt man im Kino Filme.

4 Wenn Sie einen <u>Hinweis</u> bekommen, so gibt Ihnen jemand einen Tipp.

5 Wer sich um <u>Mitternacht</u> trifft, der trifft sich um 24 Uhr.

6 Ein <u>Traum</u> besteht aus Bildern, die man im Schlaf sieht.

7 Wenn es irgendwo <u>gemütlich</u> ist, dann ist man dort gerne, es herrscht eine entspannte Atmosphäre.

8 Wer <u>ausgelassen</u> ist, der ist in einer ganz frohen Stimmung und denkt nicht an Probleme.

9 Wenn man eine Karte einige Zeit vorher kauft, dann kauft man sie im <u>Vorverkauf</u>.

J

1 regiert im   **2** liest für das   **3** zieht einen Strich durch das   **4** gießt das

Unit 15

A

2 general assumption   **3** command   **4** something will have happened   **5** intention   **6** general assumption

B

2 du wirst spielen; du wirst gespielt haben

3 wir werden halten; wir werden gehalten haben

4 ihr werdet verhindern; ihr werdet verhindert haben

5 ich werde aufsteigen; ich werde aufgestiegen sein

6 sie werden zeigen; sie werden gezeigt haben

C

2 Die Menschen in diesen Ländern werden traurig sein.

3 Die anderen Fans werden ihre Mannschaft anfeuern.

4 Ein Torhüter wird einen Elfmeter halten.

5 Die Schiedsrichter werden einige Fehlentscheidungen treffen.

6 Ein Favorit wird schon in der Vorrunde ausscheiden.

7 Ein Stürmer wird wahrscheinlich Torschützenkönig werden.

8 Es wird viele spannende Spiele geben.

9 Ich werde vor dem Finale vor Aufregung nicht schlafen können.

10 Deutschland wird hoffentlich Weltmeister werden.

D

2 Die Menschen in diesen Ländern werden traurig gewesen sein.

3 Die anderen Fans werden ihre Mannschaft angefeuert haben.

4 Ein Torhüter wird einen Elfmeter gehalten haben.

5 Die Schiedsrichter werden einige Fehlentscheidungen getroffen haben.

6 Ein Favorit wird schon in der Vorrunde ausgeschieden sein.

7 Ein Stürmer wird wahrscheinlich Torschützenkönig geworden sein.

8 Es wird viele spannende Spiele gegeben haben.

9 Ich werde vor dem Finale vor Aufregung nicht haben schlafen können.

10 Deutschland wird hoffentlich Weltmeister geworden sein.

E

2 In den Sommerferien wird Maria für zwei Wochen in ein Leichtathletiktrainingslager fahren können.

3 In den Sommerferien wird Maria den ganzen Tag trainieren können.

4 In den Sommerferien wird Maria keine Hausaufgaben machen müssen.

5 In den Sommerferien wird Maria sich verbessern können/müssen.

6 In den Sommerferien wird Maria bei gutem Wetter nach dem Training ein Eis essen können.

F

2 ich für zwei Wochen in ein Leichtathletiktrainingslager werde fahren können.

3 ich den ganzen Tag werde trainieren können.

4 ich keine Hausaufgaben werde machen müssen.

5 ich mich werde verbessern können.

6 ich bei gutem Wetter nach dem Training ein Eis werde essen können.

G

Der Hamburger SV führt in Hamburg.

H

1 Nach der ersten Halbzeit pfiffen die Fans.

2 In der Halbzeitpause nahmen beide Trainer Auswechslungen vor.

3 Die Gäste hatten eine Riesenchance, weil es einen Handelfmeter gab.

4 Der Schiedsrichter hat mit gelben Karten auf Fouls reagiert.

5 Der Hamburger Joker hat das Tor geschossen.

6 Die Hamburger hatten zuletzt drei Spiele verloren.

I

1 die Halbzeit 2 das Freundschaftsspiel 3 der Treffer 4 die Partie 5 der Zweikampf 6 die Nachspielzeit 7 die Anhänger 8 der Rang

J

1 die Auswechslung 2 einen Elfmeter verwandeln 3 die Niederlage 4 der Abstieg

K

1 Schwimmen 2 Skilanglauf 3 100-Meter-Lauf 4 Basketball 5 Judo 6 Tennis 7 Formel 1
8 Handball

Unit 16

A

Prepositions governing the dative	Prepositions governing the accusative
bis; gegenüber; bei; mit; zu; nach; von; seit; außer; aus	durch; für; ohne; um; gegen

B

1 in 2 in 3 zwischen 4 gegenüber 5 am 6 auf 7 in 8 über 9 in 10 in 11 von 12 über 13 hinter

C

1 der Lage 2 einen Arbeitsplatz 3 sozialen Kontakten 4 die Wohngemeinschaft 5 seinem alten Freund Tobias 6 einer passenden Wohnung 7 seinen Freund Tobias 8 ein großes Projekt 9 seiner Abwesenheit 10 das Engagement 11 der Wohnungssuche

D

2 Wo ist die Geschirrspülmaschine? Die Geschirrspülmaschine ist in der Küche.

3 Wo sind die Sozialwohnungen Berlins? Die Sozialwohnungen Berlins sind in der ganzen Stadt.

4 Wo sind die Vorhänge? Die Vorhänge sind im Vorraum.

5 Wo sind die Ziegelsteine? Die Ziegelsteine sind unter dem/unterm Dach.

6 Wo ist das Gewächshaus? Das Gewächshaus ist neben dem Gemüsegarten.

7 Wo ist der Aufzug? Der Aufzug ist zwischen der Treppe und dem Eingang.

E

2 Wohin kommt das Sofa? Es kommt neben den Wohnzimmertisch.

3 Wohin kommt der Spiegel? Er kommt an die Wand.

4 Wohin kommt der Kleiderschrank? Er kommt in das/ins Schlafzimmer.

5 Wohin kommt das Bettzeug? Es kommt auf das/aufs Bett.

6 Wohin kommt der Staubsauger? Er kommt hinter die Tür.

7 Wohin kommt der Teppich? Er kommt unter den/untern Tisch.

8 Wohin kommt das Gemälde? Es kommt an die Wand über das/übers Sofa.

F

1 Scheibe 2 Sessel 3 Haushalt 4 Schublade 5 Durchgang 6 Neubau 7 Regal 8 Tischtuch

G

1 Toilette 2 Besteck 3 Schrank 4 Wohnanlage 5 Kauf 6 Dachboden

H

	Word we are looking for	Translation	Example sentence
1	überall	everywhere	Überall in der Stadt gibt es neue Wohnblöcke.
2	irgendwo	somewhere	Frank möchte sich endlich irgendwo zuhause fühlen.
3	nirgendwo	nowhere	Nirgendwo ist es so schön wie im eigenen Haus.
4	unten	at the bottom of	Unten im Kasten bewahre ich die Teller auf.
5	oben	at the top of	Ich möchte lieber nichts ganz oben in mein Regal geben.
6	vorne	at the front of	Die Pinsel liegen vorne in der Schublade.
7	hinten	at the back of	Hinten im Schrank lagert mein Mann alte Dokumente.
8	hier	here	Hier in meiner Wohnung möchte ich, dass niemand raucht.
9	dort	there	Das Haus der Familie Berger gefällt mir besonders gut, dort ist es sehr gemütlich.
10	drinnen	inside	Wir brauchen dringend mehr Licht für drinnen.
11	draußen	outside	Weil es draußen heute so kalt ist, arbeiten die Gärtner heute lieber im Glashaus.

I

Manche Niedrigenergiehäuser zeichnen sich dadurch aus, dass sie mehr Energie produzieren als sie verbrauchen.

J

1 Ein gut isoliertes Haus ist wichtig für die Deutschen, da es im Winter oft sehr kalt wird und Heizöl teuer ist.

2 Deutsche Zimmer sind in der Regel geräumig.

3 Die Deutschen lassen sich die Ausstattung gerne viel kosten, um sich so richtig wohlzufühlen und eine gemütliche Wohnung zu haben.

K

	Article	Word	Definition
1	das	Reihenhaus (Reihenhäuser)	Ein einzelnes Haus, das aber Teil einer Gruppe von Häusern ist, die aneinander gebaut sind.
2	die	Wohnanlage (Wohnanlagen)	Ein Gebäudekomplex mit Wohnungen, viele Menschen wohnen hier.
3	die	Wand (Wände)	Bildet die Grenzen eines Raumes. Die Decke und ganz oben das Dach ruhen darauf.
4	die	Heizkosten (Plural)	Die muss man bezahlen, wenn man es warm haben möchte.
5	der	Flur (Flure)	Ein langer, oft schmaler Raum am Eingang der Wohnung/des Hauses.
6	der	Quadratmeter (Quadratmeter)	Eine Maßeinheit für Fläche.
7	die	Ausstattung (Ausstattungen)	Wird oft auch als Dekor bezeichnet.

Unit 17

A

	Relative pronoun	Part of the main clause it refers to
2	das	das Opfer
3	was	dass die Angeklagte zu den Vorwürfen schweigt
4	dem	eines Einbrechers

B

	Relative pronoun	
2	das	neuter, singular, accusative
3	was	referring to whole sentence
4	dem	masculine, singular, dative

C

1 der **2** das **3** der **4** den **5** dessen **6** das **7** dem **8** denen **9** das **10** die **11** was/(das)
12 deren

D

2 Das ist der Fall, den die Polizei gelöst hat.

3 Das sind die Akten, die der Staatsanwalt lesen muss.

4 Das ist die Angeklagte, der der Anwalt geholfen hat.

5 Das ist die Strafe, die der Schuldige verdient.

6 Das ist das Motiv, das der Mörder hatte.

E

2 Gestern fiel das Urteil im Mordprozess, das viele ungerecht fanden.

3 Viele Zeitungen berichteten über diesen Fall, den die Polizei endlich aufgeklärt hat.

4 Der Einbrecher stahl etwas, das/was dem Opfer viel bedeutete.

5 Der Kommissar verhört viele Zeugen, die alle etwas Anderes sagen.

6 Der Mann, den der Mörder erschossen hat, war erst 42 Jahre alt.

7 Das Gericht hat den Angeklagten freigesprochen, was ihn gefreut hat.

F

Der Mord	Der Einbruch
ermorden	aufbrechen
illegal	die Beute
die Leiche	der Dieb
der Mörder	der Diebstahl
das Opfer	einbrechen
die Straftat	der Einbrecher
töten	illegal
umbringen	klauen
	stehlen
	die Straftat

G

Wenn Sie in Deutschland bei Rot die Straße überqueren, kann es passieren, dass die Polizei Sie anhält und Sie eine Geldstrafe bezahlen müssen.

H

1 In der Kriminalitätsstatistik sind Fälle, die nicht gemeldet wurden, nicht enthalten.

2 In Läden wird am meisten geklaut.

3 Gewaltverbrechen werden seltener begangen.

4 Wenn der mutmaßliche Täter gefunden wurde und es genügend Beweise gibt, kommt es zu einem Prozess.

5 Wenn man auf Bewährung verurteilt wird, muss man nicht ins Gefängnis, selbst wenn man schuldig gesprochen wird.

I

1 verboten   2 klärt … auf   3 verübt   4 Ladendiebstähle

J

1 der Richter   2 die Polizei   3 die Verteidigung   4 die Staatsanwaltschaft

K

1 aufgeben   2 probieren   3 rufen   4 verurteilen   5 gestehen

L

1 Diebstahl   2 Totschlag   3 Betrug   4 Mord   5 schwere Körperverletzung

Unit 18

A

2 regieren mit + dative   3 kämpfen für + accusative   4 sich einigen auf + accusative   5 scheitern an + dative

B

1 für/gegen   2 zu   3 für   4 über   5 bei   6 für

C

1 die   2 den   3 den   4 der   5 die   6 die

D

1 kritisiert   2 hielt … zurück   3 wirkte … aus   4 Stellung nehmen   5 verabschiedete   6 geeinigt   7 scheiterte   8 ging … hervor

E

1 die Wahl   2 die Vereinbarung   3 die Reform   4 die Stellungnahme   5 die Regierungsbildung   6 die Kandidatur   7 die Regierung   8 die Enthaltung

F

1 an der **2** worüber **3** an dem **4** wovon/worüber/von der **5** aus der **6** über den **7** von der
8 worauf/auf das

G

1 Der Mitarbeiter, auf den er sich immer hatte verlassen können, enttäuschte den Abgeordneten.

2 Der Kompromiss, zu dem sich der Bundeskanzler überreden ließ, hilft vor allem der Opposition.

3 Die Alternativen zur jetzigen Politik, an denen der Oppositionsführer arbeitet, klingen für viele Wähler attraktiv.

4 Der Beamte im Außenministerium sprach mit Vertretern aus Frankreich, wovon die Außenministerin nichts wusste.

5 Der Rücktritt der Ministerin, die für die Steuerreform zuständig war, löste eine Krise in der Regierung aus.

6 Die Steuerreform, für die die zurückgetretene Ministerin zuständig gewesen war, ist gescheitert.

7 Die drastischen Maßnahmen der Regierung, von denen selbst einige Minister nicht überzeugt sind, sorgen für viel Kritik.

8 Der Bundestag beschloss, die Reform doch nicht umzusetzen, was viele Wähler erfreute.

9 Die sozialistische Partei, deren Parteivorsitzender aus Hamburg kommt, hat mehrere Sitze im Bundestag.

10 Bei der Bundestagswahl, an der vier neue Parteien teilnehmen, zeichnet sich ein Sieg der Opposition ab.

H

Die Deutschen haben die Möglichkeit, bei vier Wahlen abzustimmen.

I

1 Der Bundestag hat 598 Mitglieder.

2 Mit der Erststimme wählt man für eine Person.

3 50 Prozent der Sitze im Bundestag werden durch die Zweitstimme entschieden.

4 Für eine Partei ist es wichtig, mindestens 5% der Stimmen zu erhalten, um Mitglieder in den Bundestag entsenden zu können.

5 In Deutschland gibt es meistens eine Koalitionsregierung, weil kaum eine Partei die absolute Mehrheit im Bundestag hat.

1 die Bundesländer **2** innerhalb **3** der Sitz **4** der Wahlkreis **5** die Hälfte **6** die Partei **7** die Mehrheit **8** die Koalition

K

1 demokratisch **2** abstimmen **3** vertreten **4** föderal **5** wählen **6** entscheiden **7** bilden **8** leiten

Unit 19

A

1, 3, 4, 5, 6

B

2 Simple Past: ... wurde jeden Tag kontrolliert.

3 Present perfect: …. ist jeden Tag kontrolliert worden.

4 Pluperfect:… war jeden Tag kontrolliert worden.

5 Simple future: … wird jeden Tag kontrolliert werden.

6 Future II: … wird jeden Tag kontrolliert worden sein.

C

 2 The bike is being repaired.

 3 The children were picked up from school.

 4 The plants had been watered.

 5 A large steak was cooked.

 6 The bike will have been repaired.

 7 The children are being picked up from school.

 8 The plants have been watered.

 9 You were taught by a famous chef.

10 A large steak will be cooked.

D

1 Der Opfer des Krieges wird jedes Jahr gedacht.

2 Den Anweisungen des Bäckers ist gefolgt worden.

3 Auf Süßigkeiten wurde in der Fastenzeit verzichtet.

4 Ihm sind gestern bereits alle Zutaten für die Suppe gegeben worden.

5 In die Geheimnisse des Backens war ich eingeführt worden.

6 Den Gästen werden heute die Käsespätzle empfohlen.

7 Mir ist ein großes Schnitzel serviert worden.

8 Uns war empfohlen worden, die Blumen jeden Tag zu gießen.

E

1 von den Kindern **2** von meiner Mutter **3** vom (von dem) Gärtner **4** vom (von dem) Nachbarn
5 von Frau Meier **6** durch den Sturm **7** von Rosie **8** von wem **9** durch das Unwetter

F

1 Die Nudeln hätten gesalzen werden sollen.

2 Der Geschmack hat vom Chefkoch nicht überprüft werden können.

3 Das Fleisch musste schon gestern mariniert werden.

4 Während der Sommermonate wird der Rasen häufig gemäht werden müssen.

5 Die Suppe darf nicht zu stark gesalzen werden.

6 Die Äpfel hatten von dem Gartenbesitzer nicht gepflückt werden können.

7 Zum Glück konnte eine größere Katastrophe verhindert werden.

8 Der Auflauf darf nicht so lange im Ofen gelassen werden.

9 Die Grillparty soll wegen des schlechten Wetters abgesagt werden.

10 Die Rosen haben gedüngt werden müssen.

G

1 werden **2** werden **3** werden **4** haben **5** wird **6** wird

H

1 …unser Wein getrunken wurde.

2 … Lebensmittel auch online bestellt werden können.

3 … Schnitzel serviert werden.

4 … oft kein Trinkgeld gegeben wird.

I

Ein großer Krautkopf wird in kleine, dünne Streifen geschnitten. Diese werden dann in eine Schüssel. gelegt. Salz und Pfeffer werden dann je nach Vorliebe zum Kraut gegeben. Diese Mischung wird nun an einem dunklen Ort gelassen. Am nächsten Tag wird der Geschmack überprüft und es wird eventuell noch nachgesalzen. (Mehr als ein Esslöffel Salz wird nicht für einen Kopf Kraut gebraucht). Nun wird das Öl und der Essig hinzugefügt. Erneut wird kräftig umgerührt. Je nach Region wird auch noch Kümmel in den Krautsalat gegeben. Fertig!

J

Der Garten erfordert auch viel Arbeit.

K

1 Sie gibt die Tomaten hinein, damit der Frost ihnen nicht schadet.

2 Er hilft ihr mit den großen Containerpflanzen und beim Jäten.

3 Feiern mit Freunden freuen Silvia besonders.

L

Das Gemüsebeet wurde mit Erde gefüllt und die neuen Samen wurden gesät.

Die Tomatenpflanzen wurden untertags vom Glashaus ins Freie gestellt und wurden aber am Abend wieder zurückgebracht, damit sie nicht vom Frost vernichtet werden/wurden.

Die Krautpflanzen wurden mit einem Netz vor Schmetterlingen und ihren Raupen geschützt.

Die Zucchinipflanzen wurden an einer warmen Stelle eingepflanzt.

Das leere Beet vom letzten Jahr wurde hergerichtet und gedüngt.

Schnecken wurden eingesammelt.

Kompost wurde als Dünger auf die Beete gegeben.

Die Blumen wurden gegossen und geschnitten.

Der Rasen wurde geschnitten und gegossen.

Und weil im Mai wirklich alles gut wächst, musste viel Unkraut gejätet werden.

M

… was in einer typischen Woche im Mai erledigt werden muss …

Die Zäune werden auf Schäden kontrolliert.

Das Gemüsebeet wird mit Erde gefüllt und die neuen Samen werden gesät.

Die Tomatenpflanzen werden untertags vom Glashaus ins Freie gestellt und werden aber am Abend wieder zurückgebracht, damit sie nicht vom Frost vernichtet werden.

Die Krautpflanzen werden mit einem Netz vor Schmetterlingen und ihren Raupen geschützt.

Die Zucchinipflanzen werden an einer warmen Stelle eingepflanzt.

Das leere Beet vom letzten Jahr wird hergerichtet und gedüngt.

Schnecken werden eingesammelt.

Kompost wird als Dünger auf die Beete gegeben.

Die Blumen werden gegossen und geschnitten.

Der Rasen wird geschnitten und gegossen.

Und weil im Mai wirklich alles gut wächst, muss viel Unkraut gejätet werden.

… dann werden die großen Containerpflanzen von ihm auf den Balkon gebracht und mit dem großen, alten Schubkarren wird Sylvia beim Jäten unterstützt.

Auch wenn diese Arbeiten manchmal nicht geschätzt werden…

… da wird dann gebraten und gekocht, Steaks werden mariniert, Salat wird angemacht … dann wird getanzt!

N

1 rasten **2** kontrollieren **3** füllen **4** säen **5** einpflanzen **6** gießen **7** jäten **8** wuchern **9** braten **10** das Sprichwort **11** der Zaun **12** das Beet **13** die Raupen **14** der Dünger **15** der Rasen

O

1 Konservendose **2** Konfitüre **3** Zucchini **4** verlieren **5** trocknen **6** staubsaugen

Unit 20
A

1 Die erneuerbaren Energien können noch weiter ausgebaut werden.

2 In Zukunft wird in Deutschland auf Atomenergie verzichtet werden.

3 Die Einführung einer Ökosteuer wird nicht diskutiert.

4 Der Verdacht des Umweltministeriums ist bestätigt worden.

5 Der Atommüll muss absolut sicher gelagert werden.

6 Mancher Müll kann wiederverwertet werden.

B

	Adjective	Verb/Noun
1	vorhersehbar	vorhersehen
2	wiederverwertbar	wiederverwerten
3	recyclingfähig	Recycling
4	erhältlich	erhalten
5	abbaubar	abbauen

C

1 Ein Tempolimit auf deutschen Autobahnen lässt sich gegen den Willen der Bürger nicht durchsetzen.

2 Strafen gegen Umweltsünder lassen sich leicht verschärfen.

3 Wenn wir jetzt handeln, lässt sich die Klimaerwärmung noch aufhalten.

4 Die Auswirkungen des Klimawandels ließen sich nicht absehen.

D

1 Die Konsequenzen der Erderwärmung erklären sich manchmal schwer.

2 Viele Bio-Produkte verkaufen sich seit einigen Jahren gut.

3 Das Ozonloch vergrößerte sich in den 1980er Jahren durch die Benutzung von Haarspray.

4 Kompromisse zwischen allen Ländern zur Rettung des Klimas finden sich nur schwer.

E

1 Der Gebrauch von Plastiktüten ist zu reduzieren.

2 Fossile Energien sind durch erneuerbare Energien zu ersetzen.

3 Ob die Maßnahmen der Regierung ausreichen, bleibt noch festzustellen.

4 In Sachen Klimaschutz ist noch viel zu tun.

F

1 Eierschalen sind kompostierbar.

2 Unsere Anstrengungen für den Klimaschutz sind noch steigerungsfähig.

3 Viele Folgen des Klimawandels sind nicht sichtbar.

4 Plastiktüten sind ersetzbar.

G

1 Der Traum von einer sauberen Welt erfüllt sich vielleicht noch.

2 Es lässt sich nicht leugnen, dass Fliegen schädlich für die Umwelt ist.

3 Man beschloss den Atomausstieg.

4 Ob die neuen Umweltgesetze erfolgreich sind, lässt sich noch nicht abschätzen.

H

1 Menschen, die an der Klimaerwärmung zweifeln, muss man die Meinung sagen. / Menschen, die an der Klimaerwärmung zweifeln, ist die Meinung zu sagen.

2 Die Sorge um das Wohl der Erde ist verständlich. / Die Sorge um das Wohl der Erde kann man verstehen. / Die Sorge um das Wohl der Erde lässt sich verstehen.

3 Ich hoffe, dass sich die Prognosen der Umweltschützer nicht bestätigen.

4 In Deutschland benutzt man viel Ökostrom.

5 Die Folgen eines Tempolimits auf Autobahnen lassen sich noch nicht absehen. / Die Folgen eines Tempolimits auf Autobahnen sind noch nicht absehbar. / Die Folgen eines Tempolimits auf Autobahnen kann man noch nicht absehen.

6 Ein Ende des Klimawandels lässt sich erreichen. / Ein Ende des Klimawandels ist zu erreichen. / Ein Ende des Klimawandels ist erreichbar. / Ein Ende des Klimawandels kann man erreichen.

I

1 Eine Laufzeitveränderung für Atomkraftwerke steht nicht zur Diskussion.

2 Die Pläne der Umweltministerin erhielten große Zustimmung.

3 Die Umweltminister gelangten zu keiner Einigung.

4 Nur wenige Wünsche der Umweltschutzorganisationen gehen in Erfüllung.

5 Die Mühen der Biobauern fanden Anerkennung.

6 Die Klimaschutzziele werden eine Änderung erfahren.

J

1 sparen **2** verursachen **3** vertreiben **4** verzichten

K

Die Atomkatastrophe in Tschernobyl veranlasste Elisas Eltern, sich für den Umweltschutz einzusetzen.

L

1 Dass Deutschland sich nach der Atomkatastrophe in Fukushima für den Ausstieg aus der Atomkraft entschied, war für Elisas Eltern eines der besten Ereignisse ihres Lebens.

2 Die Familie bewegt sich meistens mit dem Fahrrad oder zu Fuß fort.

3 Bio-Produkte aus der Region haben den Vorteil, dass keine Pestizide in das Grundwasser gelangen und die Lebensmittel nicht von weither transportiert werden müssen.

4 Elisas Traum ist es, sich einmal ein Passivhaus zu kaufen.

M

	Description	Word
1	nukleare Energie	Atomkraft
2	Solarenergie, Windenergie, etc.	erneuerbare Energien
3	etwas absichtlich nicht benutzen	verzichten
4	der Zug	die Bahn
5	Giftstoffe	Pestizide
6	um das zu tun, muss man das Fenster aufmachen	lüften
7	Öl und Kohle	fossile Energien

N

1 Laufzeitverlängerung 2 gesundheitsgefährdend 3 Überfischung 4 Einwegflasche
5 Meeresspiegels 6 Treibhausgase 7 Energiesparlampe 8 genmanipuliertem

Unit 21

A

Modal verbs	Passive voice	Other konjunktiv 2 forms
könnte… helfen	würde… gerufen	wäre
könnte… impfen	würde… genervt	wäre
müsste… nachschlagen		hätte
		käme
		wüsste
		wäre

B

1 würde zubereiten   2 würden einholen   3 würden vertrauen   4 würdest gehen   5 würde kaufen
6 würde schonen

C

1 hätte; wäre   2 hätte   3 hätte; hättest   4 wäre   5 hätte; hätten   6 hätte

D

1 Würde   2 könnte/würde   3 wäre   4 gäbe   5 Hätten   6 wären   7 würden   8 Wüssten   9 wäre
10 würde

E

1 hätte … besucht **2** wäre … gegangen **3** wären … umgezogen **4** hätte … gemessen **5** hätte … gerufen **6** wäre … gewesen **7** hätte … operiert **8** hätte … eingeholt

F

1 Wenn er als Kind damals nicht am Herzen operiert worden wäre, (b) könnte er heute keinen Sport treiben und müsste Angst vor einem Herzanfall haben.

2 Wenn ich nicht geimpft worden wäre, (d) hätte ich wegen des kleinen Schnittes Wundstarrkrampf bekommen können.

3 Wäre Silvia nach ihrem Unfall nicht schnell vom Notarzt behandelt worden, (a) so wären ihre Überlebenschancen sehr gering gewesen.

4 Wärest du von uns nicht so oft besucht worden, (e) wäre dir sicher langweilig geworden.

5 Wären wir nicht ins Krankenhaus gebracht worden, (c) hätten uns die Ärzte dort nicht helfen können.

G

1a Wenn Robert nicht das Bett hüten müsste, dann könnte er mit uns ins Kino gehen. **b** Müsste Robert nicht das Bett hüten, könnte er mit uns ins Kino gehen.

2a Wäre das Krankenhaus nach dem Erdbeben nicht so überfüllt gewesen, so hätten die Ärzte mehr Menschenleben retten können. **b** Wenn das Krankenhaus nach dem Erdbeben nicht so überfüllt gewesen wäre, so hätten die Ärzte mehr Menschenleben retten können.

3a Die seltene Krankheit hätte damals nicht ausbrechen können, wenn die Hygienebedingungen besser gewesen wären. **b** Die seltene Krankheit hätte damals nicht ausbrechen können, wären die Hygienebedingungen besser gewesen.

4a Wenn der Pfleger heute nicht so viel zu tun hätte, dann bäten wir um ein langes, vertrauliches Gespräch. **b** Hätte der Pfleger heute nicht so viel zu tun, dann bäten wir um ein langes, vertrauliches Gespräch.

5a Hätte es gestern nicht so stark geschneit, dann wäre ich sicher nicht auf dem Eis ausgerutscht und hätte mich nicht verletzt. **b** Wenn es gestern nicht so stark geschneit hätte, dann wäre ich sicher nicht auf dem Eis ausgerutscht und hätte mich nicht verletzt.

6a Ich hätte dir deine Medikamente von der Apotheke mitgenommen, hättest du mir nur gesagt, dass sie abholbereit sind. **b** Ich hätte dir deine Medikamente von der Apotheke mitgenommen, wenn du mir gesagt hättest, dass sie abholbereit sind.

H

1 die Apotheke   **2** der Schnupfen   **3** die Sprechstunde   **4** die Ohnmacht   **5** das Wartezimmer
6 die Übelkeit   **7** die Krankenkasse   **8** der Verband

I

Wie hoch der Krankenversicherungsbeitrag ist, hängt davon ab, wie viel man verdient.

J

1 10 Prozent der Deutschen haben eine private Krankenversicherung.

2 Die Vorteile einer privaten Krankenkasse sind, im Krankenhaus ein Einzelzimmer zu bekommen oder zu einem Privatarzt gehen zu können.

3 Man muss maximal 10 Euro selbst bezahlen, wenn man zum Arzt geht und dann Medikamente kauft.

4 Bei einem Arztbesuch muss man seine elektronische Gesundheitskarte dabeihaben.

K

1 Sorgen 2 Beitrag 3 Notfall 4 Einzelzimmer 5 Medikamente

L

1 laut 2 dick 3 standhaft 4 kurz 5 fein 6 holzig

Unit 22

A

	Konjunktiv I	Indicative
1	. . . dass er nicht vorhabe	vorhat
2	. . . diese Sendung entspreche	entspricht
3	. . . er werde	wird
4	der Bürgermeister . . . vergebe	vergibt
5	eine Möglichkeit . . . wiederkomme	wiederkommt

B

1 X 2 RS 3 DS 4 RS 5 RS 6 RS 7 DS 8 X

C

1 Der Regisseur sagte: „Die Freude über den Erfolg des Filmes ist groß."

2 Die berühmten Schauspieler berichteten: „Viele Karrieren sind durch die Zusammenarbeit mit tollen Menschen beeinflusst worden."

3 Der Fernsehmoderator beschwerte sich: „Es ist nicht genügend Zeit für das Interview gewesen."

4 Viele Komparsen des letzten Spielfilms meinten: „Die Gagen sind zu niedrig gewesen."

5 Der Zukunftsforscher berichtete in einem Online-Interview:„Zeitungen werden auch in Zukunft eine Rolle spielen."

6 In einem Podcast des ZDF fragte der Reporter den Hollywood-Star:„Ist ein Ende der Serie in nächster Zukunft geplant?"

D

1 Lisa sagte, ihr Freund habe ihr das am vorigen Tag einseitig geschildert. Lisa sagte, dass ihr Freund ihr das am vorigen Tag einseitig geschildert habe.

2 Frank sagte, am kommenden Tag stünden/würden sicher wieder viele reißerische Berichte in der Boulevardpresse (stehen). Frank sagte, dass am kommenden Tag sicher wieder viele reißerische Berichte in der Boulevardpresse stünden/ stehen würden.

3 Olivia sagte, sie bevorzuge sachliche und informative Sendungen im Fernsehen. Olivia sagte, dass sie sachliche und informative Sendungen im Fernsehen bevorzuge.

4 Laurenz sagte, sie hätten in der vorigen Woche in den Lokalnachrichten von der Ski-WM berichtet. Laurenz sagte, dass sie in der vorigen Woche in den Lokalnachrichten von der Ski-WM berichtet hätten.

5 Theresa sagte, dass ihre Partei die Wahl wohl nicht gewinnen werde. Theresa sagte, ihre Partei werde die Wahl wohl nicht gewinnen.

6 Klaus sagte, dass sein Leserbrief am darauffolgenden/morgigen Tag in der Zeitung abgedruckt werde. Klaus sagte, sein Leserbrief werde am darauffolgenden/morgigen Tag in der Zeitung abgedruckt.

7 Martha sagte, dass sie sich über aktuelle Ereignisse immer in der Zeitung informiere. Martha sagte, sie informiere sich über aktuelle Ereignisse immer in der Zeitung.

8 Adrian und Laura sagten, im vergangen Jahr seien sie noch beim Ersten Deutschen Fernsehen angestellt gewesen. Adrian und Laura sagten, dass sie im vergangen Jahr noch beim Ersten Deutschen Fernsehen angestellt gewesen seien.

E

1 Der Finanzminister sagte im Radiointerview, er wolle die Steuern senken.

2 Peter denkt, dieser Zeitung könne man nicht trauen.

3 Bei der Aufzeichnung seines Interviews für die Mittagsnachrichten sagte der Medienforscher, Medien seien das wichtigste Werkzeug der Politiker.

4 Nach der letzten Folge Lindenstraße sagte der Hauptdarsteller, er sei froh, nun ein neues Kapitel in seinem Leben anfangen zu können.

5 Roberts Vater meinte gestern, er wechsle immer den Sender, weil er Werbung hasse.

6 Die Diebe sagten aus, sie hätten nur kopiert, was sie in Filmen gesehen hätten.

F

1 Der Radio-DJ fragte den Popstar, welches Album sein bestes sei.

2 Das Model fragte den Kameramann, wie viele Aufnahmen er noch machen wolle.

3 Die Papparazzi wollten vom Chauffeur der Prinzessin wissen, wann die Prinzessin aus dem Hotel komme.

4 Felix' Cousine fragt ihn jeden Morgen, ob die Zeitung schon da sei.

5 Der Autor stellte in einem Leitartikel in der Frankfurter Allgemeinen Zeitung die Frage, ob es für Bücher noch eine Zukunft gebe.

6 Der Sänger fragte die Zuhörer live im Radio, warum sie seine Musik nicht online kaufen würden.

7 Der Politiker wurde vom Reporter gefragt, was seine Partei für den Schutz der Pressefreiheit tue.

8 Der Regisseur möchte vom Produzenten wissen, wann sie mit dem Drehen des Filmes beginnen können würden.

G

schreiben; zu Protokoll geben; berichten; wissen wollen; weismachen wollen; meinen; kritisieren; bekannt geben; anmerken; stehen in; behaupten; verlautbaren; (sich) beschweren; denken; aussagen; die Frage stellen, ob; betonen;

H

1 Der Reporter fragte, welche Pläne die Partei des Politikers im Bereich Umweltschutz verfolge.

2 Der Politiker sagte, seine Partei wolle den Umweltschutz zur Priorität machen und werde nach der Wahl mehr Geld in diesen Bereich investieren.

3 Der Reporter fragte, ob der Politiker bei seinen Plänen auch an von Armut betroffene Menschen denke.

4 Der Politiker sagte, sie seien eine Partei, die besonders für Arme immer ein offenes Ohr habe.

5 Der Reporter fragte, ob das Internet, ohne das man in der mobilen Welt fast nicht mehr leben könne, für alle gratis zugänglich sein solle.

6 Der Politiker sagte, das sei ihnen ein sehr großes Anliegen. Sie würden bereits mit der Telekom verhandeln.

7 Der Reporter fragte, ob die Kulturförderung auch in den kommenden Jahren in der Partei des Politikers eine große Rolle spielen werde.

8 Der Politiker sagte, Theater, Kino und Museen seien ein wichtiger Teil ihrer Identität und würden deswegen auch weiterhin von ihnen gefördert werden.

I

1 die Sendung **2** die Auflage **3** die Journalistin **4** das Ereignis **5** die Berichterstattung **6** die Enthüllungen **7** die Zensur **8** die Verleumdung

J

Der Generalintendant ließ die Bürger in einem Interview mit der größten Tageszeitung des Landes wissen, dass es einen neuen Sender geben werde.

K

1 Die Individualität ist laut dem Generaldirektor auf Theater, Kunst und Kulturbewusstsein gebaut.

2 Der Generaldirektor wurde wütend, weil man ihm vorwarf, die politische Bildung links liegen gelassen zu haben.

3 Bei der Politikberichterstattung müsse man besonders darauf achten, dass politische Nachrichten und Berichterstattung nicht zu viel Raum einnähmen.

4 Absolute Unabhängigkeit von den politischen Parteien und das Sicherstellen des Grundrechtes der Pressefreiheit seien wichtiger als der Bildungsauftrag.

L

1	vergessen werde	6	ließe zu	11	freue sich
2	rufen wolle	7	müsse geachtet werden	12	habe
3	austrahlen werde	8	einnähmen	13	freue sich
4	sei gewidmet	9	sähen	14	füllen werde
5	sei	10	seien	15	starten werde

M

1 der Bildungsauftrag **2** lehrreich **3** das Anliegen **4** die Nachricht **5** die Unabhängigkeit **6** die Pressefreiheit **7** schnulzig

N

1 ausnutzen **2** herausgeben **3** erscheinen **4** vorzeigen **5** verhindern **6** beeinflussen **7** Umschalten **8** unterhalten

Accusative See **Cases**.

Adjectives provide more information about nouns. In English they don't change, whether they stand on their own after a verb, such as *to be* or *to seem* (*The computer is _new_.*) or whether they appear in front of a noun (*The _new_ computer wasn't cheap.*). In German, adjectives do not change after a verb such as **sein** or **scheinen** (**Der Computer ist _neu_.**), but endings *do* change on adjectives that precede a noun (**Der _neue_ Computer war nicht billig.**).

Adverbials of time are used to express when, for how long and how often something happens, e.g. **Meine Mutter läuft _am Montag oft mehrere Minuten_ bis zum Bahnhof.** *On Mondays, my mother often walks _for several minutes_ to the station.*

Articles There are two main kinds of article: *definite* and *indefinite*. In English the definite article is *the*. German has three definite articles: **der**, **die** and **das**, referring to the three different German genders. The words *a* and *an* are the English indefinite article. In German the indefinite articles are **ein, eine, ein**, etc. (See also **Gender**.)

Auxiliary verbs support the main verb, and show when something happens, or who does it, e.g. *I _am_ working; he _has_ gone; it _has been_ sold*. The most important auxiliary verbs in German are **haben, sein** and **werden**. You use them to form the *perfect*, *pluperfect* and *future* tenses as well as the *passive*: **Ich habe (_hatte_) gerade einen leckere Pizza gegessen.** *I _have_ (_had_) just eaten a delicious pizza.* **Ich _werde_ eine leckere Pizza essen.** *I _will_ eat a delicious pizza.* **Die neue Universität _wurde_ 2007 gebaut.** *The new university _was_ built in 2007.* (See also **Modal verbs**.)

Cases There are four cases in German: the **nominative**, the **accusative**, the **genitive** and the **dative**. Cases in German express relationships between the various parts of the sentence. Here is a short summary:

Nominative: this case indicates the subject of the sentence: **_Der Mann_ kauft einen Stuhl.** *_The man_ buys a chair.*

Accusative: this case indicates the direct object of the sentence: **Der Mann kauft _einen Stuhl_.** *The man buys _a chair_.*

Dative: this case indicates the indirect object of the sentence: **Wir haben den Stuhl _meinem Bruder_ gegeben.** *We gave the chair _to my brother_.*

Genitive: this is the case that indicates possession: **Das ist der Stuhl _meines Bruders_.** *That's my brother's chair.*

Remember that **prepositions** in German are followed by the accusative, dative or genitive case.

Compound tenses consist of an auxiliary verb (**haben, sein, werden**) and another verb form, e.g. a past participle or infinitive.

Conjugated: sometimes a verb form can consist of several verbs, e.g. to form a tense or the **Konjunktiv: Ich bin gelaufen., Du wirst spielen., Er würde kommen.** *I have run. You will play. He would come.*, but only one verb changes according to the person it refers to and the tense needed; this verb is the conjugated verb. The rest stays the same, e.g. **Du warst gelaufen., Er ist gelaufen.** *You had run., He has run.* In these examples **warst** and **ist** have been conjugated, whereas **gelaufen** is the past participle and doesn't change. This is important as it is only the conjugated verb that goes to the end in subordinate clauses.

Dative See **Cases**.

Definite article See **Articles**.

Direct object See **Object**.

Endings are the parts of verbs that you use in order to show who is performing the action, and when it happened, e.g. **er trink*t*, du trink*st***; **sie spiel*t*, sie spiel*te***. Endings also indicate whether a noun is plural, and also some cases, e.g. **Die Pfote*n* des Hund*es***. With adjectives, endings show gender, case and number, e.g. **Die dreckig*en* Pfote*n* des alt*en* Hund*es***.

Finite verbs show the tense of the action involved, and have a grammatical subject, e.g. **er hat** vs **er hatte**. They change their form depending on their grammatical subject, e.g. **ich komme, du kommst**. Non-finite verbs do not display tense and never change their form. In German, they are the infinitive, e.g. **er wird *lachen***, the past participle, e.g. **er hat *gelacht***, and the present participle, e.g. ***lachend***.

Futur I and II are the tenses used to refer to actions that are either going to happen (Futur I) or will have been completed by a certain point in time (Futur II). (**Ich werde morgen in die Stadt gehen.** *I will go into town tomorrow.* **Ich werde morgen um 8 Uhr bereits in die Stadt gegangen sein.** *By eight o'clock tomorrow I will already have gone into town.*)

Gender In English, gender relates to the biological sex of people or animals: we refer to a man as *he*, to a woman as *she*, and to a table as *it*. In German, nouns have a grammatical gender irrespective of biological sex. For instance, the grammatical gender of the word for *girl* (**das Mädchen**) is neuter. In German, there are three genders, *masculine, feminine* and *neuter*: **der Hund** (*the dog*), **die Katze** (*the cat*), **das Fenster** (*the window*).

Genitive See **Cases**.

Imperative The imperative is the form of the verb used to give orders or commands: *Come here, please*. In German there are three forms of the imperative, corresponding to the words you use to speak to someone or to a group of people. ***Kommen* Sie, bitte!** (**Sie** form); ***Komm*, bitte!** (**du** form); ***Kommt*, bitte!** (**ihr** form).

Imperfect/simple past. This is the tense used to say that something happened in the past. It is mainly used in writing. **Der Schiefe Turm von Pisa *war* schon vor vielen Jahrhunderten schief.** *The Leaning Tower of Pisa *was* already leaning centuries ago.*

Indefinite article See **Articles**.

Indicative This refers to forms of the verb that denote fact, as opposed to the **Imperative** and the **Konjunktiv**. For example, **Peter *isst* den Apfel** is indicative, **Peter, *iss* den Apfel!** is imperative, and **Peter *äße* den Apfel, wenn er nicht faul *wäre*** is Konjunktiv (*Peter would eat the apple if he weren't so lazy*).

Indirect object See **Object**.

Infinitive The infinitive is the basic form of any verb, the one that you look up in the dictionary. In English it is often preceded by the word *to*, e.g. *to go, to play*. In German the dictionary entry for the infinitive usually ends in **-en: gehen** *to go*, **spielen** *to play*, **machen** *to do*, etc. The infinitive is the form from which you can derive the **stem**, which it is crucial to know in order to conjugate a verb.

Intransitive verbs See **Transitive verbs**.

Konjunktiv These are forms of the verb that show that something is a hypothesis or contrary to fact or expectation, or that show that a statement is being reported. The roughly equivalent English subjunctive (e.g. *If I were you, if that be so*) is rare, but the Konjunktiv is an essential part of modern German. It contrasts with the **Indicative**.

Main clause A main clause is grammatically complete on its own because it has a subject and a finite verb, and does not require further information to make sense. It contrasts with a **subordinate clause**. In English, *He arrived late, because it was raining* consists of the main clause *He arrived late*, and the subordinate clause *because it was raining*: *because it was raining* cannot stand on its own. The German translation of the English similarly consists of a main clause and a subordinate clause: **Er kam zu spät, weil es regnete** where **Er kam zu spät** is the main clause and **weil es regnete** is the subordinate clause. In German, whether a verb is in a main clause or a subordinate clause has a major effect on where you place the verb.

Modal verbs express ideas such as permission, obligation, possibility, etc. (*can, must, may*). Modal verbs in German include **wollen** *to want to*, **können** *to be able to*, **dürfen** *to be allowed to*.

Nominative See **Cases**.

Non-finite verbs See **Finite verbs**.

Noun phrases are a fundamental building block of language. They can be nouns on their own, e.g. **Hunger**, **Freude**, or any word that is associated with the noun and the noun itself, for example articles and adjectives, e.g. **die große, grüne Wiese** (*the large, green meadow*). With German, it is useful to think of noun phrases rather than the noun in isolation because all parts of the noun phrase change according to the case, number and gender of the main noun.

Number is the grammatical term to refer to whether a noun is singular or plural, e.g. **das Haus** (singular) vs **die Häuser** (plural).

Object This word expresses the relationship between a noun and the verb it is affected by. In *The tiger bit the ringmaster.* **Der Tiger biss den Zirkusdirektor.** *The ringmaster* is the object of the verb, as he is at the receiving end of the action. (See also **Subject**.) Sentences such as *My grandmother gave my wife an expensive present* have both a **direct object** (*an expensive present*) and an **indirect object** (*my wife*). The phrase *my wife* is an indirect object because you could rewrite the sentence as *My grandmother gave an expensive present to my wife*. In German, direct objects require the **accusative case** and indirect objects the **dative case**: **Meine Großmutter gab meiner Frau** (dative) **ein teures Geschenk** (accusative).

Past participle The past participle is the verb form that indicates that an action has been completed: in *I have just bought a new car*, *bought* is the past participle. The equivalent past participle in German is **gekauft** as in **Ich habe gerade ein neues Auto gekauft**. See also **Finite verbs**.

Perfect This is the tense used to state that something happened in the past. In German, it is mainly used in speaking, e.g. **'Gestern habe ich Fußball gespielt.'** *'Yesterday I played football.'* In writing, it is often replaced by the **Imperfect**.

Personal pronouns See **Pronouns**.

Pluperfect This is the tense you use to indicate that something happened before something else when both actions took place in the past, e.g. *I <u>had</u> just arrived home, when it <u>started</u> to rain*. **Ich <u>war</u> gerade zu Hause angekommen** (pluperfect), **als es <u>anfing</u> zu regnen** (imperfect).

Predicate refers to all verbs, both finite and non-finite verbs, in a compound tense, in the **Konjunktiv** or in the passive, e.g. **Er <u>hatte</u> die Zeitung noch <u>lesen wollen</u>.** (*He had still wanted to read the newspaper.*)

Ich _würde_ nicht _mitkommen_. (*I wouldn't come along.*) **Das Haus _war abgerissen worden_.** (*The house had been pulled down.*)

Possessive pronouns See **Pronouns**.

Prefix A prefix is a word or word element that can be added to another word to change its meaning, e.g in English *dis-, disconnect, discontinue*, etc. In German, prefixes play a major role in changing the meaning of verbs, e.g. **kaufen** (*to buy*) vs **verkaufen** (*to sell*). There are separable and inseparable prefixes, e.g. **einkaufen** → **ich kaufe ein** (separable), **verkaufen** → **ich verkaufe** (inseparable).

Prepositions are words like **in** *in*, **auf** *on*, **aus** *from*, **über** *about / above*. Prepositions relate one word to another and often tell us about the position of people / things in time or space. They are normally followed by a noun or a pronoun: a) *This present is _for_ my brother.* b) *_Despite_ the weather, I'm going swimming.* c) *Your letter is _on_ the table.*

In German prepositions require the use of a case, such as the accusative, genitive or dative: a) **Dieses Geschenk ist _für meinen_ Bruder.** (accusative masculine) b) **_Trotz des Wetters_ gehe ich schwimmen.** (genitive neuter) c) **Dein Brief liegt _auf dem_ Tisch.** (dative masculine).

Prepositional verbs in German are those which cannot be used on their own and require a preposition to convey their meaning. In English, *you ask _for_ something*, and the preposition *for* is essential to convey that specific meaning. In German, **du bittest _um_ etwas** and you then have to add what you are asking for.

Pronouns replace nouns, often nouns that have been mentioned earlier. *The _book_* (noun) *is fascinating. _It_* (pronoun) *is fascinating.* **Das _Buch_ ist faszinierend. _Es_ ist faszinierend.** Pronouns of this kind are personal pronouns. In German the personal pronoun has to be the same gender as the noun it replaces (**das Buch** → **es**). In addition, the pronoun has to be in the appropriate case: **ich** (nominative), **mich** (accusative), **mir** (dative). Possessive pronouns show who something belongs to. In the English *This car is _mine_, mine* is a possessive pronoun (the others are *yours, his, hers, ours, theirs*). In the German **Dieses Auto ist _meines_, meines** is a possessive pronoun (the others are **dein, sein, ihr, unser, euer, ihr**). They change their endings according to the gender, number and case of the noun they refer to.

Reflexive pronouns See **Reflexive verbs**.

Reflexive verbs are verbs in which the grammatical subject and object are one and the same person or thing: *He* (subject) *washed _himself_* (object), **Er** (subject) **wusch _sich_** (object). The object of such verbs is called a **reflexive pronoun**, i.e. *my- / your- / him- / herself / ourselves*, etc.

Relative clauses are a kind of subordinate clause introduced by a **relative pronoun**, e.g. *who / that* (**der, die, das**), *whom* (**den, die, das**) *whose* (**dessen / deren**), *which* (**der / den, die, das**): *The man _who_ I introduced you to at Helen's party is the man _whom_ I saw with Rosa yesterday.* **Der Mann, _den_ ich dir bei Helens Party vorgestellt habe, ist der Mann, _den_ ich gestern mit Rosa gesehen habe.**

Relative pronouns link a relative clause with a main clause, as illustrated under **Relative clauses**.

Stem The stem of a verb is part to which you add all the endings showing who is performing the action, when it happened, etc. You find the stem of most verbs by removing the final **-en** or **-n** from its infinitive, e.g. **laufen, denken, finden**.

Subject The subject of a verb is the person or thing performing the action of the verb. In the sentence *The tiger bit the ringmaster*, *the tiger* is the subject of the verb *to bite*, because the tiger is doing the biting.

Subjunctive See **Konjunktiv**.

Subordinate clause A subordinate clause cannot stand on its own grammatically, and always has to depend on a **Main clause**.

Transitive / intransitive verbs A transitive verb is one which requires a grammatical object to make sense. You cannot say *He sends*, because the verb to send must always be followed by a direct object: it is transitive. **Der Oberarzt bekommt einen Brief** is transitive (*The consultant receives a letter*). A verb which does not require an object is **intransitive**, e.g *to go*, **gehen**, *to live*, **leben**, etc. **Der Oberarzt ist gegangen** (*The consultant has gone*).

Umlaut An Umlaut is the name for the two little dots sometimes added to the vowel letters **a**, **o**, and **u**, to produce **ä**, **ö**, **ü**. Remember that Umlauts change the pronunciation of the vowel and are very important in the conjugation of some verbs, and the plurals of many nouns. Having or not having an Umlaut thus also changes the meaning!

Verbs describe actions, states and sensations. So, for instance, the verb *to sing* **singen** expresses an action, the verb *to seem* **scheinen** expresses a state, and the verb *to taste* **schmecken** expresses a sensation. A verb usually has a **subject**. It may also have an **object**.

Weak and strong verbs are also referred to as regular and irregular verbs. Weak verbs follow a regular predictable conjugation pattern in all tenses (**Ich lache – Ich lachte – Ich habe gelacht**), whereas strong verbs have stem-vowel changes and their patterns need to be learned (**Ich gehe – Ich ging – Ich bin gegangen**).

Weak masculine nouns These are a small number of nouns usually describing living beings that decline differently from the usual masculine nouns as they add -(e)n throughout the plural and singular cases other than the nominative singular. **Das ist der Junge, der den Studenten den Elefanten im Zoo gezeigt hatte.** (*That is the boy who had shown the students the elephant at the zoo.*) **Die Kunden wollten ihren Willen durchsetzen.** (*The clients wanted to get their own way.*)

GERMAN–ENGLISH GLOSSARY

A

von etwas abhängen	to depend on something
etwas abgeben	to hand something in
abholen	to fetch
absägen	to saw off
etwas abschließen	to finish / complete something
ein Studium abschließen	to graduate
das Abschlussplädoyer	the final plea
mit Abstand	by far
Abstand gewinnen	to take one step back
sich abzeichnen	to look very likely
auf etwas achten	to pay attention to something
gegen etwas allergisch sein	to be allergic to something
dem Alltag entkommen	to get away from it all
der Alpenraum	the area covered by the Alps
die Altkleidersammlung	old clothes bin
eine Änderung erfahren	to be changed
die Änderungsschneiderei	alterations and repair shop
ein Angebot unterbreiten	to make an offer
angesagt sein	to be in vogue
Angst und Schrecken verbreiten	to spread fear and panic
ein besonderer Anlass	a special occasion
sich anstrengen	to make an effort, to exert yourself
anquatschen	to chat up
das Antiquitätengeschäft	antiques shop
die Anweisung	order
etwas anzweifeln	to doubt something
jemandem die Arbeit erschweren	to make it harder for somebody to do their job
das Arbeitszeugnis	reference from your employer
die Attraktion	tourist attraction
ein Auge zudrücken	to turn a blind eye (to something)
etwas ist aus	there's nothing left of something, something has run out
ausgebucht	sold out / fully booked
das Ausflugsschiff	river cruise boat
auslegen	to cover with
ausmalen	to colour in
die Auswahl an	choice of
auswechseln	to substitute

B

Beratung bekommen	to get advice
besichtigen	to visit (a sight)
etwas lädt zu einem Besuch ein	something looks / is inviting
sich an etwas beteiligen	to take part in something
das Bett hüten müssen	to have to stay in bed due to illness
auf Bewährung	on probation

der Bodensee	Lake Constance	der Fasching / die Fastnacht	regional terms for carnival
das Brauchtum	tradition	die Fastenzeit	Lent
der Büstenhalter	bra	Fotos machen	to take pictures
		auf freiem Fuß sein	to be on the loose

C

der Chefkoch	head cook

auf freiem Fuß sein — to be on the loose
Freude bereiten — to give pleasure
frisch — chilly
frühstücken — to have breakfast

D

die Damenabteilung	womenswear department
(zehn Minuten) dauern	to take (ten minutes)
auf etwas dringen	to insist on / push for something
das Düngemittel	fertilizer
durch	well done

G

der Garantieschein	certificate of guarantee
Geduld haben	to be patient
ein Geheimnis aus etwas machen	to make a big secret of something
nach Gehör spielen	to play without sheet music
geschieden sein	to be divorced
etwas für jeden Geschmack bieten	to offer something for everyone (literally: for every taste)
Hat es Ihnen geschmeckt?	Was everything all right?
geschmeidig	smooth
bei schlechter Gesundheit sein	to be in bad health
die Gesundenuntersuchung	regular free health check
der Gewerkschaftsvertreter	the union representative
etwas gleichen	to equal something
die Glühbirne	light bulb
Herzlichen Glückwunsch!	Congratulations!

E

die Einbahnstraße	one-way street
einfallen	to come to mind
die Einweihungsparty	house-warming party
sich für etwas einsetzen	to support something
jemanden entmutigen	to discourage somebody
eine Entscheidung treffen	to make a decision
sich entspannen	to relax
sich erholen	to recuperate, to recover
die Erziehungserfahrung	experience in raising children

F

einen Fall erfassen	to register a case (i.e. it has been reported)
Farbe bekennen	to finally show what one really thinks

der Großhändler	*wholesaler*
der Großeinkauf	*bulk purchase*
grüßen	*to say 'hello'*

H

jemanden zu lebenslanger Haft verurteilen	*to sentence somebody to life imprisonment*
die Handelsakademie	*Austrian school form for business*
aus etwas als Sieger / Verlierer hervorgehen	*to emerge from something as the winner / loser*
der Himmel	*sky*
die Hochschulzugangs-berechtigung	*permission to study at university level*
die Hochzeitsvorbereitung	*wedding preparations*
der Hosenanzug	*trouser suit / pantsuit*

I

der Innenarchitekt	*interior designer*

J

seit Jahren	*for years*

K

kaltblütig	*cold-blooded*
die Karte	*menu*
die Käsespätzle	*savoury dish with cheese and pasta*
die Kinderbetreuung	*child care*
der Kindergärtner / die Kindergärtnerin	*nursery-school teacher*

die Klatschtante	*gossip*
von klein auf	*from an early age*
der Kloß	*dumpling*
ein Netzwerk knüpfen	*to build up a network*
der Komplize / die Komplizin	*accomplice*
sich auf etwas konzentrieren	*to concentrate on something*
sich einen Korb holen	*to get the push*
das Kostüm	*woman's suit*
krankgeschrieben sein	*to be signed off sick*
eine Krankheit bricht aus	*a disease breaks out*
Kritik einstecken	*to accept criticism*
die Kritik nimmt nicht ab	*the criticism doesn't stop*
an etwas Kritik üben	*to criticize something*
die Kulturförderung	*cultural sponsorship / funding*
der Kundenservice	*customer service*
die Kunstfaserjacke	*synthetic jacket*

L

der Lacklederschuh	*patent leather shoe*
das Länderspiel	*international cap / match*
Es war sehr lecker.	*It was delicious.*
Lieblings + noun (e.g. Lieblingssessel)	*favourite …*
falsch / richtig liegen	*to be wrong / right*
sich etwas leisten	*to afford something*
ein schwarzes Loch	*black hole*

ein Loch in die Wand bohren	*to drill a hole in the wall*
der Locher	*hole-punch*
das Lohnniveau	*salary level*

M

es mangelt jemandem an etwas	*somebody is lacking in something*
maßgeschneidert	*tailored*
eine zweite Meinung einholen	*to get a second opinion*
mitbringen	*to take with you*
die Mitnahmeliste	*packing list*
der Modeschöpfer	*fashion designer*
der Modeverkäufer	*boutique assistant*
die Musikrichtung	*style of music*

N

nieseln	*to drizzle*

O

der Onlineversandhandel	*online mail-order company*
die Ostsee	*the Baltic (Sea)*

P

passieren	*to happen*
Pech haben	*to be out of luck*
die Perlenkette	*pearl necklace*
das Pflegekind	*foster child*
die Polizeiwache	*police station*
pompös	*ostentatious*
etwas zu Protokoll geben	*to have something put on record*

R

an den Rand drängen	*to sideline, to relegate to the fringes*
einen Rat geben	*to give advice*
regenfest	*rainproof*
eine bedeutende Rolle spielen	*to play an important role*
der Rollkragenpullover	*polo neck jumper*
der Rosengarten	*rose garden*

S

in Sachen + noun	*with regard to*
etwas schätzen	*to appreciate something*
an etwas scheitern	*to fail because of something*
sich schminken	*to put on make-up*
Schnee schippen	*to shovel snow*
das Schnitzel	*schnitzel / cutlet*
Schutz finden	*find shelter*
der Shoppingausflug	*shopping trip*
sitzenbleiben	*to have to repeat a year (at school)*
der Smoking	*dinner jacket, tuxedo*
sich Sorgen machen	*to become anxious*
sich Sorgen über etwas machen	*to worry about something*
das Spanferkel	*suckling pig, hog roast*
der Spitzer	*pencil sharpener*
das Sportfachgeschäft	*specialist sports shop*

für etwas sprechen	to be a point in favour of something
stärken	to make stronger / to fortify
die Steckdose	socket
der Stecker	plug
im Stau stehen	to be stuck in a traffic jam
sich auf eine Stelle bewerben	to apply for a job
sich der Stimme enthalten	to abstain
der Stock	floor
der Strafraum	penalty area
der Strom	power

T

alle 14 Tage	every fortnight
tagsüber	during the day
die Taillenweite	waist measurement
die Tapete	wallpaper
die Tiefkühlpizza	frozen pizza
töpfern	to do pottery
der Torschützenkönig / die Torschützenkönigin	top scorer
ein schlechter Traum	nightmare, bad dream
das Trinkgeld	tip

U

überfüllt	overcrowded
sich übergeben	to be sick, to vomit
etwas umsetzen	to implement something
der Unterrichtsgegenstand	school subject
untertags	during the day
ein Urteil verhängen	to pass sentence

V

verabschieden	to pass (a law)
unsterblich verliebt sein	to be desperately in love
den Mut verlieren	to get discouraged
vermehrt	increasingly
die Verspätung	delay
vertrotteln	to stupefy
die Verwandtschaft	relatives
verzichten	to abstain from, to do without
vielversprechend	promising
sich auf etwas vorbereiten	to prepare for something
vorchristlich	pre-Christian
vorgestern	the day before yesterday

W

widerstandsfähig	hard-wearing
der Wildledergürtel	buckskin belt
der Winterschlussverkauf	end of winter season sale
von etwas wissen	to know about something
die Wohnküche	open-plan living area with kitchen

Z

Geht das zusammen oder getrennt?	Are you paying together or separately?
die Zuschauerquote	viewing figures
für einen guten Zweck	for a good cause

IRREGULAR VERBS

Infinitive	3rd Person Singular		
	Present	Imperfect	Perfect
beginnen	beginnt	begann	hat begonnen
besinnen	besinnt	besann	hat besonnen
betrügen	betrügt	betrog	hat betrogen
bieten	bietet	bot	hat geboten
binden	bindet	band	hat gebunden
bitten	bittet	bat	hat gebeten
blasen	bläst	blies	hat geblasen
bleiben	bleibt	blieb	ist geblieben
braten	brät	briet	hat gebraten
brechen	bricht	brach	hat gebrochen
brennen	brennt	brannte	hat gebrannt
bringen	bringt	brachte	hat gebracht
denken	denkt	dachte	hat gedacht
dringen	dringt	drang	hat gedrungen
dürfen	darf	durfte	hat gedurft
empfangen	empfängt	empfing	hat empfangen
empfehlen	empfiehlt	empfahl	hat empfohlen
empfinden	empfindet	empfand	hat empfunden
essen	isst	aß	hat gegessen
fahren	fährt	fuhr	ist gefahren
fallen	fällt	fiel	ist gefallen
fangen	fängt	fing	hat gefangen
finden	findet	fand	hat gefunden
fliegen	fliegt	flog	ist geflogen
fliehen	flieht	floh	ist geflohen
fließen	fließt	floss	ist geflossen
fressen	frisst	fraß	hat gefressen
geben	gibt	gab	hat gegeben
gehen	geht	ging	ist gegangen
gelingen	gelingt	gelang	ist gelungen
genießen	genießt	genoss	hat genossen
geschehen	geschieht	geschah	ist geschehen
gewinnen	gewinnt	gewann	hat gewonnen
gießen	gießt	goss	hat gegossen
gleichen	gleicht	glich	hat geglichen
graben	gräbt	grub	hat gegraben

haben	hat	hatte	hat gehabt
halten	hält	hielt	hat gehalten
hängen	hängt	hing	hat gehangen
heißen	heißt	hieß	hat geheißen
helfen	hilft	half	hat geholfen
kennen	kennt	kannte	hat gekannt
klingen	klingt	klang	hat geklungen
kommen	kommt	kam	ist gekommen
können	kann	konnte	hat gekonnt
laden	lädt	lud	hat geladen
lassen	lässt	ließ	hat gelassen
laufen	läuft	lief	ist gelaufen
leiden	leidet	litt	hat gelitten
leihen	leiht	lieh	hat geliehen
lesen	liest	las	hat gelesen
liegen	liegt	lag	hat gelegen
meiden	meidet	mied	hat gemieden
messen	misst	maß	hat gemessen
misslingen	misslingt	misslang	ist misslungen
mögen	mag	mochte	hat gemocht
müssen	muss	musste	hat gemusst
nehmen	nimmt	nahm	hat genommen
nennen	nennt	nannte	hat genannt
pfeifen	pfeift	pfiff	hat gepfiffen
raten	rät	riet	hat geraten
reißen	reißt	riss	hat gerissen
reiten	reitet	ritt	ist geritten
rennen	rennt	rannte	ist gerannt
rufen	ruft	rief	hat gerufen
schaffen	schafft	schuf	hat geschaffen
scheiden	scheidet	schied	hat geschieden
scheinen	scheint	schien	hat geschienen
schießen	schießt	schoss	hat geschossen
schlafen	schläft	schlief	hat geschlafen
schlagen	schlägt	schlug	hat geschlagen
schließen	schließt	schloss	hat geschlossen
schreiben	schreibt	schrieb	hat geschrieben
schweigen	schweigt	schwieg	hat geschwiegen

schwimmen	schwimmt	schwamm	ist geschwommen
schwinden	schwindet	schwand	ist geschwunden
sehen	sieht	sah	hat gesehen
sein	ist	war	ist gewesen
singen	singt	sang	hat gesungen
sinken	sinkt	sank	ist gesunken
sitzen	sitzt	saß	hat gesessen
sollen	soll	sollte	hat gesollt
sprechen	spricht	sprach	hat gesprochen
springen	springt	sprang	ist gesprungen
stehen	steht	stand	hat gestanden
stehlen	stiehlt	stahl	hat gestohlen
steigen	steigt	stieg	ist gestiegen
sterben	stirbt	starb	ist gestorben
stinken	stinkt	stank	hat gestunken
streichen	streicht	strich	hat gestrichen
streiten	streitet	stritt	hat gestritten
tragen	trägt	trug	hat getragen
treffen	trifft	traf	hat getroffen
treiben	treibt	trieb	hat getrieben
treten	tritt	trat	hat getreten
trinken	trinkt	trank	hat getrunken
tun	tut	tat	hat getan
verderben	verdirbt	verdarb	hat verdorben
vergessen	vergisst	vergaß	hat vergessen
verlieren	verliert	verlor	hat verloren
wachsen	wächst	wuchs	ist gewachsen
waschen	wäscht	wusch	hat gewaschen
weichen	weicht	wich	ist gewichen
weisen	weist	wies	hat gewiesen
werben	wirbt	warb	hat geworben
werden	wird	wurde	ist geworden
werfen	wirft	warf	hat geworfen
wiegen	wiegt	wog	hat gewogen
wissen	weiß	wusste	hat gewusst
wollen	will	wollte	hat gewollt
ziehen	zieht	zog	hat gezogen